KB083586

제국 일본의 역사학과 '조선'

식민주의 역사학과 제국·2

기획

한양대 비교역사문화연구소

엮은이

윤해동(尹海東, Yun, Hae-Dong)_ 한양대 비교역사문화연구소 교수
장 신(張信, Jang, Shin)_ 한국교원대 한국근대교육사연구센터 특별연구원

지은이

윤해동(尹海東, Yun, Hae-Dong)_ 한양대 비교역사문화연구소 교수
장 신(張信, Jang, Shin)_ 한국교원대 한국근대교육사연구센터 특별연구원
박찬흥(朴贊興, Park, Chan-Heung)_ 국회도서관 자료조사관
심희찬(沈熙燦, Shim, Hee-Chan)_ 리쓰메이칸대 비상근강사
정상우(鄭尙雨, Jeong, Sang-Woo)_ 한림대 사학과 조교수
정인성(鄭仁盛, Jung, In-Seung)_ 영남대 문화인류학과 교수 겸 박물관장
정준영(鄭駿永, Jung, Joon-Young)_ 서울대 규장각 한국학연구원 조교수

제국 일본의 역사학과 '조선' 식민주의 역사학과 제국·2

초판인쇄 2018년 3월 20일 **초판발행** 2018년 3월 30일
기획 한양대 비교역사문화연구소 **엮은이** 윤해동·장신
지은이 윤해동 장신 박찬흥 심희찬 정상우 정인성 정준영
펴낸이 박성모 **펴낸곳** 소명출판 **출판등록** 제13-522호
주소 06643 서울시 서초구 서초중앙로6길 15, 1층
전화 02-585-7840 **팩스** 02-585-7848 **전자우편** somyungbooks@daum.net **홈페이지** www.somyong.co.kr

값 24,000원 ⓒ 윤해동·장신 외, 2018
ISBN 979-11-5905-279-8 93910

이 저서는 2008년 정부(교육과학기술부)의 재원으로 한국연구재단의 지원을 받아 수행된 연구임(NRF-2008-361-A00005).
This work was supported by National Research Foundation of Korea Grant funded by the Korean Government(NRF-2008-361-A00005).

RICH
트랜스내셔널
인문학 총서 12

제국 일본의 역사학과 '조선'

식민주의 역사학과 제국·2

한양대 비교역사문화연구소 기획 │ 윤해동 · 장신 엮음

윤해동 장신 박찬흥 심희찬 정상우 정인성 정준영 지음

소명출판

머리말_식민주의 역사학 연구의 진전을 위하여

1.

근대역사학의 위기 담론은 이미 낡은 지 오래다. 근대역사학 이후 혹은 그 너머를 전망하는 논의도 이미 구문이 된 듯 싶다. 지금 와서 식민주의 역사학에 대한 관심이 무슨 소용에 닿을 것인가? 도대체 식민주의 역사학이란 무엇인가? 이 책은 다음과 같은 문제의식에서 시작한다. 첫째, 식민지를 대상으로 하는 역사학이 식민주의 역사학인 것은 아니다. 둘째, 식민주의 역사학은 근대역사학을 토대로 구축된 '식민주의적 근대역사학'이라고 할 수 있다. 셋째, 따라서 근대주의와 국민주의(민족주의)가 식민주의와 결합한 양상을 분석하는 데서 식민주의 역사학 비판은 출발한다.

근대역사학이 처한 위기에 대한 자의식이 차츰 높아짐에 따라, 덩달아서 식민주의 역사학에 대한 관심도 더 강해지고 있는 것 같다. 이는 식민주의 역사학과 근대역사학이 그다지 먼 거리에 놓여있지 않다는 자각 때문일 것이다. 이런 자각은 해방 이후 한국 역사학계가 '식민사학' 극복을 위해 취해온 태도와는 여러 측면에서 다른 혹은 거꾸로 된 것이다. 이에 따라 '정상적인' 근대역사학을 수립하기 위해서는 반드시

'식민사학'을 극복할 필요가 있다는 문제의식은 본질적인 위기에 처하게 되었다. '식민사학'이 바로 근대역사학의 출발점을 차지하고 있다는 사실을 자각하게 되었기 때문이다.

식민주의 역사학은 근대역사학의 일부를 구성하는 것이었다. 구미와 일본에서 자국사 중심의 근대역사학 체계를 구축할 때, 필수적으로 요구되는 요소가 식민주의적 역사인식이었다. 아울러 식민지의 역사역시 근대역사학의 방식으로 재구성되어야 했다. 식민지를 대상으로 하는 역사학이 식민주의 역사학이 아닌 이유이다.

따라서 식민주의 역사학 비판은 근대역사학 비판으로 수렴한다. 혹은 근대역사학이 갖고 있는 식민주의적 성격을 비판하는 데서 식민주의 역사학 비판은 출발한다. 이런 측면에서 식민주의 역사학 비판은 근대역사학을 구성하는 이데올로기, 대표적으로 근대주의와 국민주의(민족주의) 그리고 식민주의 이데올로기를 함께 대상으로 삼는 데서 비롯한다.

근대역사학 비판에서 식민주의 역사학 비판이 출발한다고 할 때, 근대역사학을 넘어서는 새로운 비전을 확보하는 데서 식민주의 역사학 비판이 차지하는 위상은 자명하다. 이런 점에서 식민주의 역사학 연구혹은 비판은 단순히 식민주의 비판에서 그치지 않는다. 식민주의 역사학 비판은 근대역사학의 근본적인 속성에 대한 반성의 근거를 제공하게 될 것이다. 또 이런 과정을 통해야만 비로소 근대역사학을 넘어서는 대안적 사유를 기대할 수 있게 될 것이다.

2.

지난 몇 년 동안의 공동작업을 통하여 '식민주의 역사학 연구팀'은 식민주의 역사학의 성격을 탐색하기 위해 노력해왔다. 이번 기획은 식민주의 역사학 연구의 세 번째 시도로서, 그 핵심적인 의도는 개별 역사학자를 통해서 식민주의 역사학의 성격을 좀 더 깊이 살펴보는 것이었다. 이 책에서 대상으로 삼은 일본인 역사학자는 모두 8명인데, 이 가운데는 조선사 연구자도 있지만 동양사학자와 고고학자도 있다. 또 일본 내의 대학에서 근무한 사람도 있고, 조선의 대학 혹은 대학 밖의 기관에서 근무한 사람도 있다. 대부분의 연구자가 제2차세계대전 이전에 주요 업적을 냈지만, 일부는 전후에 본격적인 연구 작업을 영위하기도 하였다. 이처럼 다양한 연구자를 대상으로 그들의 역사학의 성격을 살펴보려 했던 것은, 식민주의 역사학이 가진 면모가 그만큼 다양하고 다기多岐하기 때문이다.

이 책은 크게 두 개의 파트로 나뉘어 있다. 제1부 "'동양사' 연구와 그 주변'에는 세 편이, 그리고 제2부 "'조선사상'을 구성하는 다양한 방식'에는 다섯 편의 글이 수록되어 있다. 먼저 제1부에 수록된 세 편의 논문에 대해 살펴보자. 윤해동은 「나이토 코난의 '동양문화' 연구와 '근세론'의 명암」이라는 글에서, 이른바 '교토학파 동양사학'의 창시자 나이토 코난內藤湖南의 역사학을 '동양문화'와 '근세'라는 두 개의 키워드를 중심으로 해부한다. 나이토는 동양문화라는 문화 개념을 동양사 연구의 핵심개념으로 설정하고 동양문화의 중심이 일본으로 이동한다는 점을 강조함으로써, 중국의 개혁을 위한 일본의 개입을 정당화하려

했다고 비판한다. 또 나이토의 동양사학에서 '근세'라는 시대규정은 후세의 역사학계에 가장 커다란 영향력을 가진 이론이었지만, 지금 그 근세론은 그의 동양문화론과 함께 커다란 딜레마에 직면하고 있음을 지적하고 있다.

「북방민족 고유성에 대한 탐색－도리야마 키이치의 북방사 연구」라는 논문에서, 정상우는 경성제대 교수로서 발해사 연구자로 널리 알려져 있던 도리야마 키이치鳥山喜一에 대한 최초의 본격적인 분석을 전개한다. 동양사 연구자로서 도리야마는 중국왕조로부터 독립된 정치적 실체로서 발해渤海와 금金 그리고 만주의 여러 민족에 대한 연구를 지속하였다. 그는 특히 문자를 중심으로 한 이들 민족의 고유문화를 매우 중시했으며, 이를 중국 혹은 일본문화와 철저하게 분리하여 이해했다. 하지만 도리야마는 이들 북방민족의 문화를 선진적인 것으로 이해하지는 않았다. 그들의 문화는 단지 고유한 것이었을 따름으로, 따라서 그들 북방민족에게는 중국의 선진문화가 필수적인 것이었다고 도리야마는 강변한다. 이어 일본제국주의의 대륙침략이 진행되면 일본의 선진문화가 당연히 그들에게 필요한 것이 되었던 것이다.

심희찬은 「미시나 쇼에이의 신화 연구와 근대역사학－식민주의 역사학의 사상사적 재구성」이라는 글에서, 한 신화연구자의 사상을 재구성하는 흥미로운 작업을 시도한다. 미시나 쇼에이三品彰英가 1940년에 발표한 『조선사개설』이라는 단행본은 그 동안 식민주의 역사학의 전형적인 개념들을 압축해놓은 텍스트로 알려져 왔다. 심희찬은 근대역사학의 관점에서 미시나의 역사학에 대한 본격적인 해부작업을 전개한다. 미시나의 역사학은 '일선동조론'과 '기년론', 생철학과 쓰다 소우키치津田左右吉의『기기』해석, 시라토리 쿠라키치白鳥庫吉의 남북이원론과 서구의 문화인류학 등 일본의 근대역사학이 그 방법론을 정립하는 과정에서 거쳤던 여러 이론작업을 모두 경험하면서 구축된 것이라고 재해석한다. 근대역사학에 대한 비판을 통해서라야 비로소 식민주의 역사학에 대한 효과적인 접근이 가능하다는 사실을 그는 되풀이해서 강조하고 있는 것이다.

　제2부에는 5명의 식민주의 역사학자가 조선사를 구성하는 방법을 추적한 5편의 논문이 실려 있다. 먼저「이케우치 히로시의 한국 고대사 시기구분과 고조선·한사군 연구」라는 글에서, 박찬흥은 일본 역사학계 최초의 조선사 전공 아카데미즘 역사학자 이케우치池內宏의 한국사 시대구분 및 고조선과 한사군 연구를 세밀하게 추적한다. 이케우치는 고조선부터 신라 말까지를 상세사上世史로 보고, 낙랑군·대방군이 멸망하는 3세기 말까지를 '한민족漢民族 통치시기', 4세기부터 7세기 중엽까지를 '예맥濊貊·한족韓族 대항시기', 7세기 이후 신라시대를 '한민족韓民族 통치시기'로 구분했다. 치밀한 사료비판과 실증으로 성과를 올린 이케우치의 역사학에 대해 그동안 학계에서는 긍정론과 부정론의 상반된 평가가 교차해왔다. 박찬흥은 이케우치의 한국 고대사 연구가 엄격한 사료비판과 실증에 근거를 둔 것이었으나, 그에게 조선상세사朝鮮上世史의 주체는 조선반도 외부세력 즉 만주에 거주하던 민족 혹은 한족이었으며, 조선반도 내부의 거주민은 우월한 외부세력에 의해 지배와 영향을 받는 미개한 존재로 간주되었을 따름이었다고 비판한다.

이어 장신은 「미우라 히로유키의 조선사 인식과『조선반도사』」에서 교토제국대학에 근무하던 '국사학자'(일본사연구자) 미우라 히로유키三浦周行의 조선사 인식을 살펴본다. 이 글에서는 1915년부터 1924년까지 조선총독부가 추진하던『조선반도사』편찬작업과 관련하여 미우라가 보여주고 있던 조선사 인식을 해부한다. 미우라에게 조선사는 국사(일본사)를 설명하기 위한 수단이었으며, 조선사는 국사의 견지에서 개조되어야 할 대상에 지나지 않았다. 또 미우라는 '일본법제사의 태두'로 일컬어졌으며, 또 '사료실증주의' 학풍으로 유명한 '사료수집과 편찬의 전문가'였다. 미우라가 도쿄제국대학 교수 구로이다 가츠미黑板勝美와 함께『조선반도사』편찬 사업의 편집주임으로 위촉된 것은 이런 조건 때문이었다. 그러나 아이러니하게도 3년만에 종료하려 했던『조선반도사』편찬 사업이 목적을 달성하지 못했던 이유 역시 미우라의 조선사개조론과 사료실증주의였다고 장신은 주장한다.

세 번째 논문인 「오다 쇼고와 조선사학회, 혹은 식민사학의 차질과 제도화」는 경성제국대학 설립의 실무주도자로서 조선사강좌 담당 교수를 지냈던 오다 쇼고小田省吾와 조선사학회와의 관련을 분석한 정준영의 글이다. 이 글에서 정준영은 조선사학회를 중심으로 식민지의 관변사학이 제도화를 모색한 전후사정과 맥락을 세밀하게 추적한다. 조선사학회의 대표적인 활동은 1923년 10월부터 1924년 11월까지 15개호의『조선사강좌』를 매월 발간한 것이었다. 또 이 가운데서 시대사 부분을 따로 편집하여『조선사대계』5권을 출간한 것이 학회의 대표적인 성과로 거론되어 왔다. 조선사학회는 이처럼 다양한 주제별 강의로 조선에서 활동하던 일본인 '조선사' 연구자들을 결집시켰고, 일부 강사들은 특별강의의 형태로 더욱 세밀한 주제 혹은 대상에 대한 전문적이고 학술적인 글쓰기를 지향하였다. 조선사편수회·경성제대·청구학회의 세 축을 중심으로 역사학이 제도화하기 이전, 조선사학회는 역사학 제도화의 중심에 있었고 그 핵심은 오다 쇼고였다.

이어 정인성은 「일제강점기 나주 반남면 고분의 발굴과 야쓰이 세이이쓰」라는 논문에서, 1910년대 조선총독부의 고적 조사위원으로 활동했던 고고학자 야쓰이 세이이쓰谷井濟一의 활동을 분석하고 있다. 정인성은 일본에서 '야쓰이 자료'를 새로 확보하고 조선총독부 문서를 추가로 분석하여, 1917년과 1918년 사이에 나주 반남면에서 진행된 대형 옹관 고분군 발굴의 배경과 발굴 및 정리에 이르는 과정에 대해 흥미로운 견해를 제출하고 있다. 야쓰이는 세키노 다다시關野貞 조사단의 일원으로서, 1921년 후지타 료사쿠藤田亮策가 맡기 이전까지 고적발굴 실무를 담당하던 사람이었다. 야쓰이는 1916년 나주에서 옹관고분 1기가 발굴된 것을 계기로 이 지역에 대한 대대적인 특별조사를 기획하였다. 그러나 발굴에 참가하지 않았던 교토대학의 우메하라 스에지梅原末治에게 유물 정리가 위임되었는데, 이는 그의 도움으로 보고서를 작성하려던 야쓰이의 의도에 따른 것이었다. 식민지 고분 발굴과 관련한 여러 사정에 대해 '현미경'을 들이대어 만화경처럼 묘사하고 있는 흥미로운 글이다.

마지막으로 정준영의 「이마니시 류의 조선사, 혹은 식민지 고대사에서 종속성 발견하기」는 경성제국대학에서 조선사강좌를 담당하고 있던 교토제국대학 교수 이마니시 류今西龍의 조선사 연구가 가진 식민주의적 특성을 다루고 있다. 정준영은 '조선사학의 개척자'로 알려진 이마니시 류의 식민주의 역사학이 가진 딜레마에 대해 분석한다. 정준영은 우선 식민주의 역사학이 자신의 서사에 '진리효과'를 부여하는 방식에 대해 주목한다. 이마니시에게 있어 고고학의 전파주의 이론과 실증사학의 문헌고증, 민족들 사이의 교통에 주목하는 역사지리학적 서술 등은 그의 서사에 진리효과를 부여하는 장치였다. 그에게 조선사는 조선 민족의 역사이자 동시에 중국 제국주의에로의 실질적인 종속의 역사이며, 또 낙랑은 한반도 종속화의 출발점을 보여주는 지점이 된다. 하지만 그는 문화의 전파가 곧바로 민족의 우위로 이어지는 제국주의적 시각과는 일정한 거리를 두고 있었다. 그는 중국 혹은 서구의 제국주의와는 다른 새로운 '제국의 길'의 가능성을 고대 한일관계사 속에서 발견하려 했다. 임나일본부가 조선지배의 증거가 되지 않았던 것은 이런 이유 때문이었다. 정준영이 문헌고증적 실증주의 그리고 역사지리학적 방법론을 역사서사에 진리효과를 부여하는 방식 혹은 장치라고 간주하고 이를 증명하고 있는 점은 중요하다. 근대역사학적 방법론이 식민주의적 효과를 발휘하고 있는 사실을 잘 보여주고 있기 때문이다.

3.

이 책에 실린 대부분의 논고는 2016년 3월 25일 한양대에서 진행된 학술회의 '역사학자를 통해 본 식민주의 역사학'의 발표 성과를 정리하고 수정·보완한 것이다. 한양대 비교역사문화연구소 '식민주의 역사학' 연구팀에서는 2013년, 2014년, 2015년 3년 동안 일제의 '식민주의 역사학'에 대한 연구를 진행해왔다. 첫 해인 2013년에는 식민주의 역사학을 그 성립의 기원으로 소급하여 폭넓게 재검토하고, 이를 바탕으로 '근대역사학'이 '근대제국'과 맺는 내밀한 관련을 검토하였다. 기존의 '식민사학'이라는 개념 대신에 식민주의 역사학을 분석개념으로 사용하였고, 연구대상으로 한국사만이 아니라 일본사와 동양사, 인류학, 문학, 의학 연구까지 포괄하여 상호관련 아래에서 해명하려 하였다. 이 연구의 성과는 『식민주의 역사학과 제국』(윤해동·이성시 편, 책과함께, 2016)이라는 이름의 단행본으로 출간되었다.

두 번째 해인 2014년에는 동북아역사재단의 지원을 받아 '만선사관'을 대상으로 연구를 진행하였다. 일본에서 근대역사학이 태동한 이후의 시기를 대상으로, 일본 육군 참모본부와 만철 만선역사지리조사실, 조선총독부, 조선사편수회, 경성제국대학 등의 기관에서 진행된 만선사관을 집중적으로 분석·검토한 바 있다.

세 번째 해인 2015년에는 주요 식민주의 역사학 연구자를 대상으로 식민주의 역사학의 특정 국면에 대한 연구를 진행하였던 바, 이 책이 바로 그 성과이다. 이 세 번째 공동연구는, 주요 연구자 개개인을 분석대상으로 삼되, 식민주의 역사학의 성격을 트랜스내셔널한 시각에 입각하여 동아시아 차원에서 새로이 규정할 수 있는 기회로 삼기로 하였다. 이런 기획의도가 성공하였는지는 독자가 평가할 일이겠지만, 주요한 식민주의 역사학자를 대상으로 집중적인 분석을 진행함으로써 트랜스내셔널한 차원의 동아시아 연구를 진행하는 데 크게 도움이 될 것으로 믿고 있다.

마지막으로 트랜스내셔널 어젠다 연구의 일환으로 트랜스내셔널 인문학 연구에 매진할 수 있도록 지원해준 한국연구재단, 그리고 박찬승 소장님 이하 한양대 비교역사문화연구소 관련자 여러분께 심심한 감사의 말씀을 드린다.

2017.12.30
필진을 대신하여 윤해동, 장신 씀

차례

제1부
'동양사' 연구와 그 주변

윤해동
나이토 코난의 '동양문화' 연구와 '근세론'의 명암

정상우
북방민족 고유성에 대한 탐색
도리야마 키이치의 북방사 연구

심희찬
미시나 쇼에이의 신화 연구와 근대역사학
식민주의 역사학의 사상사적 재구성

나이토 코난의 '동양문화' 연구와 '근세론'의 명암

윤해동

1. 머리말

지금 세계는 한 '위대한' 계몽주의자의 운명에 주목하고 있다. 그 사람은 바로 17세기를 풍미했던 '소유권 자유주의' 이론의 비조鼻祖인 존 로크라는 사람이다. 소유권과 관련한 그의 말을 들어보자.

신은 사람들에게 세계를 공유물로 주었다. 그러나 신은 세계를 사람들이 그것으로부터 취할 수 있는 이익과 최대한의 편익을 위해 주었으므로, 그것이 항상 공유로 그리고 개발되지 않은 채로 남아 있어야 하는 것이 신의 의도라고 상정할 수는 없다. 신은 세계를 근면하고 합리적인 자들이 사용하도록 주었지, 싸우기 좋아하고 언쟁을 좋아하는 자들의 변덕과 탐욕을 위해서 준

것이 아니었다.[1]

이 말은 토지의 소유권이 개발한 사람에게 주어진다는 것으로, 그 후 구미의 식민지 개척과정에서 '무주지이론無主地理論, no man's land'의 핵심적인 근거로 이용되었다.[2] 그의 이론에 따른다면, 개발하지 않은 채 놓여있는 식민지의 땅은 식민주의자들이 거저 자신의 소유로 만들어 개발해도 좋은 대상이 되었다. 게다가 로크의 이런 자유주의 이론은 노예제를 옹호하고 인디언을 배제하는 논리적 기초 위에 구축된 것이었다.[3] 그의 자유주의와 소유권 이론이 식민주의 이론의 기원으로 비판받는 것은 그런 점에서 지극히 타당한 측면이 있다.[4] 무주지 이론의 근거가 되었던 식민지의 광대한 토지는, 로크의 이론대로 단지 '주인이 없는' '놀고 있는' 토지가 아니었던 것이다. 로크의 계몽주의 이론은 '식민지 근대'의 기원으로 간주되어 비판받고 있는 것이다.

또 다른 한 '위대한' 일본인 역사가의 운명도 새삼 주목받고 있는 중인데, 그 사람은 바로 나이토 코난內藤湖南이다. 그는 20세기의 중국 역사와 문화 연구에 가장 큰 영향을 미친 사람으로 평가받아왔다. 그는 신문기자로 근무하던 젊은 시절부터 이른바 '중국통'으로 알려져 있었다.[5] 또 교토대학으로 옮긴 이후 1914년에 발간된 『지나론支那論』은 중

---

1   존 로크, 강정인·문지영 역, 『통치론』, 까치, 1996, 39~40쪽.(*The Two Treatises on Government*, 1690) 괄호 안의 서지사항은 원출처. 이하 같음.
2   위의 책.
3   허재훈, 「식민주의의 기초-존 로크와 아메리카, 인디헤나의 수난사」, 『철학연구』130, 대한철학회, 2014.
4   에이메 세제르, 이석호 역, 『식민주의에 관한 담론』, 그린비, 2011 참조.(*Discourse on Colonialism*, Monthly Review Press, 2001)
5   荻野脩二, 「'支那通'について」, 『中國研究月報』554, 中國研究所, 1994 참조.

국의 역사와 사회에 관한 전체상을 구축하려는 최초의 시도였다. 이 책은 중국사 시대구분론과 '당송변혁론'을 통하여 중국사를 넘어 근대를 보는 시각에 커다란 영향을 미친 것으로 평가받아 왔다.[6]

그러나 2차대전 이후 그의 이론은 중국, 조선 등 '동양' 지배의 이데올로기로 활용되거나 일본 제국주의의 침략정책에 도움을 주었다고 비판받았고, 이에 학술적인 차원의 연구는 거의 진전되지 못했다.[7] 그럼에도 그의 이론은 교토제국대학의 제자 그룹 중 한 사람인 중국사 연구자 미야자키 이치사다宮崎市定와 중국문학 연구자인 요시카와 코지로吉川幸次郎 등에 의해 계승되어, 전후 일본의 동양(사)학계에서 상당한 영향력을 가지고 있었다.[8] 일본의 동양사학계는 나이토의 학설을 수용하여 송대 이후 근세설을 주장하고 있던 교토학파와 송대 이후 중세설을 주장하는 도쿄대학 계열의 맑스주의학파로 — 이른바 역연파歷研派(역사학연구회파) — 나뉘어 오랫동안 논쟁을 이어온 것으로 평가되고 있다.[9] 그런데 국제학계의 흐름에서는 교토학파의 해석이 우세한 방향으로 흘러가고 있다는 것이 대체적인 평가라고 할 수 있을 듯하다.[10] 또 근래 도쿄대학 계열의 역사학자들도 근세설을 수용하고 있는 것은 여러 저

---

6 ジョシュア フォゲル(Joshua A. Fogel), 井上裕正譯, 『内藤湖南 ポリテックスとシノロジー』, 平凡社, 1989, pp.176~179.(*Politics and Sinology : The Case of Naito Konan*, Harvard University Press, 1984)

7 위의 책, 11~20쪽.

8 溝上英, 「内藤湖南」, 江上波夫編, 『東洋學の系譜』, 大修館書店, 1992, pp.50~59. 미야자키 이치사다는 나이토 코난의 학문체계를 확충·정비하고 발전시킨 연구자로 평가되며, 『現代支那論』을 쓴 유명한 사회주의자 오자키 호쓰미[尾崎秀實] 역시 그의 이론을 비판적으로 계승한 것으로 평가된다.

9 위의 글.

10 ジョシュア フォゲル, 井上裕正譯, 앞의 책 참조.

작들에서 확인되고 있는 바이다.[11]

나이토 코난의 저작들은 생전에 간행된 단행본 외에, 대학에서의 강의
록이나 강연록 등이 사후에 그의 아들 나이토 간키치內藤乾吉, 나이토 보신
內藤戊申과 제자 간다 키이치로神田喜一郎 등에 의해 간행된 바 있다. 이런
작업의 결산으로, 역사학 저작만이 아니라 신문기자 시절의 논설과 잡문
등을 망라하여 1969년부터 1976년 사이에 총 14권으로 『나이토 코난
전집內藤湖南全集』이 완간되었다.[12] 전집이 간행된 이후 나이토 코난에 관한
여러 종류의 평전과 논평 등이 출판되었는데,[13] 그 가운데 비판적 안목을
갖춘 학문적 성과는 쉬이 찾아보기 어렵다. 다만 1980년대~1990년대에
미국 학계에서 주목할 만한 두 권의 연구 성과가 제출되었는데, 죠수아
포겔Joshua A. Fogel[14]과 스테판 다나카Stefan Tanaka의 저작이 그것이다.[15]
그럼에도 아직 일본 근대사상의 맥락에서 나이토 코난에 대한 본격적인
연구는 거의 이루어지지 않고 있다고 해도 좋다.

하지만 그를 단순히 제국주의자로 치부하고 지나가기에는 그의 연
구가 남긴 그림자가 너무나 크고도 짙다. 최근 일부 동양사학자들 사이
에서 그 동안 '전범' 취급을 당하고 있던 나이토의 명예를 회복하고 '복

---

11 미타니 히로시 외, 강진아 역,『다시 보는 동아시아 근대사』, 까치, 2011 참조.(『大人のた
    めの近現代史: 19世紀編』, 東京大出版會, 2009)
12 神田喜一郎・內藤乾吉編,『內藤湖南全集』全十四卷, 筑摩書房, 1969~1976.
13 礪波護,「內藤湖南」, 礪波護・藤井讓治編,『京大東洋學の百年』, 京都大學學術出版會, 2002,
    pp.62~98 참조.
14 ジョシュア フォゲル, 井上裕正譯, 앞의 책 참조.
15 스테판 다나카, 박영재・함동주 역,『일본 동양학의 구조』, 문학과지성사, 2004.(*Japan's
    Orient: Rendering Pasts into History*, University of California, 1993) 스테판 다나카의 이
    책은 일본에서의 '동양학'의 성립을 시라토리 구라키치[白鳥庫吉]와 나이토 코난을 중
    심으로 다루고 있다. 따라서 나이토 코난만을 다루는 저작은 아니다.

권'을 도모하는 움직임이 일고 있다고도 한다.[16] 하지만 그의 '복권'은 음양의 양면 모두에 걸친 것이어야 할 것이다. 그런 점에서 최근 간행된 나이토의 아시아인식에 대한 저작은 주목할 만하다.[17] 나이토의 이론이 '동아시아' 담론이나 '식민지근대' 이론에 던지는 시사점을 확인해보는 작업이, 그저 '시간 낭비' 혹은 '지적인 사치'에 머물지는 않을 것이다. 그만치 그의 이론은 긴 그림자를 드리우고 있는 것이리라!

물론 한국 역사학계에도 나이토 코난의 그림자는 두텁게 드리워져 있는 것으로 보이는데, 이에 대해서는 전적으로 무시되거나 무관심의 영역에 방치되어 있었다. 또 이런 사정과도 무관하지 않겠지만, 얼마 전까지만 하더라도 한국 역사학계에서 '식민주의 역사학자' 나이토 코난에 대한 자각적이고 비판적인 연구는 거의 전무한 상황에 놓여 있었다.[18] 물론 간도영유권 문제와 관련한 나이토 코난의 간도 조사에 대해서는 일찍부터 예리한 분석과 심각한 비판이 수행되어 왔지만,[19] 그것이 나이토 코난 역사학의 전체적 면모에 대한 것이 아니었음은 물론이다.

이 연구에서는 나이토 코난의 역사학 연구에서 핵심적인 부분을 차지하고 있는 그의 중국사 시대구분론과 '동양문화'론의 성격을 '문제의

---

16 黑川みどり, 「文明中心移動説の形成」, 山田智・黑川みどり編, 『内藤湖南とアジア認識』, 勉誠出版, 2013, pp.3~5.

17 위의 글 참조.

18 나이토 코난에 대한 개설적인 비판 논문이 한국에서 처음으로 발표된 것은 2009년의 일이었다. 신현승, 「日本의 東洋史學者 内藤湖南의 歷史認識」, 『동아시아古代學』 19, 동아시아고대학회, 2009; 신현승, 『제국 지식인의 패러독스와 역사철학』, 태학사, 2015 참조.

19 대표적으로 李盛煥, 「日中朝關係における『間島問題』の政治的展開」, 筑波大學校博士學位論文, 1989; 李盛煥, 『近代東アジアの政治力學』, 錦正社, 1991; 최장근, 『한중국경문제 연구』, 백산자료원, 1998 등을 들 수 있다.

식' 중심으로 살펴보되, 그가 연구자로 입신하는 중요한 근거가 되었던 간도 문제 조사 작업과의 관련을 함께 따져보고자 한다. 나이토 코난의 동양사 연구에서 중심적인 부분을 이루는 것은 역시 중국사 분야라고 할 수 있는데, 그를 중국사 연구로 이끄는 중요한 계기로 작용한 것이 바로 간도 조사 작업이었고 또 그와 관련한 조선에 대한 인식이었던 것이다. 따라서 그의 조선 인식이 동양문화 연구 혹은 중국관과 맺고 있던 관련을 살펴볼 필요가 있다.

2. 간도 문제 조사와 조선

탈냉전 이후 중국의 개방이 가속화하면서, '간도間島 문제'는 일본의 대륙 정책 혹은 '한일 합병'과의 관련성 때문에 상당한 주목을 받아왔다. 이와 관련하여 나이토 코난의 간도 문제 조사 작업 역시 주요한 분석의 대상이 되었다.[20] 나이토 코난은 러일전쟁이 한창 진행 중이던 1905년 6월, 신문기자의 신분으로 만주의 군사 점령지역 민정조사 작업에 참여함으로써 일본의 만주 진출에 본격적으로 관여하기 시작하였다. 1905년 이후 1909년까지 4년 반 남짓한 시간은 나이토 코난이 신

---

20 李盛煥, 위의 글, 1989; 李盛煥, 위의 책, 1991; 최장근, 위의 책, 1998; 陶德民,『明治の漢學者と中國－安繹・天囚・湖南の外交論策』, 關西大學出版部, 2007; 名和悅子,『内藤湖南の國境領土論再考 : 20世紀初頭の淸韓國境問題「間島問題」を通じて』, 汲古書院, 2012.

문기자에서 역사학자로 전신하는 기간이기도 하였다. 나이토 코난은 1907년 10월 교토제국대학에 사학과가 개설되면서 동양사학 제1강좌 담당으로 초빙되었고, 1909년 정식 교수로 승진하였다.[21]

나이토 코난은 일본의 만주점령이 본격화하면서, 1905년부터 1909년 사이에 모두 3차례 간도·만주지역 조사에 참여하였고, 여러 편의 조사서를 제출하기도 하였다.[22] 1차 조사여행은 외무성 지원으로 1905년 6월부터 11월 사이에 봉천奉天 지역을 중심으로 이루어졌으며, 1906년 『간도문제조사서間島問題調查書』를 일본 육군 참모본부와 외무성에 제출하였다. 이어 2차 조사여행 역시 외무성 지원으로 1906년 7월부터 10월 사이에 봉천 지역에서 수행되었으며, 1907년 또 다른 『간도문제조사서』를 외무성에 제출하였다. 마지막 3차 조사여행은 1908년 8월부터 10월 사이에 조선의 함북지역과 간도, 길림 지역을 중심으로 이루어졌으며, 『淸國來文二關スル鄙見』과 『사견私見』이라는 제목의 보고서를 외무성에 제출하였다. 또한 1907년에 작성되었으나 용도가 명확하게 알려지지 않은 『한국동북경계고략韓國東北境界考略』이라는 이름의 보고서가 『나이토 코난 전집』(筑摩書房, 1972)에 수록되어 있다.[23]

1906년 육군 참모본부와 외무성에 제출한 『간도문제조사서』, 그리고 1907년에 작성한 것으로 알려진 『한국동북강계고략』, 1907년에 외무성에 제출한 『간도문제조사서』 등에는 당시 청과 조선 사이에 국

---

21 ジョシュア フォゲル, 井上裕正譯, 앞의 책, pp.123~133.
22 나와 에츠코[名和悅子]는 앞의 『內藤湖南の國境領土論再考』라는 책에서, 이 시기 나이토의 간도조사 작업과 그 성과에 대하여 매우 치밀하게 추적하여 분석하고 있다. 나이토 코난의 이 시기 행적과 업적에 대해서는 나와 에츠코의 성과에 따르되, 구체적인 인용은 생략하기로 한다.
23 나이토 코난의 만주 여행과 관련 보고서의 성격에 대해서는 名和悅子, 앞의 책 참조.

경영토 분쟁의 대상이 되고 있던 간도문제에 대한 나이토 코난의 자세한 분석과 건의가 담겨있다. 일진회一進會나 대륙낭인大陸浪人 혹은 통감부 간도파출소 관련자 등을 비롯하여 이 시기에 여러 경로로 제출되고 있던 다른 간도 문제 조사서와 비교하면, 나이토 코난의 『간도문제조사서』는 명청조 이전 간도의 경계 연혁을 포함하여 간도문제를 역사적으로 접근하는 데에 특징이 있었다.[24] 또 나이토 코난은 간도가 한국의 영토임을 인정하지만, 한국정부의 주장에는 근거가 박약한 부분도 있다고 하여 일정한 유보 조항을 달고 있는 데에 특징이 있었다.[25]

1909년에 나이토가 외무성에 제출한 『간도문제사견間島問題私見』이라는 보고서는 외무성, 군부 혹은 통감부 등을 통하여 이후 일본이 간도문제를 해결하는 방식에 영향을 미친 것으로 보는 것이 학계의 대체적인 정설이다. 나이토는 간도에 거주하는 한인 보호를 명목으로 이를 위한 각종 시설을 설치하고 이를 통하여 통감부의 지위를 확보할 필요가 있다고 주장하였다. 요컨대 일본의 간도지배를 통감부 파출소와 같은 직접지배의 방식이 아니라 간접 지배의 방식으로 전환할 필요가 있다고 보았던 것이다. 그는 만주의 현안이 국제 문제로 되어 일본의 대외정책에 미칠 악영향을 우려하고 있었다. 결국 일본 정부는 간도의 영유권을 포기하고 '한민韓民'의 지위 확보를 중심으로 하는 간도협약을 체결하게 되었던 것이다.[26]

---

24 위의 책; 최장근, 앞의 책 등 참조.
25 최장근, 위의 책, 79~90쪽.
26 위의 책, 360~386쪽. 그러나 나와 에츠코는 간도협약과 만주5안건협약이 교환 조건으로 입안된 것은 아니었고, 그것은 오히려 일본과 중국에게 윈윈전략이었으며, 따라서 간도 문제 해결을 조선 병합을 위한 정지 작업이라고 볼 수는 없다는 점을 강조한다. 그러나 이런 해석은 근거가 약하다. 이성환, 「간도협약과 한일합방」, 『대한정치학회보』

이 시기 나이토 코난의 간도·만주 지역 출장과 조사작업은 우선 그로 하여금 청조사 연구에 있어 중요한 사료군에 대해 주목하게 하였다. 먼저 봉천의 궁정서고에 보관된『만문로당滿文老檔』과『오체청문감五體淸文鑑』등의 청조 자료를 발견하여 이를 활용하기 시작하였다. 이어 조선왕조의 자료와 만주족과 조선의 왕복문서가 청조사 연구에 필수적이라는 사실을 알게 되었고,『조선국래서부朝鮮國來書簿』,『동문휘고同文彙考』등의 자료를 소개하고 있다.[27] 이런 자료의 새로운 발굴은 그의 청조사 및 조선사 이해에도 큰 영향을 미치게 된 것으로 보인다.

1911년 무창봉기가 일어나 신해혁명이 진행되자 나이토 코난은「청조의 과거와 현재」는 이름의 강연을 3회 진행하였으며, 이를 바탕으로 『청조쇠망론淸朝衰亡論』이라는 제목의 단행본을 출간하였다. 나이토는 병력, 재정·경제, 사상이라는 세 가지 측면에서 청조의 쇠망을 추적하고 있으며, 이런 수백 년 이래의 추이로 미루어볼 때 신해혁명이 포함하고 있는 혁명주의, 혁명사상이 결국 성공할 것이라고 추후의 정국을 전망하고 있다.[28] 이어 그는 제1차 세계대전이 진행 중이던 1915년 여름에 8회에 걸쳐 강연을 진행하였는데, 이는 그의 사후인 1944년『청조사통론淸朝史通論』이라는 이름으로 간행되었다. 이 책은 사료에 관한 기술이 많다는 점, 중국의 대외관계에 커다란 관심을 갖고 있다는 점, 사상사와 문화사에 관한 문제가 많이 언급되어 있다는 점 등, 세 가지 측면에서 뛰어난 성과를 거둔 것으로 평가되고 있다.[29]

8-1, 대한정치학회, 2000 참조.

27 ジョシュア フォゲル, 井上裕正譯, 앞의 책, pp.136~173.

28 內藤湖南,「淸朝衰亡論」(1912),『內藤湖南全集』5, 弘文堂, 1976, pp.189~290. 이하『全集』으로 표기. 괄호 안의 연도는 첫 발표 연도. 이하 동일.

한편 나이토 코난의『간도문제조사서』가 조선정부의 간도영유에 대한 논리적 근거가 박약하다는 점을 주장하고 있다면,『청조쇠망론』은 청조 쇠망의 논리적 필연성이 이미 오래 전부터 형성되고 있었다는 점을 강조한다는 점에서 양자는 일관성을 갖는다는 나와 에츠코의 지적은 경청할 만한 것으로 보인다.[30] 요컨대 통감부 시기 나이토 코난의 간도와 만주 관련 조사작업은 교토제국대학 부임 이후 그의 청조사 및 중국사 연구와 깊은 관련을 갖고 있었고 또 깊은 영향을 미치고 있었다.

이처럼 나이토가 1910년대 초반에 청조사淸朝史 연구에 본격적으로 나선 것은 1911년에 일어난 신해혁명을 정당화하고, 중국의 장래에 도래할 '공화정치共和政治'의 역사적 전제를 청조사 속에서 확인하려는 의지가 강했기 때문이었다. 그러나 나이토가 확인하려 했던 것은 서양사상으로부터 수입한 공화정共和政이 아니라, 중국사의 장기적인 사회적, 문화적 추세 속에서 확인할 수 있는 중국 고유의 공화정이었다.『청조쇠망론』과『청조사통론』에서 이런 견해에 입각한 청조사 연구를 피력하고 있었다.[31]

29   ジョシュア フォゲル, 井上裕正譯, 앞의 책, pp.136~173.
30   名和悦子, 앞의 책, pp.197~207.
31   ジョシュア フォゲル, 井上裕正譯, 앞의 책, pp.141~173.

3. '동양문화' 연구와 그 성격

1) 문화론적 전회

나이토 코난의 중국사 연구 나아가 동양문화東洋文化 연구는 간도문제 조사 혹은 조선사 인식과 깊은 관련을 가진 것이었다. 우선 나이토 코난의 중국사 연구는 그의 문화론적 전회를 통하여 동양문화 연구로 나아가고, 그의 동양문화론의 저류에는 간도 문제 조사서 이후 그의 조선인식이 관통하고 있었던 것이다. 과연 어떤 점에서 그러한가?

19세기 후반 '문명사' 연구로 출발한 일본의 근대역사학은 1910년을 전후하여 이른바 '문화론적 전회'를 수행하고 있었던 것처럼 보인다.[32] 이런 역사학에서의 문화론적 전회는 1차대전 발발 전후 시기의 이른바 '다이쇼大正 데모크라시'의 저류를 관통하는 것이기도 했다. 영국과 프랑스의 '문명론적' 제국주의 지배에 대항하면서 등장한 것이 독일의 '문화론'이었다. 내셔널리즘과 결합한 독일의 문화론은 다이쇼기 일본의 문화론적 전회에 커다란 영향을 미치고 있었다. 요컨대 문명으로부터 문화로 이전하는 '문화의 시대'가 도래한 것이었다.

문화의 시대는 바로 교양의 시대이기도 했다. 그리고 문화의 시대, 교양의 시대가 마지막으로 도달한 지점에는 문화 관념의 '풍속화'가 가

---

[32] 그 동안 일본학계의 나이토 코난 연구에서는 문명과 문화를 혼동함으로써 초래되는 논리적 착종이 상당히 심각했던 것처럼 보인다. 대표적인 예로는 三田村泰助, 『内藤湖南』, 中央公論社, 1972.

로놓여 있었다. 나이토 코난의 다음과 같은 언급은 문화의 풍속화에 대한 불만을 표출한 것이겠다.

> 문화라는 말이 근래 유행하고 있고 아무 데나 이 두 글자가 붙으면 기세가 좋은 것처럼 보일지도 모르지만, 그러나 일반 대중이 문화 그것을 어느 정도나 이해하고 있는 것일까? 문화는 국민 전체의 지식, 도덕, 취미 등을 기초로 쌓아올려진 것이지만, 그 기초가 되는 지식, 도덕, 취미가 현대 일본에서 어느 정도로 존재하는 것일까?[33]

그럼에도 역사학계에 미친 문화론의 충격은 만만한 것이 아니었다. 일본의 동양사학계에서도 도쿄제국대학의 시라토리 구라키치白鳥庫吉나 교토제국대학에 부임한 나이토 코난 등에 의해 본격적으로 문화론적 전회가 수행되기 시작하였다.[34] 이들은 주로 유교 연구를 통하여 동양학 혹은 동양사를 문화와 관련짓는 작업을 본격적으로 수행하였다.

이는 어떤 측면에서 오리엔탈리즘을 내면화하는 과정이었는데, 이들의 동양사학 연구는 자국사를 새로이 설정하여 중국사로부터 자국사를 분리하는 과정을 통해 수행되었다. 이 과정은 일본을 서양으로 귀속시키되 다른 한편으로는 일본을 동양의 일부로 규정하는 작업이었는데, 결국 '동양'이라는 타자를 설정하는 것으로 귀결되었다는 것은 잘 알려져 있다. 이리하여 일본의 동양학 혹은 동양사에서, 일본은 동양 속에 포함되기도 하고 또 그로부터 분리되기도 하는 것이었다.

---

33 內藤湖南, 「日本文化史硏究」(1924), 『全集』 8, 弘文堂, 1969.
34 스테판 다나카, 박영재·함동주 역, 앞의 책 참조.

나이토 코난의 문화사적 방법은 동시대의 발상과 분위기를 흡수하여 그 나름의 방법으로 새롭게 만든 것이었다.[35] 특히 나이토의 중국에 관한 문화적 입장은 개별 국민사적 관점에 선 것이 아니라 개개 민족을 초월한 문화사적 관점에 입각한 것이었다고 평가되고 있다. 요컨대 나이코 코난의 문화사는 중국문화를 내재적으로 이해할 수 있는 가능성의 계기를 제공하였다는 것이다.[36]

특히 그간 일본사학사 연구에서 나이토 코난의 문화사는 일본사연구자 쓰다 소우키치津田左右吉의 일국사와 대립하는 것으로 평가되었다.[37] 나이토와 쓰다의 일본문화 성립과 성격에 대한 비교론이 한때 성행하였는데, 나이토는 일본문화가 '지나문화'라는 모태에서 생긴 것이고, 일본문화의 성립에 중국문화는 '두부의 간수'와 같은 역할을 하였다고 평가하였다. 반면 쓰다는 일본문화는 본래 '지나문화'와는 별개의 것으로서, 일부 지식인 사이에 유교의 영향이 있었다고 하더라도 일본인의 생활과는 관계가 없는 별개의 사상이라고 간주하였던 것이다.[38]

아래에서 살펴볼 나이토의 근세론에서 정치와 달리 문화는 커다란 중요성을 가지고 있었다. 그리고 그의 문화 개념에는 광범위한 내용이 포함되어 있었다. 회화, 학문, 문학 등 고도의 인간의 문화적 활동을 포함하고 있을 뿐만 아니라, 윤리, 관습, 사회조직 나아가 향단鄕團 등의 자치단체까지 포괄하는 것이었다. 요컨대 일종의 세련된 세계관 예를 들어 올바른 예술의 이해 혹은 역사적인 시각에서 문제를 이해하는 능

35　粕谷一希, 『內藤湖南への旅』, 藤原書店, 2011, pp.135~163.
36　五井直弘, 『近代日本と東洋史學』, 青木書店, 1976, pp.124~125.
37　增淵龍夫, 『歷史家の同時代的考察について』, 岩波書店, 1983 참조.
38　위의 책 참조.

력, 나아가 자연을 보존하고자 하는 의식 등도 포함하는 것이었다.[39]

나이토 코난의 경우, 청일전쟁을 계기로 그의 문명중심이동설이 성립한 것으로 알려져 왔다.[40] 그리고 그 문명중심이동설은 차츰 문화중심이동설로 변화해갔던 것인데, 그렇다면 문명중심이동설과 문화중심이동설의 차이는 무엇이었던가? 이 문제는 아마 나이토의 동양문화 혹은 동양사학 연구에서 가장 핵심점인 위치를 차지하고 있는 것이 아닐까 싶다. 이처럼 일본 동양사의 성립에는 문화론적 전회가 큰 역할을 수행하였는데, 그 중 가장 큰 특징은 문명론과 비교하여 문화론이 일국사적 기반을 강조한다는 점이었다.[41]

2) 나이토 문화론의 특성

나이토의 동양문화론은 주로 『지나론支那論』(1914)과 『신지나론新支那論』(1924)을 중심으로 살펴볼 수 있다. 특히 『지나론』에서 체계적으로 제시된 중국 '문명'의 송대宋代 근세이행近世移行이라는 시기구분과 관련하여 많은 논의가 이루어져 왔다. 여기서는 나이토가 동양문화론을 전개해 나가는 특성을 세 가지 경향을 추려서 기술할까 한다. 그 세 가지 경향이란, 동양문화를 광역화하고 고정화하고 또 그것을 도식화하는 것

---

39 ジョシュア フォゲル, 井上裕正譯, 앞의 책, pp.215~220.

40 山田智·黑川みどり編, 앞의 책 참조.

41 문화론의 일국사적 기반을 강조하는 논의는 이른바 니시카와 나가오[西川長夫]의 '국민국가론'이 가진 두드러진 특징 중의 하나이기도 하다. 니시카와 나가오, 한경구·이목역, 『국경을 넘는 방법』, 2006, 일조각 참조.(『國境を越え方』, 平凡社, 2001)

을 말한다. 나이토가 그의 중국론에서 문명론을 제기한 것은 비교적 이른 시기부터의 일이었으나, 문명론이 문화론으로 변화하고 그것이 중국문화 혹은 동양문화로 관심이 옮겨간 것은 지나론 출간 이후의 일이었다. 이를 두고 문화론의 광역화라고 g할 수 있을 것이다. 이어 그는 문화의 중심을 설정함으로써 문화를 고정하는 방식으로 동양문화를 이해하려 하였는데, 이를 두고 문화의 고정화라고 해도 좋을 것이다. 광역화한 동양문화를 고정하려는 시도는 문화를 도식적으로 이해하려는 경향과 깊이 맞물려 있었다. 문화의 중심이 이동한다는 것은 문화를 이해하는 하나의 도식에 지나지 않는 것이었다.

먼저 광역화부터 좀 더 구체적으로 살펴보자. 나이토 고난이 문화를 광역적으로 이해하는 경향은 비교적 이른 시기부터 시작되었다. 그가 한문학을 연구의 출발점으로 삼았기 때문에 이런 경향은 더욱 두드러지는 것이었는데, 그가 '박학樸學'을 내세우며 실용적 학문을 강조하고, 또 저널리스트 시기부터 중국의 개혁적 학문에 많은 관심을 기울인 것은 이런 이유 때문이었다. 그러나 처음부터 그가 유학을 중국으로부터 분리시켜 동양문화의 특수성을 가진 것으로 내세우고 있었던 것은 아니다. 나이토는 중국문명에 대한 서양의 영향을 처음부터 상대적으로 낮게 평가하고 있었다. 이런 평가의 배경에는 동양 문명(혹은 문화)의 동일성에 대한 생각이 강했기 때문이다. 나이토는 '일중문명동일론日中文明同一論' 혹은 '일중운명공동체론日中運命共同體論' 같은 관념을 확신하고 있었다.[42]

---

42   ジョシュア フォゲル, 井上裕正譯, 앞의 책, pp.141~173.

나이토가 고대 중국에서 유학을 분리하게 되는 것은 비교적 나중의 일이다. 나이토가 1922년에 『요전』에 대한 논문을 발표하면서 그런 경향은 비교적 분명해졌다. 이제 중국은 '연구'의 대상이 되었고, 유학은 분명하게 중국에서 분리되었던 것이다.[43] 유학은 과거 중국과는 전혀 다른 것으로서, 동양문화의 핵심적인 가치로 부상하게 되었다. 이에 따라 중국문명의 핵심은 동양문화로 변화하게 되었고, 문화는 일국적 차원을 넘어 광역적 지역문화로 등장할 수 있게 되었다.

나이토의 문화론은 '동양문화'라는 모습을 지니고 『신지나론』에서 비교적 명확하게 모습을 드러낸다. 동양문화는 기원전 3세기 진한秦漢제국의 성립에 의해 중국이 통일되자 주변지역으로 확산되기 시작하였다고 본다. 그리고 중국, 일본, 조선 혹은 안남安南 등 각 국민이 존재하고 있지만, 동양문화의 발전이라는 전체적 견지에서 본다면 그것은 그다지 중요한 문제가 아니며, 동양문화의 발전은 국민의 구별을 무시하고 일정한 경로를 나아가고 있다고 주장하였다.[44]

이처럼 '동양문화'라는, 어느 정도 모순성을 담지하고 있는 이 조어는 중국 중심의 '문명론'을 대체하기 위해 필수적인 개념적 도구로 개발되었다. 나이토가 중국문화를 연구한 것은 일본문화의 기원을 탐색하기 위한 것이었다. 그에게 일본문화라는 것은 동양문화, 지나문화의 연장이었다. "(일본문화는) 지나의 고대문화로부터 죽 이어지고 있는 것이다. 그러므로 일본문화의 기원과 그 근본을 알기 위해서는 반드시 지나문화를 먼저 알아야 한다"[45]라고 그는 주장했던 것이다.

---

43 스테판 다나카, 박영재・함동주 역, 앞의 책, 173~223쪽.
44 內藤湖南, 「新支那論」(1924), 『全集』 5, 弘文堂, 1976, pp.508~516.

두 번째로 나이토가 문화를 고정화하는 과정을 살펴보자. 그가 문화의 중심을 설정하고 중국사의 '시대구분'을 시도하면서 이 과정은 뚜렷하게 모습을 드러내게 되었다. 나이토는 시대구분론을 통해 문화를 고정화하는 작업을 시도하고 있었다고 볼 수 있을 것이다.

우선 그는 중국사의 큰 흐름 속에는 일정한 방향이 있었다고 주장한다. 나이토는 역사의 변화와 흐름을 주장하지만, 그럼에도 중국의 역사가 '잠운묵이潛運黙移' 곧 잠류潛流가 일정 방향으로 흐르고 있음을 강조한다. "오늘날 지나를 통치하는 최선의 정책은 그 국정의 '타력惰力'과 그 국토 인민의 '자연발생력自然發生力'이 어떻게 기울어지고 있는가 어디로 향하고 있는가를 보고 그에 따라 방침을 세워야 한다고 생각한다. 그 타력과 자연발생력의 '잠운묵이'는 지금처럼 눈이 부실 정도로 급히 변화하는 때에도 그 표면에서 앞뒤로 혼잡하게 흐르고 있는 흐름의 바닥에는 반드시 일정한 방향을 향하여 느리고, 무겁고, 둔하고, 강하게 흐르고 있는 것이다"라고 하면서, 이 잠류를 투시하는 것이 현 중국의 문제를 해결하는 관건이라고 보고 있었다.[46]

그는 중국 고유의 공화정치를 잠류로 이해하고 이를 바탕으로 1914년 『지나론』에서 유명한 '시기구분론'을 제시한다. 이 시기구분의 문제의식은 중국 고유의 공화정의 기반을 송대 지역사회에서 찾을 수 있다는 데서 출발한다. 그는 "당의 중엽 무렵부터 오대와 북송 때에 이르기까지 즉 지금으로부터 1천1백 년 전 무렵부터 8백 년 전 무렵 사이에 근세기라는 것이 점차 정리되어 왔다고 보는 것이 온당"[47]하다고 주장한다. 그

45 內藤湖南, 「日本文化とは何ぞや (其二)」(1921), 『全集』 9, 弘文堂, 1969.
46 內藤湖南, 「支那論」 중 「緒言」, 『全集』 5, 弘文堂, 1976, pp.307~310.

는 당송唐宋 간에 나타난 가장 중요한 변화를 귀족정치의 붕괴, 군주독재 정치의 탄생, '평민주의平民主義'의 대두라는 점에서 찾을 수 있다고 주장한다. 귀족정치 시기의 "군주는 크게 보아 귀족계급의 사유물 작게 말하면 그 한 가족의 사유물과 같은 지위"에 있었다는 것이다.[48] 그러나 송대가 성립하면 군주권의 본질은 크게 변화하였다고 본다. 그때까지 정권을 담당해왔던 지배계급인 귀족이 소멸하고 중앙권력은 황제에게 집중하게 되었다. 군주는 만민의 위에 초월적인 지위를 갖게 되었던 것이다. 그로 인하여 "군주는 천하를 사유하게 되었다. 천하라는 것은 자신의 사유재산과 같은 형태를 띠게 되었다"는 것이다.[49]

한편 귀족정치의 붕괴와 함께 나타나는 중요한 변화는 평민주의의 발전이었다고 본다. 시험이라는 객관적 기준에 의하여 관료를 등용하는 과거제의 보급과 더불어 나타난 것이 바로 평민주의였다. 과거제 아래 시행되는 '근세'의 관료제도 아래에서는 원칙적으로 관료의 세습이 인정되지 않았으며, 과거는 모든 사회계층의 남자에게 개방되어 있었다. 그러나 역설적이게도 이런 과거제 아래에서 지방관은 모두 '떠돌이'와 같은 존재가 되어버렸다. 또 지방권력은 지방의 유력자인 '이서吏胥'에 의해 장악되었으며 이서직은 지방의 향신에 의해 독점되어버렸고, 또 이는 모든 부패의 원인이 되고 있었다.[50] 나이토는 이처럼 황제정치가 군주권의 강화라는 목적만을 추구한 나머지 국정의 다른 부분을 돌아보지 못하게 됨으로써 결국 나라를 멸망으로 몰아넣고 말았다

---

47 위의 글, pp.308~309.
48 위의 글, pp.309 · 313.
49 위의 글, p.316.
50 위의 글, pp.324~326.

고 강하게 비판한다.

그러나 다른 한편으로 지방관의 손을 떠난 지방의 문화와 정치는 모두 자치단체(혹은 鄕團)의 손으로 이관되었다. 육아, 학교 등의 일반 민정상의 불가결한 시책이나 치안의 유지 등은 모두 자치단체가 담당하게 되었던 것이다. 지방단체는 중앙에서 파견된 관료를 신뢰하지 않았고, 비상시에는 군대를 조직하여 내란에 대처해야만 했다.[51] 나이토에게 향단은 중앙정부로터 독립한 존재로서, 지방의 유력한 종족에 의해 지도되고 있는 것으로 간주되었다. 또 중국사회는 본질적으로 지방분권적이었고, 그 본질을 체현한 것이 바로 자치단체 혹은 향단이었다.[52]

나이토는 향단을 민주적이며 조화적이고 안정적이며 진보적이라고 생각하였다. 그리고 이 향단을 기초로 할 때에만 근세 관료제의 개혁이라는 오래된 현안을 해결할 수 있다고 보았다. 중국의 근대화 과정에서 민주주의적인 전진에 기여할 수 있는 것은 지역사회의 향단뿐이라고 생각하고 있었던 것이다. 향단이 지방행정의 모든 관련 업무를 수행하고 있었으며, 공유재산共有財産을 가지고 있었고, 지역의 인재를 육성하고 필요에 따라 구제사업도 실시하고 있었다.[53]

나이토는 향단에서 공화주의의 맹아 혹은 공화정치의 원초적 형태를 찾아내려 하였다. 피라미드 형태로 이루어진 연방공화제聯邦共和制의 기반에 향단을 배치함으로써 중국의 국가적 통합이 완수될 수 있을 것이라고 보았다. 또 향단 네트워크가 강화되어 외국의 침략에 대항할 수

---

51 위의 글, pp.368~369.
52 ジョシュア フォゲル, 井上裕正譯, 앞의 책, pp.194~200.
53 內藤湖南, 앞의 글, pp.380~381.

있게 되고 또 지방자치를 촉진할 수 있을 것이라고 주장하였다.[54]

　이처럼 이미 북송 대에 군주는 평민과 결탁하여 귀족세력을 전복시키고 중앙집권체제를 구축함으로써 근세 시대를 열어제쳤다. 이리하여 '평민의 대두'라는 문제의식은 그의 근세론에서 가장 핵심적인 지위를 차지하게 되었다. 근세 시대에 평민이 대두하고 그들의 생활이 풍부해졌다고 그는 주장한다. 평민의 지위가 당송 사이에 변화하면서 그들은 노동하고 지식을 확보함으로써 중국문화의 일익을 담당하게 되었다. 나이토는 근세가 되면 정치에 비해 문화가 더욱 중요하게 부상하는 시대가 되었음을 강조한다. 이리하여 나이토의 '문화사' 연구에는 중국사 연구에서 핵심적 역할이 배분되었다.

　한편 나이토의 평민주의는 중국이 전제정치의 시대를 마감하고 공화정치의 시대로 이행하는 데서도 중요한 위치를 차지하고 있었다. 중국사를 소급하여 공화정치의 기반을 찾고자 할 때 평민주의는 인민이 정치참가를 증언하는 가장 중요한 자원이 되어줄 것으로 보였다. 그리고 향단이야말로 공화주의를 구성하는 소세계의 단위가 될 것으로 기대하고 있었다.[55] 중국사의 평민주의적 속성은 지역사회에서 찾을 수 있으며, 이런 인민의 힘의 성장에서 중국 근세의 성립을 확인할 수 있다는 것이다. 이리하여 송대 근세설이 등장한 것이다. 나이토가 중국사 시대구분을 하는 가장 중요한 기준은 사회사적이고 문화사적인 구조의 변화였다.[56]

54　ジョシュア フォゲル, 井上裕正譯, 앞의 책, pp.194~200.
55　위의 책, pp.215~220.
56　위의 책, pp.174~220.

이런 나이토의 근세설에 대해서는 패전 직후부터 일종의 '정체론'이라는 비판이 있어왔다.[57] 나이토가 상정하는 근세라는 시대의 장기성이 중국사의 정체성을 전제하고 있다는 것이다. 하지만 이런 비판보다는 상호적이고 유동적인 문화의 속성을 '중심'을 설정함으로써 고정화하는 경향이 있다는 데서, 그의 문화론이 갖는 문제점을 확인할 수 있을 것이다. 한편 송대 이후 중국 역사 속에서 정치와 민간사회의 분리 혹은 자치단체를 중심으로 한 평민주의를 강조하는 나이토의 역사 해석은 이른바 '중국비국가론'의 원조라고 해석되기도 한다.[58] 중국의 국가는 매우 허약한 상태로 이어지고 있었으므로 근대적인 집권국가의 성립에는 어려움이 따를 수밖에 없다는 논리였다.

세 번째로 문화의 중심이동설을 대상으로 그가 문화를 도식화하려 했던 시도에 대해 살펴볼 필요가 있겠다. 고정화되고 광역화된 문화는 또다시 도식화의 길을 걷게 되는데, 이는 문화의 중심이동이라는 방식으로 표현되었다.

나이토는 1924년 발표한 『신지나론』에서 동양문화가 민족의 구별을 없애고 하나의 동양문화를 형성하는 경로를 걸어왔음을 강조한다. 중국 상고上古 시대에 동양문화가 성립한 뒤 발전하고 이동하면서 진행해왔다는 것이다. 특히 중국이 하나로 통일된 진한 이후 문화중심이 점차 이동하여, 문화의 중심은 쇠퇴하고 문화가 없던 지방이 차츰 그 중심이 되어갔다는 것이다. 이것이 이른바 문화중심이동설이다.[59]

---

57 위의 책, 194~200쪽. 특히 사에키 유이치[佐伯有一]와 미야자키 이치사다의 비판 참조.
58 이형식, 「'지나통' 야노 진이치[矢野仁一]의 중국인식과 대중정책」, 『사림』 58, 수선사학회, 2016; 岡本隆司, 「近代日本がみつめた中國 (5)」, 『本』 40-1, 2015 참조.
59 内藤湖南, 「新支那論」(1924), 『全集』 5, 弘文堂, 1976, pp.508~516. 「新支那論」의 3장

오늘날 지나의 국가에 포섭되지 않는 일본이나 조선도 현대의 지나 국민과 동일하게 생각하여 지나 국민의 세력중심, 문화중심의 이동은 거기까지 미치는 것으로 생각해야 할 것이다. 조선처럼 세력중심을 형성하기에 부적당한 민족은 바로 제쳐두고, 일본이 지나 국민과 하나로 포괄된 영역 내에서 세력중심을 형성할 자격이 있는 사실은, 오늘날 지나 국민이 일본의 압박에 대하여 매우 신경과민이 되어 있는 데서도 이해할 수 있는 것이지만, (…중략…) 일본은 현재 오래된 지나문화와 새로운 서양문화를 채용하여 일본문화라는 것을 만들고 있는 중인데 그것이 완성되는 날에는 지금 이상으로 지나문화에 영향을 미쳐 동아시아 전체를 하나의 세계로 삼는 영역 안에서 그 중심이 될지도 모른다.[60]

그러나 동양문화의 발전이라는 점에서 보면 민족의 구분은 무의미하다. 문화의 중심은 민족을 넘어 '동東'으로 이동하였으며, 이제 동양문화의 중심에는 일본이 위치하고 있는 것이 된다. 이제 일본이 동양문화의 중심이 되고, 중국문화의 일부가 된 것은 불가사의한 일이 아니다. 나이토는 일본이 중국 이상으로 훌륭한 강국이 되었기 때문에 일본이 어떤 사정으로 중국과 하나의 국가를 형성하게 된다면, 일본으로 문화의 중심이 이동하고 일본인이 중국의 정치, 사회에서 활약할 수 있게 될 것이라고 주장하고 있다.[61]

또 그는 중국의 문화중심은 시대에 따라서 그리고 계급의 측면에서

「지나의 혁신과 일본」의 부제가 바로 '동양문화중심의 이동'이다(內藤湖南, 「新支那論」 (1924), 『全集』 5, 弘文堂, 1976, pp.484~544).

60 內藤湖南, 「支那人の觀たる支那將來觀と其の批評」(1921), 『全集』 8, 弘文堂, 1969.
61 內藤湖南, 「新支那論」(1924), 『全集』 5, 弘文堂, 1976, pp.508~516.

도 차츰차츰 이동하고 있었다고 주장한다. 그가 내세운 문화중심의 이동은 단지 시대에 따른 지방의 이동만이 아니라, 계급의 이동까지도 포함하는 것으로 확장된다. 그리고 당대 중국이 드러내고 있던 혼란은 중국이 문화의 이동기에 처해있음을 보여주는 지표라고 본다. 중국의 경제, 사회조직이 변화하면서 그에 따라 문화도 변화하게 되고, 새로운 문화계급이 등장하게 된다는 것이다. 그리고 새로운 문화의 담당자는 농민계급이 될 것이라고 전망하고 있다.[62]

이런 측면에서 보면, 그가 동양문화론에서 문화중심의 이동을 설정하는 것은, 일본문화의 중심성을 드러내기 위한 필수적인 경로였음을 확인하게 된다. 이제 중국의 문화는 노약함의 증거이고, 일본과 구미의 강대함은 문화적 미숙함의 증거가 된다고 강변한다.[63] 중국의 정치사회적 개혁을 위해서는 일본의 개입이 정당화될 수 있다. 동양문화의 중심이 일본으로 이동했기 때문이다. 따라서 중국의 혼란은 문화의 이동기에 나타날 수 있는 그런 혼란에 지나지 않는 것이다. 따라서 일본의 개입으로 중국은 본래의 중국 곧 문화주의와 법치주의에 입각한 중국으로 돌아갈 수 있게 될 것이다.[64] 이것이 동양문화의 중심, 일본의 사명이 되었다고 1920년대 나이토는 주장한다.

이처럼 나이토 코난은 시대구분을 할 때에 문화의 '중심'을 설정함으로써 문화를 '고정화'하였을 뿐만 아니라, 문화 개념을 '광역화'하여 중국문화를 중심으로 '동양문화'라는 개념을 만들었으며, 일본으로의

---

62 위의 글, pp.508~516.
63 ジョシュア フォゲル, 井上裕正譯, 앞의 책, pp.174~220.
64 內藤湖南, 「支那に還れ」(1924), 『全集』 6, 弘文堂, 1972.

문화중심의 이동을 강조함으로써 문화론의 '도식화'에 일조하였다. 나이토 문화론의 이런 세 가지 특징을 문화론의 '일본적 전유'라고 불러도 좋을 것이다. 나이토는 일본문화론을 일본화하는 것과 아울러 보편화하는 작업도 아울러 수행하였으되, 그 작업은 위에서 본 바와 같이 지극히 일본적인 특성을 갖는 것이었을 따름이다.

이런 문화론의 연장선 위에 "말썽 많은" 그의 조선 문제 인식이 정확히 위치하고 있다. 나이토 코난은 조선 문제에 관해서 오랫동안 관심을 갖고 있었으나, 중국 문제와는 상당히 다른 차원의 문제로 인식하고 있었다.[65] 나이토에게 조선은 서구제국의 식민지와 전혀 차이가 없는 또 하나의 식민지에 지나지 않았다. 그는 서구의 문명국이 식민지의 '진보'를 촉진하기 위하여 식민지배를 하는 것처럼, 조선 역시 하등인민下等人民이 살고 있는 지역으로서 조선 인민의 진보를 위하여 일본이 조선을 식민지로 영유할 필요가 있다는 점을 강조한다. 그는 "조선인이 개량될 수 있는 인종인지 개량될 수 없는 인종인지는 지금으로서는 알 수 없다. 결국 지금까지로 보아서는 그 지력 등에서 지나인과는 크게 다르다"라는 '천박한' 인식을 서슴지 않고 드러내고 있다. 또 미국의 백인이 흑인을 지배하는 것과 마찬가지로, 일본은 대만과 조선을 지배하여 위생상태를 개량하고 교육을 시행하여 체력과 지력을 향상시킬 필요가

---

65 Joshua A. Fogel은 나이토 코난이 조선문제와 중국문제를 전혀 별개의 것으로 인식하고 있었다고 본다(ジョシュア フォゲル, 井上裕正譯, 앞의 책, pp.247~251). 하지만 두 문제가 완전히 분리되어 인식되었던 것도 아니다. 야마다 사토시[山田智] 역시 나이토 코난이 조선에 대해서는 지나치게 멸시하는 태도를 취하는 반면 중국에 대해서는 과잉 몰입하는 이중적인 면모를 보이고 있다고 비판하고 있다(山田智,「內藤湖南の'朝鮮觀'と'東洋史'」, 山田智·黑川みどり編,『內藤湖南とアジア認識』, 2013, pp.139~157). 그러나 양자가 서로 관련하는 양상을 살피는 것이 진정 중요한 일이 될 것이다.

있다고 주장했다. 역사 속에서 그래왔던 것처럼, 조선인은 일본의 지배에 동화하는 것이 최상의 방책이라고 주장하는 것이다.[66]

이런 인식의 바탕에는 조선인이 자주독립의 능력을 갖고 있지 않다는 사고가 깔려있다. 조선의 진보는 고려 말 이후 즉 대개 600~700년 전부터 완전히 정체되어 거의 변하지 않았으며, 따라서 조선인은 독립 자치를 이상으로 가질 수 없는 국민이라고 판단하고 있었다.[67] 이런 인식의 연장선 위에서 중국문화가 일본에 전파되는 데에 기여한 조선의 역할도 거의 부정하고 있다. 중국은 일본문화의 경애하는 모국이지만, 조선은 오랫동안 정체해온 하등인종으로 동화의 대상이 될 뿐이라는 것이었다.

요컨대 조선에 대해서는 일본이 식민지로 지배할 필요가 있지만, 오랜 역사와 문화적 능력을 갖고 있는 중국에 대해서는 일본이 중국 자체의 개혁을 원조 혹은 '개입'하는 데에 그쳐야 하는 것이었다.[68] 하지만 조선과 중국에 대한 이런 차이 곧 '지배'와 '개입'의 차이가 그다지 크지 않다는 것은, 이후 나이토 코난의 '중국문화론' 혹은 '동양문화론'을 통해 본격적으로 드러나게 되었다.

66　內藤湖南, 「朝鮮の將來」, 『朝日』, 1910.9.1~9.4; 內藤湖南, 『全集』4, 弘文堂, 1976, pp.474~487.

67　內藤湖南, 「朝鮮統治の方針 (上)」, 『朝日』, 1920.1.1; ジョシュア フォゲル, 井上裕正譯, 앞의 책, p.250 재인용.

68　ジョシュア フォゲル, 井上裕正譯, 위의 책, pp.247~251.

4. '근세론'의 명암

이번에는 나이토 코난의 '근세'라는 시대 규정에 대해 살펴보려 한다. 근세라는 개념은 일반적으로 'early modern'으로 번역되기도 하지만, 그런 번역이 나이토의 근세 개념을 모두 담아내고 있는지는 의문이다. 나이토가 도쿄제대의 학문경향을 '태서학泰西學'이라고 비판했던 점을 감안하면 더욱 그러하다. 나이토는 원래 근세라는 시기를 중간자적 성격, 즉 중세로부터 근대로 넘어가는 과도기로서의 성격을 갖는 것이 아니라, 그 자체로 독자성을 갖는 시대로 규정하고 있었다. 근세는 최근세로 이행할 수는 있지만, 근대로 넘어갈 수는 없는 것이다. 그렇다면 근세는 외부의 힘에 의해 사회의 성격이 근본적으로 변하지 않는한, 근세로서의 성격을 본원적으로 유지하게 되는 것이다. 그런 점에서 적어도 나이토의 근세 개념을 'early modern'이라고 번역하는 것은 근세의 본질과 연결되지 않는다. 'early modern'은 '초기근대'로 번역됨으로써 근대로 이행하는 단계론적 성격을 갖는 것으로 그 성격이 바뀌게 되기 때문이다. 이는 나이토의 동양사학 개념이 갖는 난문제 가운데 하나임이 분명하다.

나이토의 당송시대를 보는 시각을 바탕으로 2차대전 이후 일본의 중국사학계에서는 이른바 '당송변혁기' 논쟁이 전개되었다. 이 논쟁은 주로 송대 이후 근세설을 주장하는 '교토학파'와 이를 부정하는 '역연파' 사이에서 진행되었다. 하지만 주로 당과 송대 사회의 성격규정을 둘러싼 논쟁이 중심을 이루었으며, 이른바 '근세론' 자체가 주요 논의대상으로 설정되지는 않았다.[69] 오히려 나이토의 근세론이 제기한 문제의식을 계승·발전시킨 것으로는 탈냉전 이후 일본학계에서 대두한 이른바 '소농사회론' 혹은 '초기근대론' 등의 논의에 더욱 주목할 필요가 있을 듯하다. 대표적인 논자인 미야지마 히로시宮嶋博史는 소농사회적 특성을 바탕으로 16세기 이후 한국, 중국, 일본을 포괄하는 동아시아사회를 '초기 근대'로 규정하는 논의를 제출한 바 있다.[70]

최근 나이토의 근세론이 또 다른 측면에서 주목을 받기도 한다. 요나하 준與那覇潤이라는 젊은 일본근대사 연구자는 대륙 중심의 근세론에서 나이토가 보여주었던 '역사의 종언'이라는 감각에 주목한다. 중국의 과거 곧 송 왕조 시대의 사회발전이 이미 구미와 일본을 선취하고 있었다는 나이토의 인식은 현재로서도 의미를 갖고 있다는 것이다.

그는 '중국화'와 '에도화'라는 두 가지 개념을 동원하여 고대 이후 일본의 역사를 설명한다. 일본 독자적 근세(에도화)가 종언을 고하고, 송 이후의 중국 근세와 동일한 상태로 이행하는 것을 '중국화'라고 개념짓는다. 중국화와 일본화는 일종의 '진자운동'을 하는 개념인데, 지금은 긴 에도시대에 종언을 고하고 일본이 중국화하고 있다고 진단한다.[71] 따라서 나이토가 그린 중국은 오늘날 전개되고 있는 글로벌한 질서의 때

---

69 타니가와 미치오 편, 정태섭·박종현 외역, 『일본의 중국사논쟁』, 신서원, 1996(『戰後日本の中國史論爭』, 河合文化敎育硏究所, 1993); 민두기 편, 『중국사시대구분론』, 창작과비평사, 1984; 박근칠, 「변혁론의 동아시아적 환류」, 『일본역사연구』 38, 일본사학회, 2013 참조.
70 미야지마 히로시, 『미야지마 히로시, 나의 한국사 공부』, 너머북스, 2013; 미야지마 히로시, 『일본의 역사관을 비판한다』, 창비, 2013 참조.
71 요나하 준, 최종길 역, 『중국화하는 일본』, 페이퍼로드, 2013.(『中國化する日本 : 日中'文明の衝突'一千年史』, 文藝春秋社, 2011)

나이토 코난의 '동양문화' 연구와 '근세론'의 명암   43

이른 소묘라는 것이다.[72] 하지만 이런 주장은 나이토 생존 당시의 제국주의적 시대감각을 지나치게 무시한 해석으로서, 오히려 버블 붕괴 20년을 거치고 있는 일본의 자신감 상실을 보여주는 지표처럼 읽히기도 한다.

한편 그의 근세론은 1960년대 이후 한국의 역사 연구자들에게도 상당한 영향을 끼친 것으로 보인다.[73] 나이토 코난의 이론은 조선왕조의 성립을 계기로 조선시기를 근세로 규정하는 방식으로 한국사 연구에 수용되었다. 조선시기 연구자 한우근은 '조선근세론'을 주창하면서 조선시기가 중세와 근대와는 구분되는 그 나름의 독자적인 개성을 지닌 시대이고, 따라서 중세에서 근대로 이행하는 과도기로 보아서는 안 된다고 주장하였다.[74] 그는 "일반적인 의미로서 중세적인 봉건사회라고 할 수 없으나, 그렇다고 중세적인 것에서 아주 탈피한 근대사회近代社會라고 간주할 수도 없다. (…중략…) '근세近世'라는 중간적인 시기를 획정하는 것이 타당하다"라고 주장하였다.[75] 한우근은 유교적 관료제를 바탕으로 한 '중앙집권체제'의 성립을 조선 근세론의 중요한 근거로 제시하였는데, 이런 인식은 대체로 조선근세론의 이론적 토대를 처음으로 제시한 업적으로 인정되고 있는 듯하다.[76]

---

72 與那覇潤, 「史学の黙示録」, 山田智・黒川みどり編, 앞의 책 참조.
73 1962년 출간된 진단학회의 『韓國史―近世前期編』에서는, 근세라는 시기구분이 매우 편의적인 것임을 밝히고 있다. 이 부분을 집필한 이상백은, 이씨조선 왕조 초기부터를 근세사라고 한 것은 세계적으로 공인되고 있는 소위 근세・근대라는 말과는 전혀 어울리는 것이 아니라는 점과 아울러, 고려사를 중세사라고 하였으므로 단지 편의적으로 조선시기를 근세사라고 하였다는 사실을 강조하고 있다. 이상백, 「서문」, 진단학회, 『韓國史 ―近世前期編』, 을유문화사, 1962.
74 한우근, 「중앙집권체제의 특성」, 『한국사』 10, 역사학회, 1973.
75 위의 글, 217쪽.

이후 조선근세론은 조선초기 연구자들에 의해 폭넓게 수용되었는데, 그들 역시 근세 개념을 명확하게 다듬어 사용한 것은 아니었다. 한영우는 '중앙집권적 근세국가'라는 개념을 사용하여 여말선초 왕조교체가 가져온 사회적 변화를 설명하고 있다. 하지만 근세국가는 신분제가 유지되고 사대질서가 통용되었다는 점에서 근대국가와 차이를 가지고 있었다고 소극적으로 설명될 뿐, 근세라는 시대에 대한 적극적인 설명은 상대적으로 빈약하다.[77] 이런 상태에서 근세 개념은 일반 개설서나 중등학교 교과서 기술 등에서 상당히 널리 인정되고 있다.[78]

그러나 한국에서 근세론을 수용한 연구자들은 자신의 이론이 어디에서 기원하는지에 대해서는 철저히 함구하였다. 일본인 역사학자로서 나이토 코난이 가지고 있던 정치적인 그리고 학문적인 위상과 성격 때문에 그 근거를 밝히기가 어려웠을 것임은 짐작하기 어렵지 않다.[79] 조선근세론이 '국적 불명'의 이론으로 자신의 이론적 위상을 명확히 하지 못한 것은 이런 이유 때문일 것이다.

한일 양국에서 나이토 코난의 근세론이 끼친 영향만큼 후유증도 만만치 않은 것처럼 보인다. 가히 탈식민주의 시대가 새로운 차원에서 전개되고 있다고 해도 좋을 것이다. 나이토 코난의 근세론이 중국사 연구

---

76 유승원, 「한우근의 조선 유교정치론·관료제론─조선근세론을 아울러서」, 『진단학보』 120, 진단학회, 2014. 한우근 이전에 제시된 근세론은, 고려시대보다 더 발전된 시대라는 의미에서 사용하거나 혹은 고려 이후를 중세라고 규정하는 경우 중세가 지나치게 길어지는 폐단을 방지하기 위한 용도로 편의적으로 사용되었다고 한다.

77 한영우, 『조선전기 사회사상연구』, 지식산업사, 1983, 9~58쪽.

78 한영우, 『다시 찾는 우리역사』(제2전면개정판), 경세원, 2014. 여기에서는 조선 시기를 '근세 관료국가' 시기로 규정하고 있다.

79 이제부터는 한국사 연구자들도 자신이 취해왔던 시기구분이나 시대 규정의 성격에 대해 그 이론적 연원을 겸허하게 인정하고 성찰해나갈 필요가 있을 것이다.

에 끼친 영향을 감안한다면, 그의 이론이 앞으로 어떤 방식으로 극복되어 갈 것인가는 주목의 대상이 되지 않을 수 없다. 근세론을 핵심으로 하는 나이토의 식민주의 역사학은 식민주의를 극복하는 방식에 대한 학계의 시금석이 될 것이다.

5. 맺음말

근세론을 중심으로 하는 나이토 코난의 중국사 연구와 동양문화론은 문화론의 '일본적 전유'라고 불러도 좋을 세 가지 특징 위에 구축된 것이었다. 첫째, 나이토는 문화개념을 '광역화'하여 중국문화를 중심으로 동양문화라는 개념을 만들었다. 둘째, 근세론을 중심으로 중국사에 시대구분론을 도입할 때에 문화의 '중심'을 설정함으로써 문화를 '고정화'하려는 시도를 수행하였다. 그에 따르면 동양문화의 중심은 어디까지 중국문화였으며 주변의 문화는 그다지 중요한 역할을 수행하지 못했다. 셋째, 나이토는 동양문화의 중심이 일본으로 이동하고 있다는 점을 강조하였는데, 이는 문화론의 '도식화'라고 불러도 좋을 것이다. 어떤 측면에서 나이토의 동양문화 연구는 일본 문화의 중심성을 강조하기 위해 구축한 의도적인 산물로 보이기도 한다. 그의 작업을 도식화 과정이라고 간주하는 것은 이런 이유 때문인데, 나이토는 일본문화론을 일본화하는 것과 아울러 보편화하는 작업도 수행하였으되 그것은 지극히 일본적인 특성을 갖는 것이었다.

나이토에게 동양의 문화는 중국에서 일본으로 중심이 흘러가는 것이었다. 그에게 문화의 교류라는 개념은 그다지 어울리지 않는 것이었다. 여기에서 나이토의 조선 인식이 수행하는 역할은 지대한 것일 수밖에 없었다. 아무리 일본 문화가 서양 문화와 혼합되었다고 하지만, 동양문화의 중심 이동이 확실한 근거를 가지기 위해서는 조선 문화가 부정되어야만 했던 것이다.[80] 이처럼 동양문화의 패자인 일본의 역할을 강조하기 위해서 조선 문화는 지나치게 부정되고, 중국문화는 과도하게 강조될 필요가 있었다. 동양문화의 중심이동을 증명하기 위해서 중국과 조선은 각기 표리에서 동일한 작용을 수행해야 했던 것이다.

북송대 중국의 발전이 구미의 발전을 선취한 것이었다는 나이토 코난의 인식은 대단한 선견지명을 가진 것이었다. 식민지 지배 혹은 침략 이데올로기에 이용되었다는 여러 비판에도 불구하고, 나이토의 이론이 전후 세계 역사학계에 커다란 영감을 주었다는 점을 부정할 필요는 없을 것이다. 그러나 이제 그의 혜안이 수행한 지적 역할에 정확한 위치를 부여할 때가 되었다. 우선 문화론의 차원에서 근세론 비판을 출발한 것은 이런 이유 때문이다. 그의 문화론과 근세론 비판이 탈식민주의적 역사학으로 나아가는 출발점이 되기를 기대해본다.

---

80 姜海守, 「朝鮮をぬきにして「支那(学)」は語れるか」, 山田智・黒川みどり, 앞의 책 참조.

참고문헌

1. 자료

『朝日』

內藤湖南, 『內藤湖南全集』 4, 弘文堂, 1976.

_____, 『內藤湖南全集』 5, 弘文堂, 1976.

_____, 『內藤湖南全集』 6, 弘文堂, 1972.

_____, 『內藤湖南全集』 8, 弘文堂, 1969.

_____, 『內藤湖南全集』 9, 弘文堂, 1969.

2. 단행본

미야지마 히로시, 『미야지마 히로시, 나의 한국사 공부』, 너머북스, 2013.

_____, 『일본의 역사관을 비판한다』, 창비, 2013.

민두기 편, 『중국사시대구분론』, 창작과비평사, 1984.

신현승, 『제국 지식인의 패러독스와 역사철학』, 태학사, 2015.

李盛煥, 『近代東アジアの政治力學』, 錦正社, 1991.

진단학회, 『韓國史-近世前期編』, 을유문화사, 1962.

최장근, 『한중국경문제연구』, 백산자료원, 1998.

한영우, 『조선전기 사회사상연구』, 지식산업사, 1983.

_____, 『다시 찾는 우리역사』(제2전면개정판), 경세원, 2014.

미타니 히로시 외, 강진아 역, 『다시 보는 동아시아 근대사』, 까치, 2011.(『大人のための近現代史 : 19世紀編』, 東京大出版會, 2009)

니시카와 나가오, 한경구·이목 역, 『국경을 넘는 방법』, 일조각, 2006.(『國境を越え方』, 平凡社, 2001)

요나하 준, 최종길 역, 『중국화하는 일본』, 페이퍼로드, 2013.(『中國化する日本 : 日中'文明の衝突'一千年史』, 文藝春秋社, 2011)

타니가와 미치오 편, 정태섭·박종현 외역, 『일본의 중국사논쟁』, 신서원, 1996.(『戰後日本の中國史論爭』, 河合文化敎育硏究所, 1993)

에이메 세제르, 이석호 역, 『식민주의에 관한 담론』, 그린비, 2011.(*Discourse on Colonialism*, Monthly Review Press, 2001)

질 망스롱, 우무상 역, 『프랑스 공화국 식민사 입문』, 경북대 출판부, 2013.(*Marianne et les colonies*, 2003)

존 로크, 강정인 · 문지영 역, 『통치론』, 까치, 1996.(*The Two Treatises on Government*, 1690)

스테판 다나카, 박영재 · 함동주 역, 『일본 동양학의 구조』, 문학과지성사, 2004.(*Japan's Orient: Rendering Pasts into History*, University of California, 1993)

神田喜一郎 · 內藤乾吉編, 『內藤湖南全集』全十四卷, 筑摩書房, 1969~1976.

山田智 · 黑川みどり編, 『內藤湖南とアジア認識』, 勉誠出版, 2013.

名和悦子, 『內藤湖南の國境領土論再考：20世紀初頭の淸韓國境問題「間島問題」を通じて』, 汲古書院, 2012.

三田村泰助, 『內藤湖南』, 中央公論社, 1972.

粕谷一希, 『內藤湖南への旅』, 藤原書店, 2011.

五井直弘, 『近代日本と東洋史學』, 青木書店, 1976.

增淵龍夫, 『歷史家の同時代的考察について』, 岩波書店, 1983.

陶德民, 『明治の漢學者と中國－安繹 · 天囚 · 湖南の外交論策』, 關西大學出版部, 2007.

ジョシュア フォゲル, 井上裕正譯, 『內藤湖南 ポリテックスとシ ノロジー』, 平凡社, 1989. (Joshua A. Fogel, *Politics and Sinology : The Case of Naito Konan*, Harvard University Press, 1984)

3. 논문

박근칠, 「변혁론의 동아시아적 환류」, 『일본역사연구』38, 일본사학회, 2013.

신현승, 「日本의 東洋史學者 內藤湖南의 歷史認識」, 『동아시아古代學』19, 동아시아고대학회, 2009.

유승원, 「한우근의 조선 유교정치론 · 관료제론－조선근세론을 아울러서」, 『진단학보』120, 진단학회, 2014.

李盛煥, 「日中朝關係における『間島問題』の政治的展開」, 筑波大學校博士論文, 1989.

_____, 「간도협약과 한일합방」, 『대한정치학회보』8-1, 대한정치학회, 2000.

이형식, 「'지나통' 야노 진이치(矢野仁一)의 중국인식과 대중정책」, 『사림』58, 수선사학회, 2016.

한우근, 「중앙집권체제의 특성」, 『한국사』10, 역사학회, 1973.

허재훈, 「식민주의의 기초－존 로크와 아메리카, 인디헤나의 수난사」, 『철학연구』130, 대한철학회, 2014.

岡本隆司, 「近代日本がみつめた中國 (5)」, 『本』40-1, 2015.

荻野脩二,「'支那通'について」,『中國研究月報』554, 中國研究所, 1994.

溝上瑛,「內藤湖南」, 江上波夫編,『東洋學の系譜』, 大修館書店, 1992.

礪波護,「內藤湖南」, 礪波護·藤井讓治編,『京大東洋學の百年』, 京都大學學術出版會, 2002.

(괄호 안의 서지사항은 원출처)

북방민족 고유성에 대한 탐색[*]

도리야마 키이치의 북방사 연구

정상우

1. 서언

　미지의 지역에 대한 침략과 통치를 위해 제국주의 국가들은 새로운 지역의 각종 사항들—지리, 지형, 자원 등과 같은 자연지리적 사항부터 그곳의 사람들과 관습, 역사, 유물 등과 같은 인문학적 사항들까지도— 을 조사·연구했으며, 이는 제국 일본 역시 마찬가지였다. 특히 러일전쟁 이후 만주에 대한 이권을 확보한 일본 제국주의는 '남만주철도주식회사南滿洲鐵道株式會社'(이하 '만철') 산하에 '만선역사지리조사부滿鮮歷史地理調査部'(이하 '조사부')를 두어 만주와 조선의 역사·지리 연구를 진척시킨 것은 잘 알려진 사실이다.

　해방 이후 식민지기 일본인 연구자들에 의해 진행되었던 한국사 연

---

[*]　이 글은 2016년 3월에 간행된 『사회와역사』 112호에 실린 「20세기 전반 일본인 학자의 '북방사' 연구 모습」을 수정·보충한 것이다.

구에 대해서는 1960년대 이래 최근까지도 많은 연구가 이루어지고 있다.[1] 특히 최근에는 당시 일본인 연구자의 역사 연구가 지닌 침략성은 물론 그것이 가지고 있는 근대 역사학으로서의 속성에 주목하면서, 주요 학술 기관에 대한 종합적인 분석과 더불어 식민주의 역사학의 변화와 그 내부의 층위, 갈등 등이 이야기되고 있다.[2]

이처럼 식민지기 일본인 연구자들의 역사 연구에 대한 스펙트럼은 넓어졌다. 하지만 당시 조선 이외의 지역, 특히 일본인 연구자들의 주요 관심 대상 지역 가운데 하나였던 만주의 역사에 대한 연구 활동과

---

1 이른바 '식민사학'에 대한 연구가 개시된 이래 대부분의 연구들은 그것이 침략과 통치의 합리화를 위해 역사를 왜곡하고 한국사를 부정적으로 서술했음을, 즉 '식민사학'이 가지고 있는 '침략성'을 지적해 왔다. 주요한 연구로는 다음을 들 수 있다. 李基白, 「緖論」, 『國史新論』, 泰成社, 1961, 1~10쪽; 金容燮, 「日本·韓國에 있어서 韓國史敍述」, 『歷史學報』 31, 역사학회, 1966; 洪以燮, 「植民地的 史觀의 克復−民族意識의 확립과 관련하여」, 『亞細亞』, 1969.3; 李龍範, 「韓國史의 他律性論 批判−所謂 滿鮮史觀의 克服을 위하여」, 위의 책; 李基白, 「事大主義論의 問題點−〈事人主義〉라는 用語와 그 類型의 檢討」, 위의 책; 金泳鎬, 「韓國史 停滯性論의 克復의 方向−時代區分과 資本主義 萌芽의 問題」, 위의 책; 李基白, 「半島的 性格論 批判」, 『韓國史 市民講座』 1, 一潮閣, 1987; 姜晋哲, 「停滯性理論 批判」, 위의 책; 李泰鎭, 「黨派性論 批判」, 위의 책; 李萬烈, 「近現代 韓日關係研究史−日本人의 韓國史研究를 中心으로」, 『한일역사공동연구보고서』 4, 한일역사공동연구위원회, 2005.

2 이러한 연구들은 식민지기 일본인 연구자들의 역사 연구를 '식민주의 역사학'이라고 명명하는 경향이 있다. 이에 대해 윤해동은 '식민주의 이데올로기에 기반하여 근대 역사학의 인식론과 방법론을 수용한 역사학'으로 정의하였는데, 당시 일본인 연구자들의 역사 연구가 가지고 있는 침략성과 근대성을 모두 시야에 담아야 한다는 것이다(윤해동, 「식민주의 역사학 연구 시론」, 『한국민족운동사연구』 85, 2015). 이러한 입장에 선 주요 연구들은 다음과 같다. 이성시, 「한국고대사연구와 식민지주의−그 극복을 위한 과제」, 『韓國古代史硏究』 61, 한국고대사학회, 2011, 206~209쪽; 정상우, 「滿鮮史와 日本史의 위상−稻葉岩吉의 연구를 중심으로」, 『韓國史學史學報』 28, 한국사학사학회, 2013, 324~328쪽; 정준영, 「경성제국대학과 식민지 헤게모니」, 서울대 박사논문, 2009; 정상우, 「조선총독부의 『朝鮮史』 편찬 사업」, 서울대 박사논문, 2011; 정상우, 「일제강점 말기 관찬 지방사에서의 지방 구현−『大邱府史』(1943)를 중심으로」, 『東北亞歷史論叢』 45, 동북아역사재단, 2014; 정상우, 「일제하 '全州' 지방의 지방사 편찬−『全州府史』(1942)를 중심으로」, 『한국문화』 71, 서울대 규장각 한국학연구원, 2015.

서술에 대해서 알려진 것은 그다지 많지 않다. 식민시기 역사 연구를 다루는 한국 학계의 연구들에서 식민주의 역사학을 진행한 주요 기관의 하나로서 '만철' 산하 '조사부'를 언급하고 있지만 이를 정면으로 다루는 연구는 몇 편에 지나지 않는다.[3] 이는 '조사부'가 오랜 기간 존속하며 방대한 성과물을 제시했기 때문이기도 하겠지만, 대부분의 조사와 연구가 조선을 벗어난 만주에 대한 것들이기 때문이 아닐까. 식민지기 일본인 연구자들의 만주사 연구활동에 대해 그다지 알려져 있지 않음에도 불구하고, 만주와 더불어 조선을 포함하는 '만선사'에 대해서만은 식민주의 역사학의 하나로서 상당한 연구가 이루어진 것은 연구자들의 관심이 '조선'에 집중되어 있음을 단적으로 보여준다.

이 논문은 발해사 연구자로 알려진 도리야마 키이치鳥山喜一(1887~1959)의 연구 궤적을 살펴봄으로써 지금까지 잘 알려지지 않았던 식민지기 일본인 연구자들의 만주사 연구가 어떻게 진행되었는가에 대한 단초를 얻기 위한 것이다. 도리야마는 토쿄제2고를 거쳐 토쿄제대 사학과에서 수학하고 1928년부터 1945년까지 경성제대 법문학부에서 동양사학東洋史學 제2강좌의 담당교수로 재직한 엘리트로서, 근대 역사학의 세례를 받고 '제국대학'이라는 안정적인 기반 위에서 연구를 주도·진행했던 인물이다.

도리야마는 발해사에서 시작하여 금金으로 시야를 확장해 가면서 다양한 연구·강연 활동을 벌이며 실로 많은 저술을 남겼다. 특히 1930년대 그는 경성제대 법문학부장, 부속도서관장 등과 같은 학내 교육·

---

3 박장배, 「만철 조사부의 확장과 조사 내용의 변화」, 『중국근현대사연구』 43, 중국근현대사학회, 2009; 이준성, 「「만주역사지리」의 한사군 연구와 "만선사"의 성격」, 『人文科學』 54, 성균관대 인문과학연구소, 2014.

학술 행정의 요직을 역임하는 한편, 만주사변 이후 경성제대가 대학의
유지와 학문적 정체성의 확보를 위해 전全 대학 차원에서 조직했던 만
몽문화연구회滿蒙文化硏究會의 간사로서 다양한 강연을 진행하며 학내
연구를 주도했다.[4] 또한 발해 5경京 중 하나인 상경용천부上京龍泉府, 東京
城와 금의 국도國都였던 상경회령부上京會寧府 등에 대한 학술조사를 시
행하는 등 발해, 금 등의 연구에 있어 선도적인 역할을 하였다. 때문에
그의 연구 과정을 살펴보는 것은 당시 만주 일대 역사 연구의 전개를
살펴보는 데에 좋은 실마리를 줄 뿐만 아니라 경성제대를 중심으로 한
식민지기 학술사의 해명에도 좋은 시사점이 될 수 있을 것이다.

그렇지만 도리야마에 대한 연구는 전무한 실정이며, 그에 대해 알려
진 것도 많지 않다. 다만 발해에 대한 연구에서 그의 행적과 연구는 간
략하지만 반드시 언급된다. 도리야마는 일본에서 최초로 발해에 대한
통사를 서술하여 발해사 연구를 집대성했을 뿐만 아니라, 발해의 유적
에 대한 학술 조사를 주도하여 발해에 대한 분명한 인식과 이해를 가능
케했다는 것이다. 당시 조사 결과는 중국 당국의 비협조로 인해 발해
유적에 대한 접근이 어려운 현재에도 소중하다고 한다.[5] 또 일본 학계
에서는 도리야마가 경성제대 재직 당시부터 '발해왕渤海王'이라고 불렸

---

4   경성제대의 만몽문화연구회에 대해서는 정준영, 「군기와 과학―만주사변 이후 경성제
    국대학의 방향전환」,(『만주연구』 20, 만주학회, 2015)을 참고할 것.
5   송기호, 「渤海史 關係 論著 目錄」,『한국사연구』 33, 한국사연구회, 1981, 118쪽; 한규철,
    「渤海史 硏究의 現況과 課題」,『고구려연구』 6, 고구려연구회, 1999, 24~25쪽; 한규철,
    「발해사 연구의 회고와 전망」,『白山學報』 76, 백산학회, 2006, 521~524쪽; 양시은, 「일
    제강점기 고구려, 발해 유적조사와 그 의미―서울대학교 박물관 소장품을 중심으로」,
    『고구려발해연구』 38, 고구려발해학회, 2010, 167~172쪽. 한편 현재 서울대학교 박물
    관에 남아 있는 발해 관련 유물의 상당수는 도리야마가 기증한 것이라고 한다.

다면서, 그는 '메이지明治 한학자漢學者의 전통을 지키면서도 구미歐美의 합리주의合理主義·자유주의自由主義에 밝았으며 문헌사학文獻史學의 입장에서도 부족함이 없음은 물론, 실견·조사에도 정진을 거듭, 공리공론을 배격하고, 실증을 중요시'한 학자였으며, 그의 연구는 풍부한 답사를 통한 유물·유적 등 고고학 자료를 두루 활용한 것으로 높게 평가하였다.[6] 즉 도리야마는 엄정한 학문적 방법론에 충실한 연구자이며, 발해사 연구에서 그가 이룬 성취와 공헌은 지금도 인정받고 있다.

이처럼 도리야마는 발해사 연구와 관련하여 높은 평가를 받고 있다. 그런데 한 가지 흥미로운 사실은 그의 관심이나 경성제대 교수로서의 활동이 비단 발해사에만 머물지 않았다는 점이다. 물론 그를 세상에 알린 그의 첫 저작인 『발해사고渤海史考』(1915)는 근대 역사학의 방법론으로 서술된 발해사에 대한 최초의 통사라 할 수 있으며, 그가 진행한 학술조사는 대부분 발해와 관련된 것으로, 그의 연구 이력에서 발해사 연구는 무엇보다도 먼저 눈에 들어온다.

그러나 도리야마는 발해와 더불어 금에 대한 연구도 상당히 진행하였다. 뿐만 아니라 그는 경성제대 재직 중 발해와 금에 대한 저술·학술조사만이 아니라 그에 버금가는 많은 강연록들을 남기고 있다. 이러한 강연들은 과거 만주의 민족들과 그들의 문화, 고대 이래 20세기 초까지 아시아의 역사적 추이 등과 같이 발해와 금을 넘어 근대까지 이르는 광범위한 것이었다. 이처럼 식민지기 도리야마의 활동은 발해사에 한정할 수 없는 것임에도 불구하고 이에 대해서는 전혀 언급되지 않고 있다.

---

6   船木勝馬, 「鳥山喜一氏の渤海史研究の足跡をたどって」, 鳥山喜一, 『渤海史考』, 原書房, 1977; 船木勝馬, 「鳥山喜一」, 江上波夫編, 『東洋學の系譜』 2, 大修館書店, 1994.

이에 여기서는 도리야마가 발표했던 글들을 살펴보며 당시 발해와 금으로 대변되는 만주사 연구는 어떠한 내용인지, 제국 일본의 팽창에 따라 연구자의 관심은 어떻게 변화해 갔는지를 고찰하겠다. 또 이를 통하여 1945년 이후 도리야마에게 내려진 평가들을 재고해 보겠다.

2. 발해에 대한 연구—실증의 추구

1945년 이전 도리야마가 발표한 글들을 보면 그의 활동은 크게 세 시기로 나눌 수 있다. 첫 번째 시기는 1911년 대학 졸업 이후 1918년까지로 여러 대학에서 강의를 하며 발해에 대한 통사와 금에 대한 몇 편의 논문들을 발표하던 시기이다. 두 번째 시기는 1919년부터 경성제대에 부임한 1928년 3월 이전까지로, 니가타 고등학교 강사와 교수로 재직하던 시절이다. 물론 이 기간 중에도(1924~1925) 제국학사원으로부터 발해·금의 사적연구비를 지급받으며 함경남북도 및 길림성의 간도·혼춘의 발해 관련 유적을 답사하는 등의 활동이 없진 않았지만, 당시 그가 힘을 쏟은 것은 연구가 아닌 청소년을 위한 개설서와 교과서 저술이었다.[7] 마지막 시기는 경성제대 부임 이후로, 이때는 발해와 금

---

7 청소년을 대상으로 한 중국사 개설서로 1926년에 출판된 『黃河の水』는 1945년 이후에도 개정판이 계속 출간될 정도로 일본인들에게 많이 읽힌 대표적인 중국사 개설서이다. 또 도리야마는 각각 중학교·여학교·실업학교용 교과서로 『東洋史綱』(1922), 『新東洋史』(1922), 『新体外國史(東洋の部)』(1928) 3종을 저술하였다. 한편 1924년과 25년에

에 대한 논문을 발표하고 학술조사를 본격적으로 진행하는 한편 대학 내의 사학회나 만몽문화연구회에서 강연 활동을 활발히 했다. 이렇게 그의 연구·저술 활동은 강사시절·고등학교 재직시절·경성제대 재직시절로 나누어 볼 수 있는데, 특히 경성제대 재직 시절은 일본의 대륙침략이 본격화되고 만주국이 건국됨에 따라 만주에 대한 사회적 관심이 높았던 시기이자 도리야마 개인적으로도 대학이란 기반 위에서 가장 왕성한 활동을 벌일 수 있었던 시기라 하겠다.

이렇게 시기에 따라 변화한 그의 연구·저술 활동들에서 연구의 시작은 발해에 대한 것이었다. 도리야마는 학부졸업논문의 주제로 발해의 역사를 다루었고, 이를 수정하여 1915년『발해사고』를 출간하며 본격적인 학자의 길에 들어선다. 앞서 언급했듯이 그는 대중 역사서, 교재의 저술과 교육 활동에 주력하던 시기에도 연구비를 지원받아 발해의 유적지를 둘러보았다. 특히 만주국 건국 이후에는 발해에 대한 대중용 도서로『발해국소사渤海國小史』(1939)를 저술했을 뿐만 아니라 1932년과 1933년 동아고고학회東亞考古學會에서 주관한 상경용천부지上京龍泉府址 발굴을 진행했다. 또한 1937년 간도성間島省 안의 선사先史 및 발해·금 시대의 유적·유물의 조사를 진행하면서 발해의 동경용원부지東京龍原府址, 八連城와 중경현덕부中京顯德府, 西古城를 조사했고, 1942년 이후 이에 대한 추가 조사도 실시했다.[8] 이처럼 1945년 이전 도리야마의 다양한

진행했던 학술조사에 대한 공식적인 발표 역시 경성제대 부임 이후인 1928년 12월 京都史學研究會大會에서 강연을 하며 세상에 알려진 것으로 보인다.

8   만주국 건국 이후 도리야마 키이치의 학술조사에 대해서는 鳥山喜一,「滿洲國文化事業の十年」,『朝鮮』328, 1942; 양시은, 앞의 글, 170~172쪽. 상경용천부 조사에 대한 보고서는 하라다 요시토[原田淑人], 코마이 카즈치카[駒井和愛] 두 사람에 의해『東京城』이란 이름으로 1939년에 공간(公刊)되었으며, 1937년의 조사보고서는 1942년에『間島省

활동에서 변치 않는 것은 발해에 대한 것으로, 그의 연구 활동에서 중심을 이루고 있다고 하겠다.

1945년 이전 발해사에 대한 연구는 양과 질 모두에서 일본인들에 의해 주도되었다고 알려져 있다.[9] '실증'이라는 근대 역사학의 방법론이 도입된 초기, 발해사 연구에서 일본인 연구자들은 상대적으로 유리한 위치를 선점할 수 있었다. 발해는 2대 무왕武王 이래 멸망할 때까지 지속적으로 일본에 '조공'(34회)하였으며, 이에 대한 화답으로 일본 역시 발해에 종종 사신을 보냈는데(14회), 이에 관한 기록이 일본의 사료에 남아 있기 때문이다. 이러한 사료적 기반이 있었던 일본의 대륙침략은 일본인 연구자들이 발해사를 연구하게끔 이끌었다. 발해사에 대한 연구가 러일전쟁 이후, 만주국 건국 이후라는 두 시기에 집중되었다는 것은 이미 1930년대 일본인 연구자들에 의해서도 지적되고 있었다.[10]

도리야마가 학부를 졸업했을 때는 한국 강점 직후로, 조사부의 연구 성과물들이 처음으로 출간되며 발해를 주제로 하는 연구 성과들이 속속 등장하고 있었다.[11] 이러한 시대 분위기는 도리야마에게도 강한 영향을 주었던 것으로 보인다. 그는 『발해사고』의 첫머리에서 한국 강점

古蹟調査報告』로 발간되었다. 하지만 1940년대 이루어진 조사는 일본의 패전으로 보고 서는 발간되지 못해 알려진 것이 거의 없다고 한다.

9 한규철, 앞의 글, 506~509쪽.

10 外山軍治, 「渤海史研究の回顧」, 『東洋史研究』 1-5, 京都大學, 1936.

11 당시 만철 조사부의 인사들에 의한 발해사 관련 연구는 松井等, 「渤海國の彊域」, 『滿洲歷 史地理』 1, 1913; 池內宏, 「渤海の建國者について」, 『東洋學報』 5-1, 1914; 津田左右吉, 「渤海考」, 『滿鮮地理歷史研究報告』 1, 東京帝國大學文學部, 1915 등이 있다. 이 3편에 1899년에 발표한 마쓰이 료하치[松井浪八]의 「渤海五京考」(『史學界』 1-4)를 더한 4편 이 도리야마의 『渤海史考』가 출간되었던 1915년 당시 일본 학계에서 만주 전체를 다루 며 발해를 간략히 언급하는 것이 아니라 발해 자체를 연구 주제로 한 성과 전부라고 할 수 있다.

으로 일본의 '대 만주문제'는 한층 긴절해졌으며, 이러한 때를 맞아 '일찍이 그 땅에 근거하여 우리에게 신사입조臣事入朝한 국가의 역사를 회고하는 것은 우리 국민으로서 무익한 일은 아닐 것'[12]이라고 연구의 의의를 밝혔다.

『발해사고』에서 도리야마는 발해를 조성한 주력은 말갈족임을 이야기한 후[13] 발해의 개국 이후 국망까지의 과정, 발해의 문화, 발해와 일본의 교류, 5경의 위치와 발해의 판도 이상 4가지 사항을 서술하였다. 이를 위해 도리야마는 일본의 자료는 물론 당시 활용할 수 있는 중국의 역대 문헌들과 한국의 자료들을 대폭 활용하였다.[14] 이와 함께 도리야마는 그때까지 이루어진 발해 관련 연구 성과들에 대해서도 정리·제시하고 있는데, 당시 연구 성과들이 발해를 구성한 민족의 실체, 발해의 강역이나 5경의 위치에 대한 것들이었던 것을 볼 때 도리야마는 당시 학계의 관심을 공유하면서도[15] 당시 활용할 수 있었던 사료와 연구들을 망라하며 당시로서는 새로운 연구들 — 발해의 정치 체제나 문화, 발해와 일본과의 관계 — 로 나아갔다고 하겠다.

조사부의 활동이나 당시 일본인들의 만주 연구들은, 당시 일본 역사

---

12 鳥山喜一, 『渤海史考』, 奉公会, 1915, 2쪽. 이 책은 그가 학부졸업논문으로 제출했던 「渤海王國の硏究」(1911)를 수정하여 발간한 것이다. 각주 6번의 『渤海史考』는 저자인 도리야마의 소개와 평가를 달아서 재간한 것이다. 이 글에서는 주로 1915년판을 참고했다.
13 위의 책, 10쪽.
14 일예로 도리야마는 발해 5경의 위치를 비정함에 있어 정약용의 『대한강역고(大韓疆域考)』(장지연 증보)도 소개하고 있다. 이는 비판의 대상으로서 제시된 것이지만, 현재 우리가 '실학'이라고 이야기하는, 조선 후기의 역사 인식에 대해서도 그가 어느 정도 검토하고 있었음을 말해주는 것이다.
15 도리야마는 대조영의 출자나 발해 5경의 위치 등에 있어 기존의 설들을 비판하면서 자신의 견해를 제시했는데, 5경의 위치에 대해서는 대체로 마쓰이 히토시[松井等]의 설에 동조하고 있다.

학계가 그러했듯이, 역사지리적 관심에서 지리비정에 심혈을 기울였다. 그리고 식민시기 일본인들의 발해사 연구는 일본이 우위에 선 양국의 교류를 규명하여 만주와 일본의 오래된 관계를 확인하는 한편, 미개한 말갈족이 일으킨 나라가 당의 문화를 흡수하여 개화했듯이 문명화된 일본인들이 만주족을 개화시켜야 한다는 논리를 이끌어내기 위한 것이었다고 지적되고 있다.[16]

실제로『발해사고』에서 도리야마는 '이적夷狄'이 세운 발해가 '해동성국海東盛國'이라 불릴 정도로 급격한 발전을 이룰 수 있었던 이유는 당―중국문화의 흡수였다며, 교육·문학·미술과 공예 등에서 당의 영향을 확인하였다. 뿐만 아니라 3성省 6부部로 구성된 발해의 중앙관제 역시 구조, 명칭, 기능에서 모두 당의 제도를 모방한 것이라며 당의 관제에 기반하여 발해의 관제를 꼼꼼히 정리함은 물론 발해가 5경을 둔 것도 '당의 문화에 심취하여 그 제도의 모방에 힘쓴 발해의 사정에서 추측해 보면 그 의식적 모범은 역시 당의 4도都에 있다'[17]고 전제한 후 5경의 위치를 비정하였다. 또 발해와 일본의 관계에 대해서도 발해가 일본에 '공헌貢獻하여 인교隣交를 구한 것'이고, "저들이 말을 낮추고 (…중략…) 결코 대등한 관계에서 이루어진 것이 아니라 주종적 관계"라며 양국 관계의 기본은 일본이 우위에 선 것임을 명시하였다.[18]

그러나 발해에 대한 도리야마의 논의는 이것만이 아니었다. 그는 사

---

16 한규철, 앞의 글; 김종복, 「渤海史 認識의 推移」, 『史林』 26, 수선사학회, 2006, 29쪽; 박찬흥, 「滿鮮史觀에서의 한국고대사 인식 연구」, 『한국사학보』 29, 고려사학회, 2007, 27~30쪽; 박찬흥, 「'만선사'에서의 고대 만주 역사에 대한 인식」, 『韓國古代史研究』 76, 한국고대사학회, 2014, 157~159쪽.
17 鳥山喜一, 앞의 책, pp.112~123·pp.124~136·p.230.
18 위의 책, pp.44~45·p.164.

60 제1부 '동양사' 연구와 그 주변

료들을 꼼꼼히 정리하는 한편 당시 발견된 발해 유물들을 살피며 자신만의 입론을 만들어갔다. 도리야마는 발해의 다수는 말갈족이지만 건국자 대조영大祚榮은 선대부터 고구려에 판적版籍을 가지고 있던 인물로, 고구려 문화에서 양성되었으며 국가의 수뇌는 고구려 유민이라는 것을 간과해서는 안 될 뿐만 아니라 발해 국망 후 상류층이 고려에 내투했던 것 역시 이러한 역사적 사실에 관련되어 있을 것이라고 추측하였다.[19] 건국자와 지배층에서 보이는 고구려 문화는 말갈粟末靺鞨의 문화에 강대한 힘이 되었고, 이러한 기반이 있었기 때문에 우등문화(당 문화)를 소화할 수 있었다는 것이다.[20] 즉 발해의 고구려적 요소를 주목했던 것은 당시 발표되었던 발해사 연구들과 차별되는 지점이라 하겠다.

또 도리야마는 발해는 중국 문화의 영향을 받아 연호를 사용했지만, 국초부터 독자적인 연호의 사용에서 알 수 있듯이 건국 이래 당에 대한 독립태도를 분명히 한 독립 국가라는 것을 지적하면서[21] 문화적으로도 그러한 측면이 있다는 것을 이야기했다. 그는 발해의 다수를 이루는 말갈의 민족성은 '전투적, 모험적, 상무적尙武的'인 것이라면서,[22] '당풍唐風의 영향을 받고 어느 정도까지 융합·조화를 이루지만 당의 양식을 수입하는 것 이외에 발해 민족의 미적 재능을 발휘하는 것도 있었을 것'[23]이라고 추측하며, 고구려 상류사회의 내투와 당 문화의 영향은 어

---

19 위의 책, pp.27~35·pp.79~80·pp.95~96.
20 위의 책, pp.27~35·pp.97~98.
21 위의 책, p.40.
22 위의 책, pp.93~95.
23 위의 책, pp.122~123. 이는 미술에서만이 아니라 발해인들이 종교생활에서도 나타난다며 상류 계층은 불교를 받아들였지만 다수의 하층은 고유 샤먼교를 신봉했을 것이라고도 추측했다(위의 책, pp.107~112).

디까지나 지배계층에게 한정되며 다수의 하층에게는 전래의 기층문화가 일반적일 것이라고 보았다. 물론 다수의 하층이 향유했을 문화에 대해 도리야마는 '원시적', '구래舊來 저급문명'이라며 중국의 문화에 비해 열등한 것이라는 시각을 전제하고 있다. 그렇지만 이는 발해의 이중적 민족구성과 — 상층의 고구려 유민과 하층의 말갈인들 — 그에 따른 상하층의 문화적 차이를 명백히 하는 것이자 중국과 대별되는 광범위한 고유문화와 민족성의 존재를 인정하는 것이기도 했다.

뿐만 아니라 발해와 일본의 관계에 대해서도 도리야마는 중요한 지적을 하였다. 발해가 처음으로 일본에 조공한 것은 2대 무왕대武王代이다. 도리야마는 무왕의 건원 사실과 당과의 무력 충돌에 주목하며 초기 발해가 일본에 조공한 목적은 군사적인 것이었지만, 다음 왕인 문왕대文王代에 접어들어서는 그 목적이 이미 상업적 이윤 획득을 위한 것으로 전환되었고 이러한 경향은 더욱 강해져 발해가 멸망할 때까지 지속된 것으로 보았다. 당시 발해에서 보낸 국서는 '일견 공순하고 속방屬邦의 단성丹誠을 지극히 한 것으로 보이지만 필경 외교적 사령辭令에 지나지 않는 것으로 저들이 상려商旅의 목적을 수행하는 것이 본심'이며, '발해의 내조來朝는 이미 상리商利가 주안이 되었고 모화내공慕化來貢이라는 것은 그 표면적인 호사에 지나지 않았기' 때문에 일본의 조정에서는 이에 대한 반발이 있었음을 지적하였다.[24]

도리야마에게 발해를 구성하는 북방민족 고유의 민족성의 존재, 발해 주민 구성과 문화의 이중성, 상리주의商利主意의 심화는 발해의 멸망

---

[24] 위의 책, pp.44~50 · pp.184 · 192.

을 설명하는 데에 중요한 요소이기도 했다. 그는 북방민족의 소장성쇠를 이야기할 경우 한인문화漢人文化의 영향으로 개명했다가 쇠퇴할 때는 보통 '문약文弱'이라고 하는데, 이는 구체적이지 않다며 발해를 멸망으로 이끈 '문약'의 구체적인 내용을 다음과 같이 설명하였다.

> 도회의 귀족은 唐風의 의식주를 즐길 때 (다수의 대중은) 의연히 魚皮를 엮고 水草를 逐하는 정도에 그치고 있었고, 그 情操는 원시적 악기와 가요에 의해 길러지고 초자연적 안심은 샤먼교에서 얻었던 것이다 (⋯중략⋯) 대체로 이 두 가지 相隔된 사회의 존립에 대해 그것이 결합 매개를 이룰 수 있는 사회 ― 중류사회는 있었겠지만 매우 微力하여 그 사회적 효과를 거두기에는 충분하지 않은 것으로 보인다. 발해의 사회는 종종 결함을 가지고 있어도 이 폐해가 최대한 것이라 하겠다.[25] (강조는 인용자)

발해의 제도가 정비되고 문화가 찬연한 것도 상류 일부에 한정된 현상이다. 위에는 漢風, 아래는 魚皮 上下 懸隔은 모든 점에서 심했다고 보인다. 이는 이미 국가의 존립에 결코 바람직한 현상이 아니다 (⋯중략⋯) 이렇게 보면 발해왕국은 그 국가조직 속에 붕괴의 胚子를 포함해 그 싹을 키웠다는 것을 부정할 수 없다 (⋯중략⋯) 무력적 승리자로서 국가의 핵심을 作한 상류사회는 漢人文明의 餘弊에서 발생하는 새로운 욕구에 의해 과거 국가의 隆運을 낳은 특성의 많은 것을 잃고, 혹은 국초에서 머지않아 국가가 채택한 일종의 중상주의적 정책은 상무적 국민의 고유성을 변개시켜 (⋯중략⋯) 義勇, 堅忍, 勤儉 등 무릇 고대국

---

25 위의 책, pp.137~138.

가의 유지에 필요한 국민적 요소와 아래를 이끄는 權力에 결함이 발생해 내면으로부터의 파괴력으로 작용하여 국가의 물질적, 정신적 번영의 중심이 붕괴된 것이라 생각한다 (…중략…) 저 '문약'이라는 상투어는 필경 이러한 내적 원인의 개괄평어로서 외적 파괴력에 대한 저항력의 쇠약을 의미하는 것이기도 하다.[26] (강조는 인용자)

상하층이 분리되어 서로 섞이지 않았던 발해 사회와 '한인문명漢人文明'의 도입, 대일 조공에서 단적으로 드러나는 중상주의 정책에 따른 발해 고유의 상무적 국민성의 상실이 바로 '문약'의 실체이며 그 결과, 거란이라는 외부 충격에 대한 저항력이 약화되어 국망을 맞이했다는 것이다.

발해에 대한 그의 이러한 생각은 이후에도 변하지 않았던 것으로 보인다. 수차례 진행된 발해 상경 용천 부지에 대한 조사에서 도리야마는 성의 구조는 '장안長安을 모방'한 것이라며 유물들에서 당 문화의 흔적들을 강조했다. 그러면서도 벽돌과 기와에 새겨진 문양에 대해 '(당의 문화를 수용했다는 점에서 동일하지만) 경주에서 발견된 신라의 것이 세련되면서도 지나치게 섬세한 것과 달리 조금은 비鄙한 것이 있는 무골武骨한 느낌'으로 집안현에서 수집된 고구려의 기와편들과 비슷하며, 이는 발해 건국자나 지배계급이 당의 것을 받아들이는 동시에 고구려 문화에 영향을 받았다는 방증이라고 누차 이야기하였다.[27]

---

26 위의 책, pp.153~159.
27 鳥山喜一, 「渤海國都 上京龍泉府の遺址に就いて」, 『滿鮮文化史觀』, 刀江書店, 1935, pp.73・80・88~94(이 글은 1926년 10월에 진행한 東京城과 寧古塔 방면에 대한 調査에 대하여 1928년 12월 8일 京都史學研究會大會에서 강연한 것이다); 鳥山喜一, 「渤海國國都址の發掘に就いて」, 『北滿の二大古都址-東京城と白城』, 京城帝國大學滿蒙文化研究會報告 第2冊, 1935, pp.19~20.

또 발해와 일본의 외교에 대해서도 '형식은 어디까지나 문자 그대로 조공으로서 수납해 온 것' 즉 일본이 형식적 우위를 점했다면서도, 초기에는 군사적 목적이 있었지만 3대 문왕 이래 '경제적 관계를 주로 하는 조공의 사실로 시종'했고 일본은 '통상주의 경향을 시인하면서 한편으로는 당과의 교통에 일조하는 것으로 이를 이용했'다며, 과거의 논의를 1930년대는 물론 1940년대 들어서까지도 거의 그대로 유지하였다.[28] 즉 발해가 당으로부터 강한 영향을 받았으며 발해와 일본의 외교는 일본의 우위하에 진행되었다고 하면서도, 도리야마는 발해 사회의 구성과 문화적 측면에서 드러나는 고구려와의 관련성 및 고유문화의 존재, 일본과의 관계의 본질이 상업적 이윤에 대한 추구임을 지적하였다. 그는 연구 초기, 문헌에 대한 실증을 중심으로 발해에 대해 이러한 역사상을 정립한 이래 1920년대 이후 발해에 대한 학술조사나 연구를 통해 자신의 견해를 개별 유물·유적에 즉하여 구체화·강화해나갔다.

한편 발해의 문화나 멸망의 원인을 이야기하며 도리야마는 문자나 유적·유물로 남아있지 않아 실체를 확인할 수 없지만 하층 문화로서 북방민족 고유의 문화·민족성을 이야기했다. 이는 저급한 것으로 이야기되지만 한문화漢文化의 심화에 따라 발해는 이러한 고유성을 상실했으며, 그로 인해 멸망했다는 것이다. 도리야마의 이러한 언급은 발해 혹은 북방민족 고유문화를 야만시하면서도 그 가치를 인정하는 것이라 하겠다. 이러한 그의 생각은 여진, 금에 대한 연구에서 보다 선명히 드러난다.

---

28 鳥山喜一, 「古き日滿關係の回顧」, 『滿鮮文化史觀』, 刀江書店, 1935, p.73·p.80·pp.88~94.(이 글은 1932년 5월 2일 경성제대 개학을 맞이하여 경성제대 학생을 대상으로 진행한 강연이다); 鳥山喜一, 『渤海國小史』, 1939, pp.86~117; 鳥山喜一, 「渤海來貢の眞相」, 『日本諸學術振興委員會研究報告』 4, 文部省教學局, 1941.

3. 금에 대한 연구─북방민족 고유문화의 발견

1915년 『발해사고』 발간 직후인 1916년과 1917년 도리야마는 연이어 금에 대한 2편의 연구를 세상에 내놓으며 연구자로서 본격적인 활동을 전개해 나갔다. 이미 시라토리白鳥庫吉 등의 학자들은 '고구려─발해─여진─청'으로 이어지는 만주사에 대한 계보를 설정하고 있었으며,[29] 발해의 주성主成 말갈은 금과 종족적으로 연결된다고 보았던 도리야마가[30] 발해사 정리 이후 금에 대한 연구에 착수한 것은 당연한 것이라 하겠다.

그런데 '국가를 구성하는 주요한 요소인 인민의 지배와 보호는 위정자가 가장 고심하는 것으로, 그 요는 소수의 정복자가 다수의 피정복자에 임할 때 가장 긴절'하며,[31] 여러 민족으로 이루어진 국가에서 '국가의 핵심을 이루는 내족內族과 정복이나 기타의 사정으로 종속적 관계에 서게 되는 외족外族의 관계는 정치적, 경제적, 사회적으로 중대한 문제'[32]라는 지적에서 알 수 있듯이, 도리야마의 주된 관심은 국가의 팽창에 따른 통치 방식의 변화였으며, 이는─스스로 밝힌 발해사 연구의 의의와 마찬가지로─제국 일본의 팽창이라는 시대적 분위기에 영향을 받은 것이라 하겠다.

당시 도리야마는 금의 궁민보호 정책과 대 외족 정책에 대한 논문들

---

29 白鳥庫吉, 「滿洲民族の過去」, 『東洋時報』 132, 1909.
30 鳥山喜一, 『渤海史考』, 奉公会, 1915, pp.87~88.
31 鳥山喜一, 「金の窮民保護策」, 『東亞硏究』 6-7(통권 71호), 1916, p.15.
32 鳥山喜一, 「金の外族に對する政策 (一)」, 『東亞硏究』 7-1(통권 77호), 1917, pp.17~18.

을 발표하였다. 궁민구제책은 '지리상 물자에서 천혜가 적'으며, '생활의 안이를 전화戰禍로 보증받고 다시 산망散亡하는 상황'을 반복하며 고통받았던 여진족이 '건국 이후 전란으로 인한 인심의 동요를 진정'시키려는 사실상 '민족보호'를 위한 것이라는 언급에서도 드러나듯이,[33] 이두 가지 연구는 금의 대 동족內族 및 이민족外族 정책으로 짝을 이룬다고 하겠다. 즉 도리야마는 금과 같이 소수의 지배민족이 다수의 이민족을 지배함에 있어 지배민족을 보호함은 물론 피지배민족을 적절히 회유하는 것이 국가 유지에서 가장 중요한 사항이라 파악하고, 이를 각각 동족과 이민족에 대한 정책으로 나누어 살펴본 것이다.

이를 위해 도리야마는 금 역대 황제들의 주요 지배 정책을 살펴보았는데, 그가 특히 주목하고 서술의 대부분을 차지하고 있는 것은 세종(5대)과 장종(6대)의 시대이다. 세종은 건국 이래 회유주의에 입각한 외족에 대한 정책을 바꾸어 내족중심주의의 기치 아래 외족배제, 내족옹호정책과 국수보존정책을 시행하여 병정의 실권을 모두 내족에게만 한정하고, 국민 특히 그 중견을 이루는 맹안猛安, mingkan・모극謀克, muke, mukun을 각별히 배려하여, 이들을 빈궁과 타락에서 구제한 결과 그의 치세기 동안 호수가 2배 이상 증가했다는 것이다.[34] 그렇지만 이러한 정책들로 인해 인종적 반감이 고조되었을 뿐만이 아니라 다음 황제인 장종은 전대와 같이 농본정책을 취하고 양정良丁의 증가에 주의하며 선대世宗 여진족 중심주의에 입각한 정책들을 유지했지만 '보다 강하게 한인

---

33 鳥山喜一,「金の窮民保護策」,『東亞研究』6-7(통권 71호), 1916, pp.16~18.
34 위의 글, pp.22~27; 鳥山喜一,「金の外族に對する政策 (三)」,『東亞研究』7-3(통권 79호), 1917, pp.21~31.

을 동황憧悅'하여 '학교를 흥하고, 공자의 후예를 우우優遇했으며, 유서遺書를 수집하고 관제법도에 한제漢制를 채탐採探'하여 '번욕繁縟의 극은 안으로는 재財를 상傷하고 민民을 해하며, 밖으로는 구적寇敵의 봉봉鋒을 입기에 이르'렀다고 평가하였다.[35] 이후 금의 황제들은 국가의 약화와 함께 내족에게만 허락되었던 특권들을 외족에게도 허용하였지만 이미 실추된 국력을 만회할 수 없었다는 것이다.

여진인에게 漢文化는 대세가 되었다. 더군다나 金國民이라고 해도 그 중에는 적지 않은 다수의 漢人을 포괄할 때에는 이 대세에 저항하여 國粹의 유지를 꾀하는 것은 非常한 사안이다. 世宗의 資와 결정적인 정책으로도 궁극은 실패로 돌아갔다. 章宗은 이 사이에서 자기가 좋아하는 바를 따라 漢人風의 施設을 이룬 것이 많았다고 할 수 있지만 國粹의 유지도 생각했다. 이 **모순된 정책, 불철저한 정책은 애초 국가를 安泰로 이끌 수 있는 指針은 아니었다.** 章宗이 두 가지 상반된 목표 사이에서 방황하는 사이에 그 휘하에 있는 위정자가 독자적으로 決定的 政治를 할 수 있을 리 없다. 상하 모두 國祚의 長久를 유지하기 위한 策은 없고 한 때를 安樂으로 하여 後의 衰亡의 端을 열었다.[36]

(강조는 인용자)

결국 도리야마가 보기에 여진족은 국수國粹의 보존과 한문화의 채용이라는 두 가지 길 사이에서 방황하였다. 또 이 상반된 정책 사이의 모

---

35 鳥山喜一, 「金の窮民保護策」, 『東亞硏究』 6-8(통권 72호), 1916, pp.1~6・pp.10~11; 鳥山喜一, 「金の外族に對する政策 (完)」, 『東亞硏究』 7-4(통권 80호), 1917, pp.29~32.
36 위의 글, 1917, p.33.

순은 결국 금의 통치력을 와해시켜 멸망으로 이끌었다는 것이다. 이러한 태도는 금의 독자적인 국수를 전제하고 있는 것이자 중국 문화의 파괴력을 이야기하는 것이기도 하다.

도리야마는 경성제대 부임 이후 금의 국수와 중국 문화에 대한 자신의 견해를 보다 구체화했다. 바로 맹안과 모극에 대한 연구가 그것이다.[37] 도리야마는 맹안과 모극은 금 건국 이전부터 완안부完顏部의 부락 생활에서 단서를 볼 수 있는 것으로 금 종실宗室의 군사적 발흥에 수반하여 발전했던, '금제국의 조성상組成上 가장 중요한 군사적·사회적 요소'이자 '국력유지의 필요에 있어 중대한 지위와 임무'가 있어 '국세國勢의 소장消長에 큰 관계'가 있다며 연구의 이유를 들었다.[38] 즉 여진족 특유의 제도인 맹안·모극을 포착하고, 그 변화를 통해 금의 흥망을 추적하고자 한 것이다.

여기서 도리야마는 맹안·모극의 의미를 설명한 후 그 변화를 세종 이전, 세종대, 세종 이후로 나누어 살펴보았다. 이유는 세종이 이 제도에 가장 유의한 군주였기 때문이다. 세종 이전에도 대체로 이민족에게도 허용되었던 맹안·모극은 '국수보존國粹保存'에 유의하며 국가 번영을 도모했던 세종의 즉위 이후 크게 변화한다. 세종은 이민족에게 내려진 맹안·모극의 승습承襲을 금지하고, 맹안·모극의 첫 번째 자격을 국자

---

37 맹안과 모극은 여진족 특유의 군사조직이자 사회조직, 경우에 따라서는 지방조직이기도 하며 또 영작(榮爵)이기도 하다. 맹안은 千戶(千夫長), 모극은 百戶(百夫長)로, 10모극=1맹안이지만, 그 호수가 항상 이러했던 것은 아니라고 한다. 한편 맹안·모극과 금의 국세에 대한 연구는 도리야마가 경성제대에 부임한 후 처음으로 발표한 논문으로 확인된다. 이 논문은 1929년 6월에 발간된『城大法文學會論集』에 실렸었는데, 도리야마는 1935년에 발간한 개인 저작『滿鮮文化史觀』에 재수록하였다. 여기서는 1935년 발간본을 이용했다.
38 鳥山喜一,「猛安·謀克と金の國勢」,『滿鮮文化史觀』, 刀江書店, 1935, pp.161~165.

國字(여진문자)의 학습과 여행勵行으로 하는 한편, 국본을 이루는 이들이 빈궁해진 것을 구제하기 위해 농상에도 힘썼다는 것이다. 하지만 한문화를 동경했던 장종대에 들어 중국의 제도를 채용하는 가운데, 여진문자로 시행하던 맹안·모극의 진사시進士試를 한자로 변경하였다는 것이 도리야마가 파악한 맹안·모극을 둘러싼 주요한 제도적 변화들이다.[39]

도리야마에 따르면 금의 황제들은 국가의 기초가 다져짐에 따라 여진민족 고유의 맹안·모극을 자신들에게만 한정하여 그 정수를 보존하려는 경향을 보였으며, 또 역으로 금의 국력이 충실해질 수 있었던 것은 내족중심주의의 결과로서 맹안·모극은 금의 국력이 가장 강했던 세종대에 완성되었지만,[40] 이후 중국 문화의 영향이 강화됨에 따라 붕괴된다고 보았다. 특히 군사적인 측면에서는 '실로 금제국은 이 부락군대에 의해 흥기하여, 그것의 쇠퇴, 그 실질의 변화에 의해 쇠망했다고도 볼 수 있으며, 이 제도는 금국의 멸망과 함께 소멸했다'[41]며, 국가 금과 맹안·모극을 일체시했다. 금에 한문화漢文化가 유입될수록 맹안·모극이라는 '용무勇武한 장사'들은 '겁나방종怯懦放縱'하게 되었고, 타태惰怠와 사치에 빠져 군사적으로 뿐만이 아니라 경제적으로도 타락했다는 것이다.[42] 즉 중국 문화는 여진족 특유의 조직이자 제도인 맹안·모극의 타락을 초래했으며, 이는 금의 멸망을 의미했다. 이러한 의미에서 금에게 '한문화의 침윤'은 '화禍'이기도 했다는 것이다.

금의 흥망과 함께 한 여진 민족 고유의 사회조직이자 제도인 맹안·

---

39 위의 글, pp.208~235.
40 위의 글, pp.237·242.
41 위의 글, p.244.
42 위의 글, pp.236~238.

모극, 맹안·모극의 약화를 초래한 중국 문화. 이는 '한인문명의 여폐餘弊'로 '국민적 고유성'이 변질되어 멸망한 발해와 유사하다. 이렇게 볼 때 도리야마는 북방민족이 건국한 국가들이 — 적어도 발해와 금 — 유지·발전하기 위한 중요한 조건으로 그들만의 고유성, '국수'를 들고 있다고 하겠다.

맹안·모극에 대한 연구 이후 도리야마는 북방민족 고유의 문화를 발견하고자 노력하였다. 11세기 말에서 12세기 전반까지는 '한인문화漢人文化'의 영향이 비교적 적었다며, 이 기간을 대상으로 읍락의 형태, 난방 방식, 의복 습관, 토산土産, 종교 등의 일상에서 여진민족 고유의 모습을 찾고자 한 것은 이를 잘 보여준다.[43] 뿐만 아니라 백의를 애용하는 조선인들의 의생활을 여진을 비롯한 동북아시아 고대 민족 사이에 널리 퍼져 있는 백의 상용의 습관과 연결지으며,[44] 백의 착용이라는 북방민족만의 고유 풍속을 강조하고 이를 통해 조선을 만주에 밀착시켰다.

도리야마는 이와 같이 여진, 동북아시아 민족의 고유 풍속을 발견하는 것을 넘어 이들의 실체를 한민족漢民族에 비견할 수 있는 먼 과거에서 찾는 한편 문화적 독자성을 일층 강조하였다. 그는 고대 이래 만주에 있던 민족을 개괄하며 그 기원으로서 숙신肅愼을 들었다. 도리야마는 숙신에 대한 최초의 기록으로 중국사의 기원이라 할 수 있는 『사기史記』「오제본기五帝本紀」에 숙신이 중국의 황제에게 내공來貢한 기사를 꼽았다. 그런데 이러한 사실을 전하는 사료들은 한초漢初에 정리된 것으로 당시

---

43 鳥山喜一, 「金初に於ける女眞族の生活形態」, 『滿鮮文化史觀』, 刀江書店, 1935. 이는 1933년에 출간된 『小田先生頌壽記念朝鮮論集』에 실은 것을 재수록한 것이다.
44 鳥山喜一, 「鮮民白衣考」, 위의 책, 1935. 이는 1933년에 출간된 『東洋史論叢 : 市村博士古稀記念』에 실었던 것을 재수록한 것이다.

의 사상·지식, 다시 말해 중국의 천자에게 멀리 떨어진 이夷가 조공한다는 한민족漢民族 특유의 관념의 산물이라며 그 진위를 따져야 한다고 보았다. 도리야마는『사기』의「흉노전」·「식화전」,『전한서前漢書』의「고조본기高祖本紀」,『서경書經』의「무성편武成篇」,『논어』의「위령공편」,『국어國語』의「노어魯語」 등 다양한 관련 사료를 제시하며 한민족漢民族과 숙신은 직접 교섭한 적이 없으며, 당시 숙신에 대한 한인漢人들의 지식은 모두 맥貊 등을 통해 얻은 간접적인 것이라고 결론지었다. 그렇지만 이것이 숙신의 역사적 실체를 부정하는 것은 아니며 맥의 북쪽에 존재했음을 분명히 하였다.[45] 이는 만주에 있었던 민족들의 기원이 중국의 기원에 상응할 정도로 오래되었을 뿐만 아니라 실제 조공은 없었다며 양자의 대등한 관계를 상정하는 것이었다.

이처럼 중국만큼이나 유구하며 중국과 대등했던 만주에서 활동했던 민족에 대해 도리야마는 '숙신─맥─읍루挹婁─물길勿吉, 靺鞨─거란契丹─여진女眞'의 계보를 설정하였다. 여기서 '거란'의 등장은 이전 도리야마의 글에서 찾아볼 수 없었던 새로운 것이다. 1910년대 중반 이래 금을 연구할 때도 거란은 철저히 금과는 다른 외족으로 취급되었으며, 이는 맹안·모극을 고찰함에 있어서도 마찬가지였다. 이렇게 1930년대 초중반 도리야마 자신이 그려냈던 역사에 갑작스레 거란을 포함시켜 설명하려는 것은 일본 제국의 대륙 침략에 따른 중국 북방 내몽고 지역에 대한 관심의 증가와 더불어 당시 새롭게 발견된 거란 문자 때문으로 보인다. 만주사변 직후, 그 당시까지 중국의 서책을 통해 4~5글자 정

---

45 鳥山喜一,「古代滿洲の民族と文化」, 위의 책, pp.4~13. 이는 1933년 6월 2일 경성제대 만몽문화연구회(滿蒙文化研究會)에서 진행한 강연 내용을 수록한 것이다.

도 전해질 뿐이었던 거란 문자가 새겨진 비석들(20개)이 우연히 발견되었으며, 도리야마는 1932년 11월 이를 탁본할 기회까지 제공받았던 것이다.[46] 그에게 거란 문자는 중국 문화와 구별되는 북방민족 고유문화의 존재를 그 무엇보다 뚜렷하게 보여주는 것이었다.

> 이 契丹族의 문화적 사업으로서 주의해야 하는 것은 漢字에 대한 자기의 **문자를 창작한 것**, 즉 이른바 契丹文字가 그것이다. 이것은 **북방민족의 동향에서 첫 번째로 중요한 시기를 劃한 사항**으로 그 효과는 어찌되었든 創意의 점에서 주목하지 않을 수 없다. 완전히 漢字文化에서 살았던 北方民族의 과거에 대해 이 독자의 문자가 창작 된 것은 그 문화의 독립성을 주장하는 것이다.[47]
>
> (강조는 인용자)

거란 문자의 가치는 그것이 얼마나 사용되었는지, 또는 잘 보존되어 후대에 전해졌는지의 여부와 상관없이, 한자와 구별되는 북방민족 고유문자로서 창작되었다는 것 자체에 있다는 것이다. 특히 금 역시 거란을 흉내내어 자기 문자를 만들었으며, 이러한 의미에서 도리야마에게 거란의 문자 창작은 북방민족을 고려함에 있어 '중요한 시기를 획劃'하는 사항이다. 흥미로운 점은 여진 문자는 이미 많이 알려져 있었으며, 도리야

---

46 鳥山喜一, 「奉天に於ける契丹哀冊に就いて」, 위의 책. 이는 1932년 12월 3일 경성제대 사학회에서 진행한 강연 내용을 수록한 것이다. 거란 문자로 기록된 비문에 대해서는 이것이 최초의 공개 강연이었고, 그 탁본에 대해서도 최초의 전람이었다고 한다. 한편 도리야마는 만주국 건국 10주년을 기념하는 글에서 만주국이 학문의 발달에 도움이 된 첫 번째 사안으로 바로 이 거란문자의 발견을 꼽았다(鳥山喜一, 「滿洲國文化事業の十年」, 『朝鮮』 328, 1942).

47 鳥山喜一, 「古代滿洲の民族と文化」, 『滿鮮文化史觀』, 刀江書店, 1935, pp.27~28.

마 역시 1910년대 금에 대해 연구할 때 여진 문자에 대해서도 언급하고 있다는 것이다. 하지만 당시 도리야마는 문학적 방면에서 한인漢人이 여진인을 감화·도야시킨 것이 매우 크다면서, 여진민족이 여진 문자를 제정한 것을 문화적으로 큰 공적이지만, 여진 문자를 사용하여 '자가문명自家文明의 견고한 수립을 효과하지 못하고 한문화漢文化 아래에 굴복'했다며,[48] 그 가치를 높게 평가하지 않았다. 하지만 1930년대 초중반 도리야마는, 여진민족은 고유 문자를 만들어 '한자문화에 일항의一抗議'를 표했고, 이는 일부이지만 명明 중기까지 명맥을 유지했을 뿐만 아니라 청淸 역시 몽고 문자를 본떠 만주 문자를 만들었다며 그 가치를 새롭게 평가했다.[49]

이상에서 살펴보았듯이 도리야마는 금에 대한 연구를 통하여 여진족 고유의 제도, 국수를 발견하였으며, 그 흥망은 곧 금의 흥망과 일치한다고 보았다. 그는 여기서 더 나아가 한민족漢民族에 상응하는 북방민족의 기원을 찾아내고, 중국 문화를 대변하는 한자에 대응하는 북방민족들의 고유 문자를 강조하였다.

이렇게 중국과 분리·대응하는 북방민족과 그들의 문화에 대한 관심은 1930년대 대륙 침략이라는 분위기 속에서 더욱 강화된 것으로 보인다. 이는 이전에는 언급하지 않았던 거란을 언급하는 것에서 잘 드러난다. 북방민족의 문화적 독자성을 주장할 수 있는 주요한 소재로서 거란 문자의 발견은 비록 대륙 침략의 부산물이었지만, 학문적으로는 일본 제국주의가 침략한 만주를 역사적·문화적으로 중국에서 분리하는

---

48 鳥山喜一, 「金の外族に對する政策 (二)」, 『東亞研究』 7-2(통권 78호), 1917, p.26.
49 鳥山喜一, 「古代滿洲の民族と文化」, 『滿鮮文化史觀』, 刀江書店, 1935, pp.30·34.

역할을 수행하였을 뿐만 아니라 여진 문자의 가치도 새롭게 인식케 하는 계기였다.

이처럼 1930년대 접어들어 도리야마는 자신의 관심을 발해, 금을 넘어 거란을 포함하는 북방민족으로, 또 시기적으로도 이들의 기원까지 소급시키며 확장했다. 그렇지만 도리야마가 언급하는 역사적 범위는 여기서 그치지 않았다.

4. 아시아 역사에 대한 조망 —'동양사'의 주인공으로서 일본

만주사변 이래 도리야마의 시야는 발해와 금을 넘어서고 있었다. 1935년 도리야마는 매우 이례적인 논문 한 편을 발표하였다. 그가 여태까지 한 차례도 언급한 적이 없었던 중국의 근대사, 바로 청조의 붕괴를 보여주는 태평천국太平天國에 대해 장문의 논문을 발표한 것이다.

여기서 그는 태평천국의 기원, 확산 과정, 홍수전洪秀全의 개인적 면모, 크리스트교와의 관계 등 태평천국의 전체적인 과정을 설명하였다. 도리야마는 태평천국이 표방했던 크리스트교는 사실 홍수전이 중국의 전통적인 관념에 입각하여 이해한 크리스트교 교리에 불과했다고 하면서, 태평천국의 난을 민족적 반동, 지역적 정서와 특성, 지방에서 발호한 비도匪徒 등이 뒤섞인 종교적 내란이었다고 규정했다.[50] 이를 위해 도리야마는 방대한 사료를 검토했다. 그는 중국의 문헌은 물론 대영박물관에 소장되어 있는 태평천국 관련 사료들을 대거 활용하여 관련 사항들을 논증한 것이다. 이는 1930년대 접어들어 그의 관심이 발해와 금을 넘어 그 기원으로까지 소급됨은 물론 시기적으로도 더욱 내려오고 있었음을 말해준다.

이처럼 청이 붕괴하던 19세기 중반에 관심을 보이기 시작한 도리야마는 소위 '신항로 개척' 이후 서세동점이라는 '동양사'의 전반적인 흐름 속에서 중일전쟁 발발의 원인을 진단하는 짤막한 글을 하나 발표했다. 그가 보기에 19세기 서구의 침략으로 식민지화의 길을 걷게 된 중국은 중화민국의 건설과 1차대전 후의 국제 정세 덕으로 '소강' 상태를 맞이했지만, 군벌의 동요를 틈타 부상한 장개석蔣介石의 국민정부가 정권의 안정·강화를 위해 서구세력을 끌어들이고 배일주의를 부추겼기 때문에 전쟁이 발발했다는 것이다. 이러한 진단에서 내릴 수 있는 결론은 누구나 예상할 수 있는 것이다. 서구의 위협으로부터 일본은 스스로를 지키는 동시에 중국을 포함한 '아시아를 열강의 식민지화, 노예화로부터 구출'해야 한다는 것으로, 당시 언론에서도 쉽게 접할 수 있는 전쟁에 대한 찬양, 여기서 더 나아가 '이를 저해하고, 이에 모순하는 기구나 사상의 변혁통제'가 시급히 요청된다는 것이었다.[51]

이와 같이 도리야마의 관심이 근현대로 확장되고 있을 즈음 그의 연구의 물적 기반인 경성제대는 변화하고 있었다. 1932년 조선에 있는 제국대학으로서 가치와 내실을 일신하기 위해 결성되었던 만몽문화연

---

50 鳥山喜一, 「太平天國亂の本質」, 京城帝國大學文學會編, 『東方文化史叢考』, 大阪屋號書店, 1935.

51 중일전쟁 발발 원인과 향후 일본 제국이 나아갈 방향에 대해서는 鳥山喜一, 「東洋史觀と支那事變」, 『革新』 2-2, 1939, pp.302~306.

구회가 중일전쟁 발발 이후인 1938년 6월 대륙문화연구회로 거듭난 것이다.[52] 그는 이 연구회에서 개최한 강연을 통해 아시아 전체의 역사에 대한 조망을 제시하였다.[53] 그 첫 번째는 '북아시아의 역사'에 대한 것이었다.

도리야마는 우선 유사 이래 청의 입관과 안정기까지 북아시아의 역사를 개관하였다. 이를 위해 그는 먼저 중국의 기록에 남아 있는, 즉 중국과의 관계사라는 맥락에서 북아시아의 민족을 수많은 인종들로 대별하였다.[54] 하지만 유사 이래 북아시아의 역사를 개관하며 그가 주로 다루고 있는 것은 숙신, 맥, 여진, 만주滿洲, 흉노匈奴, 몽고蒙古, 거란, 돌궐突厥, 위구르回紇, 탕구트党項족 정도이며, 숙신, 맥, 거란, 여진, 만주에 대한 사항은 그가 이전에 발표했던 고대 '만주 민족'의 역사에 대한 내용에서 그다지 변한 것이 없었다. 실제 도리야마가 새롭게 덧붙인 것은 흉노, 몽고, 거란, 돌궐, 위구르, 탕구트족 – 바로 몽고와 티벳과 관계된 사항이었다.

여기서 도리야마는 숙신 이래 중국의 기록에 나타난 이들의 흔적, 다

<hr>

52 대륙문화연구회에 대해서는 정준영, 앞의 글, 105~112쪽.
53 경성제대 대륙문화연구회에서는 1939년 9월 9일부터 11월 8일까지 대륙문화강좌라는 제하로 일련의 강연회를 개최했으며, 다음 해(1940)에 당시 진행한 강연들을 묶어『大陸文化研究』라는 이름의 서적을 출간했다. 당시 도리야마의 강연은 전체 강연의 총설에 해당하는 첫 주에 있었는데, 이는 대륙문화연구회에서 그의 위치를 상징적으로 보여준다.
54 鳥山喜一,「北アジア史論」, 京城帝國大學 大陸文化研究會編,『大陸文化研究』, 岩波書店, 1940, pp.69~70. 이 강연에서 도리야마가 설정한 북아시아는 만주는 물론 몽고, 시베리아를 포함하며 그와 관계가 있는 황하 유역과 조선을 포함하는 지역이었다. 도리야마는 역사상 이곳에서 활동했던 인종들을 다음과 같이 분류·제시했다.
　·퉁구스종 : 肅愼, 貊(濊貊), 挹婁, 夫餘, 沃沮, 勿吉, 靺鞨, 女眞, 滿洲
　·몽고종 : 獫狁(玁狁), 匈奴, 柔然, 室韋, 蒙古, 韃靼, 瓦剌
　·퉁구스와 몽고의 잡종('支那記錄'의 '東胡') : 鮮卑, 奚, 契丹
　·투르크종 : 丁零, 高車, 突厥, 回紇

시 말해 중국과의 교섭을 중심으로 그 흥망을 개략적으로 제시하는데 특히 그가 주목한 것은 한자와 뚜렷이 구별되는 이들의 고유 문자였다. 물론 이러한 문자들에 대한 설명은 지금의 상식과도 크게 벗어나지 않는다.[55] 하지만 도리야마는 북방민족의 문자를 '한자문화에 대한 하나의 protest'로 규정하고,[56] 중국과 대립·항쟁하는 가운데 상호 영향을 주고받으며 명멸을 거듭했던 북아시아의 민족들의 조락을 정리했다.

이 과정에서 도리야마는 북아시아 민족의 주권 아래 중국 문화가 꽃 필 수 있다는 견해를 제시하기도 했다. 후한 말 민간신앙, 신선설 등이 섞이며 일어났던 새로운 종교가 북위 황제의 보호 아래에서 '도교道教'라는 이름으로 널리 행해지게 되어 금일 '지나민중의 신앙'이 될 수 있었다는 것이나, 청대 '퉁구스종 고유의 풍습인 변발착수辮髮窄袖의 관습을 강제'한 결과 '지나인의 심볼이 된 변발은 국민적 풍습을 작출作出했다'는 지적은 중국의 문화라는 것 역시 북방 문화의 개입이 없었다면 이루어질 수 없었다는 것으로 북아시아 민족의 문화적 가치를 강조하는 것이라 하겠다.[57]

중국 문화와 대립하는 북아시아 문화와 이것이 중국 문화에 끼친 영향을 강조하며 북아시아 민족의 추이를 설명한 이후, 도리야마의 강연은 새로운 내용으로 전개되었다. 바로 17세기 중반 이래 북아시아 역사에서 러시아의 등장과 그로 인한 변화들로, 그 요는 네르친스크 조약

---

55 위의 글, p.84. 일례로 '위구르 문자는 다른 만몽 문자의 어머니라고 이야기되며 몽고 문자의 부모가 되고, 만주 문자는 이 몽고 문자로부터 나온 것으로, 북아시아 민족문화상 잊어서는 안되는 의미를 가지고 있다'는 설명은 지금도 시사하는 바가 크다.

56 위의 글, p.87.

57 위의 글, pp.80·96~97.

이후 흑룡강 유역으로의 침략이 어려워진 러시아가 오호츠크해 방면과 외몽고 방면으로 방향을 선회하면서 현재 북아시아의 파국이 일어나게 되었다는 것이다.

이와 같은 러시아 세력의 확장은 도리야마에게 북아시아와 일본의 현재를 설명하는 데에 필수적인 요소였다. 그에 따르면 러시아의 오호츠크해 경략으로 18세기 중엽 러시아와 일본의 교섭이 발생한 이래 일본은 어쩔 수 없이 북아시아 역사에 개입하게 되었다. 이후 일본은 러일전쟁을 통해 러시아의 전통적인 정책을 분쇄하여 청이 만주를 러시아에게 빼앗기는 것을 막아내며 대륙국가로서의 면모를 일신하였다. 만주 주민들이 일본의 원조를 받아 건국한 만주국과 일본은 불가분의 관계로 북아시아의 일부는 일본과 연합하고 있다. 한편 외몽고를 향한 러시아의 팽창을 막기 위해 청은 이 지역에 대한 개입을 강화했고, 그 반작용으로 몽고인들은 반중국감정을 고취하며 러시아에 보호를 요청한 결과 20세기 이래 몽고는 러시아의 보호국처럼 되었고, 러시아 혁명 이후 북아시아에 공산주의를 퍼뜨리고 있다. 이렇게 도리야마는 당시까지 북아시아에서 러시아의 대두를 정리했다.[58]

청조를 건설하여 퉁구스족으로서 가장 중대한 역할을 한 만주족은 (…중략…) 文化人으로서 재기는 바랄 수 없다 (…중략…) 몽고종은 내외몽고나 북만주·시베리아에 분포해 있지만 현실에서는 번영을 재현할 힘을 발견할 수 있을까. 외몽고에서 소비에트에 의존하는 적색공화국은 러시아의 지도

---

58 위의 글, pp.97~120.

아래에서 움직이고 있다. 내몽고에서는 신국가·몽고연맹자치정부가 조직되어 우리나라의 협력 아래에서 呱呱의 소리를 내고 있을 뿐이다. 이 2종의 잡종인 東胡─契丹族으로서 역사상에 활동한 것 가운데 이름이 남은 것은 (…중략…) 인종학적 표본의 범위를 넘지 않는다. 일찍이 突厥, 回紇로 알려진 투르크 종은, 그 주력이 이미 북아시아를 떠났다. 북아시아 지역은 오랜 역사 무대로서 지금도 마찬가지로 존재하지만 그 役者는 이처럼 凋落하였다. 이 **무대에서 현재 立役해 드러나는 것은 러시아와 우리 일본이다.** 특히 만주국 출현에 의해 북아시아에서 우리 일본의 역할은 가장 중대한 것이 되었다 (…중략…) 내일 북아시아는 어떤 역사적 국면을 창출할까.[59] (강조는 인용자)

북아시아에서는 많은 민족이 번영과 몰락을 반복해 왔고, 17세기 중반 이래 현재까지의 이곳의 역사에서 주인공은 러시아와 일본이며, 미래 일본이 이곳의 역사를 만들어 나가야 한다는 것, 이것이 바로 도리야마가 그려낸 북아시아의 과거이자 미래였다. 즉 소련과 일본이 외몽고에서 교전하던 당시 도리야마는 북아시아 역사를 러시아와 일본의 부상 과정으로 조망했던 것이다.

이처럼 전선을 따라가며 그곳에 대한 역사적 시각을 제시해 온 도리야마의 활동을 고려할 때, 그의 다음 활동은 어느 정도 예상된다. 바로 동남아시아의 역사에 대한 조망이었다. 국가적으로 대동아공영권의 건설을 주창하고 동남아시아로의 침략이 진행되던 1941년 도리야마는 이곳의 역사를 개관하였다.[60]

---

59 위의 글, p.122.
60 동남아시아사에 대한 도리야마의 개관 역시 경성제대 대륙문화연구회에서 개최한 강연

그는 동남아시아가 중국과 인도 양측 모두에서 큰 영향을 받았다고 하면서도 중국과의 관계에 중점을 두어 태국을 비롯하여 인도차이나 반도의 국가들(베트남, 캄보디아), 인도네시아(쟈바), 필리핀의 역사를 각각의 주요 왕조의 변화를 중심으로 정리하였다. 특히 '금일 프랑스령 인도지나 성립의 핵을 이루는' 베트남에 대해서는 그 역사의 출발을 기원전 2세기 진시황제의 남월南越 정복과 한무제의 군현郡縣 설치에서 찾고, 이후 한문화의 '침윤'으로 '한문화권에 포함'되었다며 유물, 행정조직이나 과거제도 등의 제도, 종교, 어휘 등에 걸친 중국 문화의 영향을 강조하였다.[61]

동남아시아 역사를 개관한 후 도리야마는 18세기 중후반 이래 프랑스, 영국, 네덜란드 등 서구 제국의 인도차이나 침략과 통치에 대해 설명하였다. 그는 무력을 앞세운 서구 제국의 침략과 함께 프랑스령 인도차이나, 네덜란드령 인도네시아, 독립을 유지하던 태국 등 동남아시아 전역에 걸쳐 서구 열강이 정치적·경제적 특권에 입각하여 독점적 이윤을 추구하는 행태를 비판했다. 특히 베트남과 인도네시아에서 프랑스와 네덜란드의 식민통치는 '중세가법重稅苛法', '토착인과 토착인 출

을 통해서 였다. 대륙문화연구회에서는 1939년에 개최한 대륙문화강좌의 성공에 고무되어 두 번째 강연을 기획, 1941년 5월 5일부터 6월 18일까지 강연을 진행하였다. 1회 강좌와 마찬가지로 도리야마는 총설에 해당하는 첫 주 강의를 담당했다. 또 당시 강연 내용은 1943년에 『續大陸文化研究』로 묶여 출간되었다.

61　鳥山喜一, 「東南アジア史概論」, 京城帝國大學 大陸文化研究會編, 『續大陸文化研究』, 岩波書店, 1943, pp.40~43. 한편 도리야마는 동남아시아의 역사를 개관하면서 북아시아사를 다룰 때와 달리 이들 민족을 인종별로 분류한다거나 이들의 문화적 독자성 등에 대해서는 거의 언급하지 않은 채 그저 왕조의 변화로 대변되는 주요 정치적 사건을 중심으로 개괄하며, 이들을 그저 '토착민'이라고 불렀다. 이는 그가 북아시아에 대해서는 만주에 대해 연구하며 자신만의 견해와 관련 사항들에 대한 충분한 지식이 있었던 반면 동남아시아에 대해서는 그만큼의 견해나 지식이 없었기 때문이 아닐까 한다.

신 관리에 대한 차별대우'를 특징으로 하는 가혹한 것으로, 이로 인해 토착민들의 반항과 독립운동이 전개되었고, 최근에는 노동운동, 공산주의운동으로까지 나아갔다는 것이다.[62]

한편 도리야마는 여유가 없어 언급할 수 없었다며 서구 제국의 '탐욕을 비난하기에 앞서 침략받은 민족 자체의 정신력精神力이랄까 사회 또는 정치 사정'을 고려해야만 한다며 동남아시아의 민족들은 '자칫하면 내란을 일으키기 쉬운 사정에 있었다는 것'을 특별히 주의해야만 한다고 덧붙이며 다음과 같이 끝을 맺었다.

> 東亞共榮圈의 건설은 우리들과 우리 자손에 까지도 미칠 중대한 과제가
> 된 금일, 동남아시아의 역사를 돌아보고 현재의 실상을 볼 때 (⋯중략⋯)
> 우리 국민은 배울 것이 있지 않을까.[63]

북아시아 역사의 주인공으로 우뚝 선 일본의 위상을 역사적으로 설명하고, '동아공영권東亞共榮圈'의 실현을 위해 동남아시아의 역사를 돌아보는 것, 바로 이것이 1930년대 후반 이래 도리야마의 지향이었다. 엄격한 실증과 학술적 조사를 진행하는 한편에서 도리야마는 제국 일본이 처한 현실을 열심히 추수하며 아시아의 역사를 일본을 중심으로 조망해 나갔던 것이다.

---

62 위의 글, pp.54~57.
63 위의 글, pp.59~60.

5. 결어-발해사 연구자로 귀환

이상에서 살펴보았듯이 도리야마는 발해에서 시작하여 금, 만주 전역, 아시아로 시야를 넓혀갔다. 일본 제국주의의 대륙침략이라는 시대적 상황에서 발해사에 관심을 가지며 역사학자의 길을 걷게된 그는 이후에도 제국 일본의 팽창에 발맞추어 관심을 확대해 나갔다고 하겠다.

정치적으로 중국의 왕조로부터 독립된 실체로서 발해, 금 더 나아가 '만주 민족'에 대해 연구했던 도리야마는 문자로 대변되는 이들의 고유문화의 존재를 매우 중요시하며, 철저히 이를 중국·중국문화와 분리했다. 이렇게 정치적·문화적으로 만주를 중국으로부터 분리해 내는 것은 20세기 개시 이래 만주로 침략해 들어가던 일본의 야심과 맞닿아 있는 것이라고도 할 수 있을 것이다.

그런데 도리야마가 강조한 북방민족의 문화는 고유한 것이지 선진적인 것은 아니다. 선진문화는 바로 중국의 문화로, 북방민족이 왕조를 세울 때 중국의 문화 내지 한인漢人의 참여는 필요한 것이고 또 언제나 있어왔다는 것이다. 하지만 한문화漢文化의 강한 동화력은 북방민족의 고유문화를 파괴시켰고, 그 결과 북방민족들은 쇠망의 길로 접어들었다. 이처럼 도리야마는 한문화漢文化를 선진문화이자 고급문화로서 동화력이 강하다는 것을 지적하면서도, 난숙기는 이미 오래 전에 지나 버렸다며 한민족漢民族의 민족성을 노인적이며, 노회老獪라고 평가했다.[64]

---

64 鳥山喜一,「支那民族性論」,『敎學叢書』 10, 文部省敎學局, 1941, pp.36~38.

때문에 북방민족의 왕조는—금의 맹안·모극의 예에서도 확인할 수 있듯이—한문화漢文化가 깊숙이 자리 잡게 되면 활기를 잃고 멸망의 길로 나아가는 것이다.

북방민족의 고유문화를 발견하고 이를 통해 중국과 이들을 분리시키면서도, 이들의 발전을 위해서는 선진문화인 한문화漢文化가 필요했다는 것, 하지만 중국문화는 북방민족을 이끌어 주면서도 북방민족 고유의 국수를 해쳐 이들을 파멸로 이끌었을 뿐만 아니라 노인적이며 노회했기 때문에 시의성을 상실했다는 도리야마의 태도는 만주국이 건국된 시점에서도 변하지 않았다. 즉 만주에 존재하는 민족들의 고유문화는 수호되어야 하지만, 선진적이면서도 난숙기가 지나지 않은 새로운 문화의 보호와 지도가 필수적임을 말하는 것이다. 그리고 이를 수행할 수 있는 것은 17세기 중반 이래 북아시아사의 주인공으로 부상하며 서구로부터 만주를 지켜 온 일본밖에 없다. 이러한 일본의 지도적 위치는 서구의 침략을 받지만 이를 저지할 수 없는 내부적 문제를 안고 있는 동남아시아에서도 유효하다는 것으로 귀결된다.

한편 글의 서두에서 지적하였듯이 도리야마는 현재까지도 발해사 연구자로서 풍부한 자료에 대한 엄정한 실증을 추구한 학자로 기억된다. 1945년 이후 일본으로 돌아간 도리야마는 교수로서 가나자와金澤, 도야마富山, 도요東洋대학을 두루 거치며 『失はれたる王國：渤海国小史』(1949)를 발간했다. 이러한 저술 활동과 함께 그는 도요대학과 주오中央대학에서 '渤海史上の諸問題'라는 강의를 개설하여 발해사의 집대성에 집중했으며,[65] 실제로도 사망을 전후하여 발해의 건국과 5경에 대한 논문이 그의 이름으로 발표되었다. 1945년 이후 도리야마의 주요한 활동은 금을

비롯한 만주 전체를 아울렀으며, 전선의 확대와 더불어 제시했던 역사적 조망들에 대해서는 다루지 않은 채 주로 발해와의 관련 속에서 이루어졌다.

그렇다고 1945년 이후 발해와 관련된 그의 저술들이 과거와 단절된 것은 아니다. 특히 1949년에 발간한 『失はれたる王國 : 渤海国小史』는 그가 이미 출간했던 2권의 발해사 저작 —『渤海史考』(1915), 『渤海國小史』(1939) —을 상당 부분 실은 것이라고 한다. 이는 그가 일본으로 돌아갈 당시 대부분의 자료를 한국에 두고 온 사정 때문이기도 하겠지만, 도리야마 스스로가 1945년 이후에도 발해와 관련된 저작에 있어서 만큼은 과거의 저작에 대해 자부하고 있었기 때문은 아니었을까. 비록 도리야마의 시야는 일본의 침략전쟁과 그 확장 과정을 따라갔지만 그 속에서도 '근대 역사학'의 방법론 — 문헌 사료를 망라하고 고고학 자료를 활용한 조밀한 연구 — 을 성취한 발해사 연구는 1945년 이후에도 거리낌 없이 드러내었던 반면 그렇지 않았던 나머지 부분들에 대해서는 철저히 함구했으며, 그 결과 그에 대한 평가도 발해사 연구와 이를 위해 그가 기울인 엄정한 '실증'에만 집중되고 있는 것이다.

---

65 1945년 이후 도리야마의 활동으로는 이것 외에 수필 형식의 간략한 글들을 발표한 것과 그가 고등학교 교사로 재직할 당시 발간했던 개설서들을 개정한 것이 있다. 이 가운데 후자, 특히 청소년을 위해 저술한, 중국사를 중심으로 한 동양사 개설서 『黃河の水』는 1926년 발간 이후 대단한 판매고를 기록하며 개정을 거듭했음은 물론 1945년 이후에도 계속 개정판이 나왔다. 이는 도리야마를 연구함에 있어 중요한 분석대상이지만 개정판들을 비교해 그 차이를 밝히고 그 의미를 추적하는 것은 별도의 고찰을 필요로 하는, 이 글의 목적을 벗어나는 사항이기 때문에 여기서는 논의하지 않았다.

미시나 쇼에이의 신화 연구와 근대역사학

식민주의 역사학의 사상사적 재구성

심희찬

1. 들어가며

'식민사학'을 둘러싼 논쟁이 뜨겁다. 최근의 국사교과서 국정화 문제와 함께 한국사학계의 오랜 화두였던 식민사학이 다시금 열띤 논란의 대상이 되고 있는 상황이다. 한국사회의 전반적인 우경화와 더불어 일부 정치권과 재야사학계가 기존의 한국사 연구를 식민사학의 계승, 답습이라는 측면에서 비판하고 있으며, 여기에 대해 그다지 적극적으로 반응해오지 않았던 한국사 연구자측도 젊은 연구자들을 중심으로 그 국수주의적인 역사인식을 성토하는 목소리를 내기 시작했다.[1] 식민사학이란 무엇인가에 대한 근본적인 물음이 새롭게 제기되고 있는 것이다. 하지만 그럼에도 불구하고 식민사학의 실체와 그에 대한 지식 사

---

[1] 역사문제연구소, 『역사비평』, 2016년 봄호(114호)와 여름호(115호)에 실린 연속 기획 「한국 고대사와 사이비 역사학 비판」의 글들을 참조.

이에는 여전히 커다란 간극이 존재하는 것으로 생각된다. 1960년대 이기백, 김용섭 등의 지적을 시작으로 1990년대에 이르기까지 식민사학은 주로 "식민지 지배 이데올로기와 정책에 기여하기 위해 한국사를 왜곡하는 역사학"[2]이라는 자의적이고 모호한 방식으로 이해되어왔으며,[3] 그 극복이 누누이 강조되면서도 종합적인 의미와 구체적인 내용에 관해서는 이렇다 할 성과를 내지 못한 것이 사실이다. 그 결과 식민사학에 대한 이해는 지나치게 명쾌해진 감이 없지 않다. 정체성론과 타율성론 등을 중심으로 이를 비판하고 그 반대편에 한국사의 발전성과 자주성을 설정한다는 단순한 도식이 지속되어온 것이다.

이와 같은 상황을 타개하려는 움직임으로서 2000년대 중반 이후 윤해동의 연구가 주목된다. 식민사학이 전형적인 '근대역사학'의 방법론과 인식론을 취하고 있다는 입장에서 이 문제에 접근하는 윤해동은,[4] 식민사학이 지닌 개념 규정의 애매함을 넘어서서 "근대역사학에 대한 근원적인 메타비판의 가능성을 확보"하기 위해 '식민주의 역사학' 모델을 제창한다.[5] 나아가 "식민주의 이데올로기를 기반으로 근대 역사학적 인식론과 방법론을 수용한 역사학"으로서 '식민주의 역사학'을

---

2   윤해동, 「식민주의 역사학 연구 시론」, 윤해동·이성시 편, 『식민주의 역사학과 제국』, 책과함께, 2016, 22~23쪽.
3   중요한 연구들을 몇 가지 거론해둔다. 이기백, 『국사신론』, 일조각, 1961; 김용섭, 「일제 관학자들의 한국사관」, 『사상계』, 1963.2; 김용섭, 「일본·한국에 있어서의 한국사 서술」, 『역사학보』 31, 역사학회, 1966; 홍이섭, 「식민지적 사관의 극복」, 『아세아』, 1969.3; 이만열, 「일제관학자들의 식민사관」, 『독서생활』, 1976.6; 이만열, 「일제관학자들의 식민주의 사관」, 『한국근대 역사학의 이해』, 문학과지성사, 1981; 조동걸, 『현대한국사학사』, 나남, 1998; 박걸순, 『식민지시기의 역사학과 역사인식』, 경인문화사, 2004.
4   윤해동, 「숨은 신을 비판할 수 있는가─김용섭의 '내재적 발전론'」, 『근대역사학의 황혼』, 책과함께, 2010, 58쪽.
5   윤해동, 앞의 글, 24쪽.

정의하고, 그 성립과 확산의 과정을 "식민주의와 여타 근대적 이데올로기가 결합하는 방식"에 따라 설명한다.[6]

선험적인 지탄의 영역에 머물러 있던 식민사학을 근대성의 주요한 지표로 부각시킨 윤해동의 시론은 대단히 시사적이며 이와 비슷한 문제의식을 공유하는 연구 성과들이 이미 제시되고 있다.[7] 이처럼 식민사학을 식민주의 역사학의 관점에서 바라보는 작업은 근대역사학 그 자체에 대한 새로운 인식을 요구하는 것으로 보인다. 지금까지의 연구들이 식민사학을 근대역사학의 외부 혹은 그 일탈로서 설정해왔다면, 식민주의 역사학 비판은 근대역사학과 식민주의의 관련양상을 묻는 것에 초점을 맞추고 있기 때문이다. 즉 근대역사학에 대한 발본적인 검토를 통해서 식민사학의 실체에 접근하려는 시도가 식민주의 역사학의 문제의식이라 할 수 있다. 다만 식민사학에 관한 실체와 지식의 간극을 메우려는 본격적인 식민주의 역사학 연구는 이제 겨우 출발점에 서게 된 상태이며, 앞으로의 진전을 위해서는 몇 가지 기초적인 분석이 반드시 선행되어야만 할 것이다.

무엇보다도 식민주의 역사학이 근대역사학의 자장 안에서 성립하고 굴절된 것이라면, 먼저 일본의 근대역사학이 지닌 논리구조와 그 특질을 살펴볼 필요가 있다. 특히 식민주의와 근대역사학 사이의 '수용'과 '결합'의 양상을 자세히 검토한 뒤에야 식민주의 역사학이라는 새로운

---

6   위의 글, 50 · 55쪽.
7   가령 이정빈, 「식민주의 사학의 한국고대사 연구에 대한 최근의 비판적 검토」, 『역사와
    현실』 83, 한국역사연구회, 2010; 정상우, 「조선총독부의 『조선사』 편찬 사업」, 서울대
    박사논문, 2011; 심희찬, 「朝鮮史編修会の思想史的考察」, 立命館大学博士学位論文, 2012
    등을 참조.

개념이 지닌 파급력도 더욱 커질 것으로 예상된다. 식민주의 역사학의 근원지로서 주로 설명되어온 경성제대나 조선사편수회, 혹은 고적 조사사업이나 청구학회 등에 참가했던 일본인 역사학자들의 대부분은 도쿄제대와 교토제대의 국사과·사학과 관계자들로서, 말하자면 일본의 근대역사학을 이끌었던 심장부에서 역사학의 이론과 방법론을 배운 자들이었다. 이들을 일본의 근대역사학이라는 커다란 배치 속에서 조망하는 작업이 선행되어야 할 것이다.[8]

정상우의 지적처럼 그간의 식민사학 연구는 "그 내부의 학문적 논리에 대해서는 무지"했던 측면을 지니고 있으며, 식민사학이 "일본의 대륙 침략이라는 시대 상황에 규정되면서도 일본 근대 역사학의 형성·발전과 동시적으로 전개"되었던 점을 고려한다면 이제는 "일본에서의 근대 역사학의 성립이라는 맥락" 속에서 이를 분석하는 시점, 바로 식민주의 역사학의 시점을 도입할 필요가 있을 것으로 여겨진다.[9] 근대역사학의 방법론 및 인식론이 식민주의와 맺는 내밀한 관계를 그 내적 논리에 따라 고찰하는 작업을 통해서만 식민사학이 지닌 폭력성 또한 보다 정확히 파악될 것이기 때문이다. 이 글에서는 이러한 문제의식에 입각하여 미시나 쇼에이三品彰英의 신화 연구를 중점적으로 분석할 것이다. 후술하겠으나 『조선사개설』 등을 통해 식민주의 역사학의 주요 논리(정체성론, 타율성론 등)를 체계적으로 제시한 것으로 잘 알려진 미시나

---

8   최근에 근대일본의 한국사 연구를 종합적인 시각에서 검토하려는 중요한 연구 성과들이 제출되었다. 특히 조인성 외,『일제시기 만주사·조선사 인식』, 동북아역사재단, 2009; 최혜주,『근대 재조선 일본인의 한국사 왜곡과 식민통치론』, 경인문화사, 2010; 하지연,『식민사학과 한국근대사』, 지식산업사, 2014 등을 참조. 다만 이들 성과는 일본 근대역사학의 논리 자체를 묻고 있지는 않다.
9   정상우,「'근대 역사학'으로서의 '만선사'」, 윤해동·이성시 편, 앞의 책, 191쪽.

의 작업은, 동시에 일본 근대역사학의 성립 및 전개의 양상을 오롯이 담고 있기 때문이다. 아래에서는 미시나의 작업 속에 새겨져있는 근대 역사학의 흔적과 영향을 복원함으로써 한국사회에서 주홍글씨로 기능하고 있는 식민주의 역사학의 본질을 사상사적으로 재구성해보겠다.

2. '파레르곤'─외부의 내부로서의 조선사

조선사를 이해하고 논고하려 할 때, 나는 거기에 변증법적 역사발전의 흔적이 매우 빈약한 점을 깨닫지 않을 수 없다. 실로 조선사는 그 객관적 동향에 있어서 자유를 가진 적이 대단히 적은 역사이다.

타율성에 유래하는 정신은 정치나 사회생활만이 아니라 대상을 인식하는 방법, 그러니까 학문연구에서도 조선적 특징으로서 현저하게 나타난다. (…중략…) 조선정신에서는 考證學처럼 귀납적, 실증적으로 자기의 견해를 수립하거나, 혹은 스스로의 체험에 비롯하여 문예작품을 獨創하기보다, 처음부터 주어진 원리에 준거하여 연역적으로 대상을 이해하고 비판하는 것이 보다 적절한 사고법이었기 때문이다. 이를 사대적 사고법이라 부를 수 있겠다.[10]

---

10   三品彰英, 『朝鮮史槪說』, 弘文堂, 1940, pp.4・10~11.

조선사의 특징으로서 '반도적 조건'에 의한 '주변성', '사대주의', '숙명관', '타율성', '당여성黨與性' 등을 소개하는 미시나의 『조선사개설』(1940)은 그야말로 식민주의 역사학의 주요한 내용을 압축해놓은 텍스트라 할 수 있다. 조선 본래의 고유문화와 그 특징이 '반도적 조건'에 의해 억압되어가는 상실의 과정을 서술의 중심축으로 삼고 있는 『조선사개설』은 식민주의 역사학의 대표적 작품으로서 조금도 손색이 없다고 해도 무방할 것이다. 실제로 미시나의 고대사연구, 신화연구, 문화사연구 등을 식민사학의 일종으로서 강하게 비판하고, 그 폭력적 인식의 극복을 논하는 중요한 작업이 간헐적이나마 꾸준하게 이루어져 왔다.[11]

다만 앞서 지적했듯이 근대역사학의 문제를 포괄하지 못하는 식민사학의 관점은 점차 그 적실성을 잃어가는 중이며, 따라서 미시나의 조선사 연구에 대해서도 지금까지와는 다른 시각, 곧 식민주의 역사학의 관점에서 접근할 필요가 있을 것으로 여겨진다. 우선은 미시나의 이력과 연구의 궤적을 당대 일본의 근대역사학과의 관계 속에서 새롭게 그려보도록 하자.

미시나는 1902년 시가현 야스군 오즈무라滋賀県野洲郡小津村(현 모리야마시)에 있는 진종대곡파真宗大谷派 렌쇼지蓮生寺에서 장남으로 태어나, 진종교토중학교와 제3고등학교를 거쳐 1925년 교토제국대학 문학부

---

11 이기백, 「반도적 성격론 비판」, 『한국사 시민강좌』 1, 일조각, 1987; 이기백, 「한국고대의 남북문화권 설정의 문제점」, 『한국사 시민강좌』 32, 일조각, 2003; 최재석, 「삼국사기 초기기록은 과연 조작된 것인가」, 『한국학보』 11-1, 일지사, 1985; 최재석, 「三品彰英의 한국고대사회·신화론 비판」, 『민족문화연구』 20, 고려대 민족문화연구원, 1987; 최재석, 「三品彰英의 「일본서기」 연구비판」, 『동방학지』 77, 연세대 국학연구원, 1993; 김화경, 『한국 설화의 연구』, 영남대 출판부, 2002.

사학과에 입학한다.[12] 미시나는 훗날 본격적으로 역사학을 공부하기 시작한 시절을 회상하며 "일본사를 전공하려고 마음먹고 우선 처음에 『日本書紀』를 읽었을 때, 거기에 조선관계 기사가 너무나 많았고, 정치사는 물론이거니와 문화사적으로도 조선의 문화를 모르면 우리 고대사의 여러 문제가 아무 것도 해명되지 못한다는 점을 통감했다"[13]라고 하는데, 이 술회는 미시나의 개인적인 문제의식을 나타내는 동시에 일본 근대역사학에 내포된 어떤 아포리아를 암시하는 것이기도 하다.

일본의 사학사적 통설에 따르면 19세기 후반에 독일에서 건너온 실증주의 역사학이 근세 후기부터 성행했던 고학古學 및 고증학과 '합체'하는 것에서 이른바 근대역사학이 출발했다고 한다.[14] 그렇지만 이 통설은 반은 맞지만 반은 틀린 것이기도 하다. 위의 인용문에서 미시나도 지적하듯이 원전과 사실 확인을 중시하는 '고증학'의 토대 위에 합리적이고 실증적인 서구의 역사학이 접목되었던 점은 명백하지만, 그 '합체'가 아무런 계기도 없이 이루어진 것은 아니기 때문이다.

무엇보다도 수사국修史局의 설치(1875)와 제국대학 내 사학과 및 국사과의 설립(1887, 1889), 이어 독일 실증주의 사학의 아버지라 불리는 랑케의 제자 리스의 초빙(1887), '사학회史學會' 창설에 이르는(1889) 메이지明治 20·30년대, 그러니까 근대역사학이 제도적으로 성립되어 가던 여명기가[15] 바로 "일본학계에서 조선연구가 가장 활발한"[16] 시절이기도

---

12 미시나의 약력에 관해서는 「三品彰英先生略歷」, 『古代文化』 24-3, 1972; 荊木美行, 「三品彰英博士の書簡一通」, 『史料』 228, 2010.12 등을 참조했다.

13 三品彰英, 「あとがき」, 『三品彰英論文集』 4-增補日鮮神話伝説の研究, 平凡社, 1972, p.453.

14 関幸彦, 『ミカドの国の歴史学』, 新人物往来社, 1994.

15 고야마 사토시, 「'세계사'의 일본적 전유―랑케를 중심으로」, 도면회·윤해동 편, 『역사

했다는 점에 주목해야 한다. 그리고 그 대부분의 조선연구는 '일선동조론'에 입각해 있었다. 일본 최초의 전문적 역사학술 잡지인 『사학회잡지』 초기의 논문들을 훑어보면 제국대학 국사과의 교수들이었던 구메 구니타케久米邦武, 호시노 히사시星野恒 등이 일본사의 틀을 정립하는 과정에서 조선과의 역사적 관계에 고심하고 있는 흔적들을 쉽사리 찾아볼 수 있다. 근대역사학의 성립이 '일선동조론'적 담론의 등장과 함께 이루어졌다는 것의 의미는 무엇일까? 물론 이는 정한론의 대두와 강화도 사건(1875), 그리고 청일전쟁(1894)으로 이어지는 메이지 시기 일본의 아시아 침략정책과 깊이 연동된 것이었지만, 한편으로는 역사학 내부의 논리에도 주의를 기울일 필요가 있다.

초창기 일본의 근대역사학을 대표하는 구메가 1889년의 『사학회잡지』 창간호부터 3호에 걸쳐 가장 먼저 실은 논문은 「일본폭원의 연혁」이었다.[17] 이 논문은 제목 그대로 일본의 '폭원'을 확정짓기 위해 그 연혁을 따지는 내용으로 이루어져 있으며, 이를 위해 구메가 가장 긴요한 과제로서 내건 것이 상고 및 고대에 있어서 조선과의 영향관계를 실증하는 작업이었다. 구메는 일선동조론을 주장하며 일본이 조선반도에 영향력을 가지는 것은 역사적으로도 당연한 일이라 논한다. 일본의 폭원은 조선반도를 포함한다는 것이다. 지금의 시점에서 보면 일선동조론을 거칠게 긍정하는 매우 조야한 분석에 불과하나, 중요한 것은 주로 『일본서기』와 『고사기古事記』(이하 『기기』로 약칭함)에 기술된 내용

학의 세기』, 휴머니스트, 2009.

16 　旗田巍, 「日本人の朝鮮観」, 『日本人の朝鮮観』, 勁草書房, 1969(1965), p.37. 괄호 안의 연도는 첫 발표 연도. 이하 동일.

17 　久米邦武, 「日本幅員の沿革」, 『史学会雑誌』 1~3, 1889~1890.

에 입각하여 일본사의 틀을 구상해가는 구메의 방법론이다. 또한 호시노도 1890년에 「우리나라의 인종언어에 대한 미천한 생각을 논하여 세상의 진심 애국자에게 묻는다」라는 논고를 발표하여 일본과 조선이 동조관계에 있음을 고증한 후 이는 도리어 황실의 위엄을 드높이는 일이라 주장하는데, 구메와 마찬가지로 『기기』를 사료적 증거로서 이용하고 있다.[18]

일선동조론 그 자체는 적어도 아라이 하쿠세키新井白石의 『고사통古史通』(1716)이나 도 테이칸藤貞幹과 모토오리 노리나가本居宣長의 '히노가미日の神' 논쟁(1781~1785)까지 거슬러 올라가야 하는 것이며, 나아가 『기기』의 내용을 합리적으로 이해하려는 시도 역시 근대역사학이 출현하기 이전에 이미 근세의 유학자와 국학자들에 의해 이루어져왔었다.[19] 구메와 호시노의 주장이 지닌 새로움은 그 방법론에 있었다.

『기기』는 8세기 초엽에 편찬된 텍스트로서 일본에서 가장 오래된 것으로 꼽히는 역사서이다. 크게 나누어 천황가의 조상신들이 일본을 낳고 이를 지배하기에 이르는 과정을 그린 '신대神代'와, 진무神武천황에서 시작되는 천황의 역사를 다룬 '인대人代'로 이루어진 『기기』의 내용은 근대역사학이 외양을 갖추기 시작할 무렵 일본의 성립과 일본인종의 기원을 설명하는 기본적 문헌자료로서 주목받고 있었다. 문제는 미시나의 고민처럼 여기에 조선 관계 기사가 너무나도 많이 등장한다는 점이었다. 게다가 그 신화적 내용은 둘째치더라도 200년 이상의 수명을 지닌

18　星野恒, 「本邦ノ人種言語ニ付鄙考ヲ述テ世ノ真心愛国者ニ質ス」, 『史学会雑誌』11, 1890.
19　강석원, 「『衝口發』소고」, 『일어일문학연구』37, 한국일어일문학회, 2000; 강석원, 『上田秋成の研究』, 제이앤씨, 2002; 家永三郎, 「日本書紀研究・受容の沿革」, 『家永三郎集』 3, 岩波書店, 1998(1967).

인물이 나오는 등 연대가 전혀 맞지 않는 점은 역사적 사실을 증명하는 사료로서 『기기』가 지닌 가치를 저하시킬 수밖에 없었다.

이러한 상황에서 등장한 나카 미치요那珂通世의 일련의 '기년론紀年論'과 이에 촉발된 '기년논쟁'은 일본의 근대역사학에 커다란 획을 긋게 된다. 미시나 역시 기년논쟁에 대해 "당시 아직 젊었던 메이지 학계에 일대 반향을 일으켰으며, 한 때 이 길을 걷던 학도 가운데 연대론을 입에 담지 않는 자가 없을 정도의 활황을 보였다"[20]라고 평가한다. 기년논쟁의 발단은 나카가 1878년에 집필한 「상고연대고」를 10년 뒤인 1888년에 미야케 요네키치三宅米吉가 『문文』 제1권 8호와 9호에 「일본상고연대고」로서 수정, 게재한 것에서 비롯한다. 여기서 기년논쟁의 전말을 상세히 소개할 여유는 없으므로 중요한 논점만 짚고 넘어가겠다.[21] 나카는 『고사기』에는 기년 자체가 없고, '간지干支'로 표기되는 『일본서기』의 기년 역시 비상식적인데다 허식이 많아서 신용하기 어렵다고 한다. 따라서 "연대를 계산하여 기원을 정하는 작업은 불가결"[22]한 것이지만, 『기기』만 가지고는 그것이 도저히 불가능하기에 다른 사서를 참조할 필요가 있다고 한다. 그리고 "조선의 고사古史에는 참고할 만한 부분이 굉장히 많다"[23]라는 점을 지적한다. 이처럼 '조선의 고사' 및 중국의 사서와 비교하는 작업을 통해 나카는 『기기』의 기년을 600

---

20 三品彰英, 『增補上世年紀考』, 養德社, 1948, p.92.
21 '기년논쟁'의 자세한 경과와 그 의의에 대해서는 아래 글들을 참조하길 바란다. 田中聡, 「「上古」の確定—紀年論争をめぐって」, 『江戸の思想』 8, 1998; 工藤雅樹, 『東北考古学・古代史学史』, 吉川弘文館, 1998.
22 那珂通世, 「上古年代考」, 『洋々社談』 38, 1878. 인용은 辻善之助, 『日本紀年論纂』, 東海書房, 1947, p.31에 의함.
23 那珂通世, 「日本上古年代考」, 『文』 1-8, 1888. 인용은 辻善之助, 위의 책, p.64.

년 정도 후대로 내리면 대략 연대가 맞아 들어간다고 논한다. 더욱 상세한 설명이 필요할 테지만 여기서는 우선 나카의 이러한 주장을 통해 신화적 내용이 주를 이루는 『기기』가 적어도 형식적으로는 역사적 사료로 사용할 수 있게 되었다는 점만을 강조해둔다.

나카의 논의는 그 신빙성은 차치하더라도, 일본과 조선을 비롯한 동아시아 각국이 하나의 지역단위를 넘어서는 초월적인 연대기와 직선적인 시간의 흐름을 공유한다는 전제, 즉 근대적 역사인식이 없으면 나타날 수 없는 것이었다. 일본의 고대사 연구자인 다나카 사토시田中聰는 나카의 기년론이 "국가의 역사적 기점을 이루는 고대사의 유일하고 정확한 '사실史實'", 그리고 "그 윤곽을 만드는 거점이 되는 부동의 시간축을 설정하는 기초 작업"이었으며, "불가지의 '신대'를 일본인의 역사의 일부분으로 포함"시키려는 의도를 품고 있었다고 논한다.[24] 지도를 볼 때 '경위도經緯度'가 반드시 필요한 것처럼 역사연구에 있어서도 '기년'을 먼저 정립해야한다는 나카의 제안이[25] 근대역사학의 기초 공사임은 두말할 필요가 없을 것인데, 여기에 '조선의 고사'가 가장 일차적인 기준으로 상정된 점을 간과해서는 안 된다.

『기기』에 나타나는 수많은 조선 관계 기사가 오히려 『기기』 자체의 사료적 정당성을 확보할 수 있는 근거가 된다는 점은 일본사를 확립하는 과정에서 조선사가 매우 근원적인 역할을 행했음을 암시한다. 이를 '파레르곤parergon'에 비유해볼 수 있지 않을까? 파레르곤은 그리스어에서 유래하는 단어인데 거칠게 설명하면 일종의 액자틀 같은 것을 가

---

24   田中聰, 앞의 글, pp.56·71.
25   那珂通世, 앞의 글. 인용은 辻善之助, 앞의 책, p.31.

리키는 개념이다. 미술관에서 사진이나 그림을 감상하는 경우, 우리는 대부분 작품에 주목하지 액자 자체를 유심하게 보지는 않는다. 그렇지만 만약 액자가 없다면 작품은 자신의 경계를 잃게 되며, 중심을 가리키는 포커스 또한 무한정의 공간으로 흩어지고 만다. 즉 액자는 어디까지나 작품의 외부에 위치하면서 그 중핵을 고정시켜주는 역할을 하는 바, 작품이 지닌 효과는 이러한 액자의 역할에 의해 비로소 발생하게 되는 것이다.[26]

조선사야말로 이처럼 일본사의 외부에 위치하는 내부, 즉 내밀한 외부라고 할 수 있는데 이는 일본의 근대역사학이 식민주의와 맺는 본질적인 관계를 보여주는 하나의 사례가 될 것이다. 조선사는 일본사의 기원을 확립시키는 틀로 기능했으며 이를 폭력적으로 포섭·배제하려 한 것이 당시의 일선동조론이었다. 우리는 여기서 다음과 같은 사실들을 잠정적으로 도출할 수 있겠다. 일본 근대역사학을 성립시킨 고증학과 실증주의의 합체는 조선사와 일본사의 비대칭적인 관계 정립을 통해 가능했으며, "식민주의 이데올로기를 기반으로 근대 역사학적 인식론과 방법론을 수용"하는 양상이란 바로 이와 같은 파레르곤을 가리킨다. 조선사의 포섭·배제를 기반으로 일본의 근대역사학은 성립할 수 있었던 것이다.

앞서 언급한 미시나의 회상은 파레르곤으로서의 조선사라는 문제에

26　'파레르곤'은 데리다의 개념을 따온 것이다(ジャック・デリダ, 『絵画における真理』上, 高橋允昭・阿部宏慈譯, 法政大学出版局, 1997). '일선동조론'과 '근대역사학'의 구체적인 관계에 대해서는 미쓰이 다카시, 「일선동조론의 학문적 기반에 관한 시론」, 『한국문화』33, 서울대 규장각 한국학연구원, 2004; 심희찬, 「明治期における近代歴史学の成立と「日鮮同祖論」」, 『立命館史学』35, 2014 등을 참조.

그가 매우 민감하게 반응하고 있었음을 보여준다. 일본의 근대역사학은 그 성립과정에서 이미 식민주의와 불가분의 관계를 맺고 있었다. 조선사 연구가 일본의 '국사'와 '동양사' 사이에서 동요하고 있었다는 사실은 기존의 많은 연구들에서 수차례 지적된 바 있는데, 이는 위에서 논한 파레르곤의 특징 — 외부의 내부 — 을 생각해보면 당연한 결과이기도 하다. 미시나 식민주의 역사학의 출발은 이처럼 일본사의 기원을 정초하는 파레르곤과의 대면에서 비롯된 것이었다.

3. 생철학의 문화와 신화

미시나가 자신의 졸업논문 테마를 「귀화씨족의 연구」, 즉 도래인渡來人과 고대 일본의 관계로 정한 이후 식민사학을 집대성하기에 이르는 과정은 이와 같은 메이지 근대역사학의 아포리아를 계승하는 측면을 지니고 있었다. 그렇지만 미시나는 식민사학을 대표하는 두 가지 이론, '일선동조론'과 '만선사'에 대해서는 부정적인 입장을 취하고 있었다.[27] 이 서로 다른 이론 체계를 지닌 두 담론과 긴장관계를 유지해가며 파레르곤을 처리해가는 구조야말로 미시나 식민주의 역사학의 중핵을 이루

---

[27] 미시나가 일선동조론과 만선사에 대해 취한 입장에 관해서는 각각 박미경, 「三品彰英의 한국 신화 연구 고찰」, 『일본학연구』 25, 단국대 일본연구소, 2008; 이정빈, 「미시나 쇼에이의 문화경역연구와 만선사 인식」, 조인성 외, 앞의 책이 좋은 참고가 된다.

는 부분이기에 조금 꼼꼼하게 언급해둘 필요가 있다. 먼저 일선동조론을 보자.

첫 논문인 1927년의 「일한고대불교의 일고찰」에서 미시나는 "우리나라와 남선을 비교할 때 선사시대, 신화시대에 양 민족이 매우 밀접한 관계를 가지고 있었던 것은 이제 와서 다시 말할 필요도 없겠지만" "국가적 통일의 지리적 광협廣狹 및 그 지속遲速"에서는 "상이점"이 두드러진다는 점을 지적하고, 자신은 "차이를 비교적 중시하는 고찰"을 행할 것이라 한다.[28] 그 차이란 구체적으로 무엇을 가리키는가?

> 다음으로 양국의 신화에서도 이러한 통일적 의식의 지속 및 국민적 자존심의 강약을 엿볼 수가 있다. 즉 우리의 국사가 天照大神이라는 통일적 의식을 가진 신화에서 시작되는 것에 비해, 신라는 所講六村의 전설에서 시작한다. (…중략…) 由來統一的 전기가 민족의 국가적 통일 및 국민의 통일적 자각의 소산이라고 한다면, 우리나라는 신라에 비해 상당히 빠른 단계에 통일적 신화를 완성시켰음을 알 수 있다.[29]

여기서 신화의 비교를 통해 일본과 조선이 동일한 문화적 원류를 가지면서도 발전단계에 적지 않은 차이가 있음을 강조하는 미시나 식민사학의 초기 형태를 발견할 수 있다. 다른 글에서는 더욱 직접적으로 인종적·혈연적 근친관계를 강조하는 일선동조론을 "신화의 학구적 윤색"에 지나지 않은 것이라며 강하게 비판한다.[30] 그가 이처럼 인종

---

28 三品彰英, 「日韓古代仏教の一考察 (上)」, 『歴史と地理』 19-5, 1927, pp.44~45.
29 위의 글, pp.45~46.

및 혈연의 문제와 거리를 두고 일선동조론을 비판하는 것이 가능했던 배경에는 당대에 등장한 '문화'라는 담론이 있었다.

미시나는 1928년 교토대학 사학과 대학원에 입학하는데 당시 그의 지도교수는 미우라 히로유키三浦周行와 조선사 전공의 이마니시 류今西龍, 그리고 교토의 문화사학파를 이끈 니시다 나오지로西田直二郎였다. 니시다는 "역사 안에 문화부문사를 두는 것이 아니라, 오히려 역사는 궁극적으로 '문화가치'를 기축으로 파악되어야 할 전체사라는 이해에 입각하여 전통적인 실증주의역사관을 비판"[31]한 것으로 평가된다. 1920년에서 1922년까지 유럽에서 유학한 니시다는 신칸트학파의 철학에 매력을 느끼게 되는데, 특히 람프레히트 등의 실증주의 비판과 인간정신의 발달에 근거하여 인류의 진보를 해석하는 방법론에 커다란 관심을 가졌다고 한다. 니시다는 도쿄제국대학의 정치사 중심의 역사학에 대항하여, 딜타이나 리케르트의 논의를 수용하면서 '의미적 세계'로서의 역사를 구축하려했다.[32] 미시나에게 이와 같은 독일 생철학과 문화사의 세계를 직접 가르친 것이 바로 이후 황국사관의 노선을 걷게 되는 니시다였다. 생철학의 문제와 처음 접할 당시 학계의 분위기를 미시나는 다음과 같이 술회한다.

　　내가 역사를 전공하기 시작했을 때 일본 철학계는 독일 전통의 신칸트학파가 지도적 지위를 점하고 있었는데, 문화과학의 대부분이 그 영향을 받았

30　三品彰英, 「日鮮関係伝説の二三に就いて」, 『歴史と地理』 27-6, 1931, p.165.
31　永原慶二, 『20世紀日本の歴史学』, 吉川弘文館, 2003, p.81.
32　위의 책, pp.81~85.

으며 문화사라는 개념 또한 그러한 철학에 의해 육성되었다. 독일의 인도주의적 철학은 인간을 문화의 창조자creator로 여기고 필연적 법칙이 지배하는 자연계와 인간 스스로가 창조하는 인간자유의 세계를 대립시켰는데, 리케르트Heinrich Rickert가 자연과학과 문화과학을 준별하여 정의했을 때, 우리는 매우 선명한 이 단안을 그대로 받아들였다. 그 중에서도 딜타이는 그와 같은 입장에서 역사학에 접근한 철학자인 바, 역사적 이성비판의 이론체계, 그리고 게르만 사회의 역사를 다룬 작업들을 통해 일본 문화사학계의 지도적 입장에 이르렀다 해도 과언이 아니다.[33]

리케르트로부터 배웠다는 자연과학과 문화과학의 분리란 법칙과 특수성의 구별을 통해 각각의 문화의 개성과 창조성을 강조하는 자세를 말한다. 리케르트는 '자연'을 어떠한 목적도 없이 발생하고 생장하는 것, 그리고 이와 반대로 '문화'를 특정한 목적에 따라 인간이 생산한 것으로 파악한다. 바람이 불거나 비가 오는 것, 혹은 계절이 바뀌거나 꽃이 피고 지는 것은 인간의 능력으로는 어찌할 수 없는 자연의 법칙이다. 그러나 집을 짓고 우산을 쓰는 일, 계절에 따라 생활의 형태를 바꾸거나 꽃을 보며 시를 쓰고 노래를 부르는 일은 인간의 특수한 문화에 속한다. 현실을 법칙의 관점에서 바라보면 자연이 되지만, 특수한 유형(=문화)의 관점에서 보면 역사가 된다. 리케르트는 이처럼 개별적이고 특수한 유형들을 보다 고차원의 보편적 세계에서 조망할 것을 주장한다.[34] 이 고차원의 보편적 세계가 미시나에게는 바로 신화였다.

---

33   三品彰英, 「文化史管見」, 『三品彰英論文集』 3-神話と文化史, 平凡社, 1971(1959), pp.279~280.

신화는 이론의 세계다. 이 이론이 기거하는 현실의 생활이 그 배후에 있어야만 한다. 신화는 이 현실의 생활을 설명하는 철학에 다름 아니다.[35]

위 인용문에 보이는 "현실의 생활"이란 특수한 유형으로서의 문화를 지시하는 것으로 볼 수 있다. 그리고 미시나에게 "이론의 세계"로서의 신화는 이를 "설명하는 철학"이 된다. 이처럼 역사해석에서 문화에 중점이 놓이게 되었다는 것은 무엇을 의미할까? 일본의 인류학사를 제국주의의 관점에서 정리한 사카노 도오루坂野徹는 20세기 초에 걸쳐 일어난 인종담론의 중대한 변화로서 '인종=생물학적' 인식이 '민족=문화·역사적'으로 이행한 점을 지적한다.[36] 인종의 기원을 혈연의 관점에서 추적하다보면 종국에는 인류는 모두 한 핏줄로 이어진 형제라는 막연한 논리에 부딪히게 되는데, 이를 문화적 민족으로 대체하면서 연구의 대상을 어느 정도 명확히 하는 일이 가능해졌다는 것이다.

당시의 인종학은 일본인이 혼혈인가 순혈인가에 관한 논쟁을 반복하고 있었지만, 이렇게 독자적인 문화와 민족을 강조하는 담론의 등장을 통해 혈연적 이분법 자체가 불필요한 것이 되었다. 물론 그렇다고 해서 인종학 자체가 쇠퇴한 것은 아니지만 어쨌든 "문화와 역사의 면에서 공통성을 가진 일본민족(야마토민족)이라는 통일체", "고도의 통일성을 지닌 집단"이 상정되었고 그 일국사적 경향으로 인해 일선동조론이 설자리 또한 애매해지고 말았다.[37]

---

34 ハインリヒ・リッケルト, 佐竹哲雄譯, 『文化科学と自然科学』, 大村書店, 1922.
35 三品彰英, 「賀茂の曲に就いて」, 『観世』 3-7, 1932, p.9.
36 坂野徹, 『帝国日本と人類学者』, 勁草書房, 2005, p.105.
37 위의 책, p.107. 일선동조론이 지닌 정치적 함의에 대한 상세한 설명으로서는 장신, 「3.1

문화에 방점을 두는 역사인식의 태도는『기기』의 해석에도 결정적인 변화를 가져오게 된다. 미시나는 이러한 해석의 변화에 관련해서 특히 쓰다 소키치津田左右吉에게 깊은 영향을 받았다.[38] 1910년대에서 20년대에 걸쳐 일련의 기기론을 전개한 쓰다는 "신대사는 관부나 궁정이 제작한 것으로서 국민의 이야기가 아니며 (…중략…) 자연스레 성립한 국민생활의 표상, 국민정신의 결정이 아니다"[39]라고 하여,『기기』가 중국사상의 영향을 받아 저술된 픽션에 불과하다고 단정 짓는다. 나아가 "상대인上代人은 대륙으로부터 격절된 고도의 국민으로서 온화한 풍토에 살던 농민"이었기 때문에 "국민적 서사시가 가능할 리가" 없으며, 따라서『기기』의 존재 자체가 중국의 영향을 받은 지배층의 작태를 보여주는 것에 불과하다고 논한다.[40]

다만 쓰다의 의도는『기기』의 폐기처분에 있는 것이 아니었다. "『기기』에 적힌 상대上代의 이야기는 역사가 아니라 도리어 시詩다. 그리고 시는 역사보다도 오히려 더욱 국민의 내적 생활을 잘 말해주는 것이다"[41]라는 언술에서도 알 수 있듯이, 쓰다는 국민의 심리적 표상과 고

운동 직후 잡지『동원』의 발간과 일선동원론」,『역사와 현실』 73, 한국역사연구회, 2009; 장신, 「일제하 일선동조론의 대중적 확산과 素盞嗚尊 신화」,『역사문제연구』 21, 역사문제연구소, 2009 참조.

38 미시나는 대학생 시절 처음『일본서기』를 읽기 시작했을 당시 "연구실 서가에서 우연히 집어 든 쓰다 소키치 박사의『신대사의 새로운 연구』는 小冊의 著述이었지만, 거기서 내가 받은 감격은 지금도 잊을 수 없다"고 회상한다. 三品彰英, 「序」,『日本書紀朝鮮関係記事考証』上, 吉川弘文館, 1962.

39 津田左右吉,『文学に現はれたる我が国民思想の研究』(岩波文庫版 第1卷), 岩波書店, 1977(1916), p.50.

40 津田左右吉, 「神代史の新しい研究」,『津田左右吉全集』別卷1, 岩波書店, 1963(1913), pp.144~145.

41 津田左右吉, 「古事記及び日本書紀の新研究」, 위의 책, 1963(1920), p.499.

유한 문화를 읽어내야 할 비유적 텍스트로서 『기기』를 다루고 있었다. 쓰다는 중국의 영향을 받은 지배층의 문화와 일반국민의 문화를 분리하고, 『기기』를 국민사상의 저류로 재해석하는 것이 자신의 '근본사상'이라고 말한다.[42] 미시나는 『기기』를 픽션으로 바라보는 쓰다의 논의에 따라 다음과 같이 주장한다.

> '신대'와 '인대'의 구별은 이야기의 내용 자체에서 발견되는 것이 아니며, 결국 찬술자의 견해에 불과하다는 것을 알게 된다. (…중략…) 신대와 인대가 명확한 경계선을 가지고 있다는 점이야말로 그 구별이 인위적인 것이며 머릿속에서 만들어졌다는 점, 따라서 인대라는 관념 또한 신대와 마찬가지로 사상을 거쳐 만들어진 것이라는 점을 알 수 있다.[43]

이처럼 『기기』는 "사상을 거쳐 만들어진 것"이지만, 바로 그 이유로 인해 거기에서 민족적 공동체의 어떤 고유한 사상(=문화)을 발견하는 것도 가능해진다. 그리고 이를 구체적으로 밝혀내는 작업이야말로 역사학자로서 미시나가 내건 신화 연구의 목표였다.

> 시조신화는 어떤 과거의 사실을 그 안에 포함하는 것인 동시에, 다른 한편으로 전승자가 가진 하나의 역사인식이기도 하다. 구체적으로 말하자면, 시조신화는 민족적 신화의 기본적 요소를 그 안에 오랫동안 보존하는 경향이

---

42 쓰다의 『기기』론에 관해서는 이소마에 준이치, 「쓰다 소키치의 국민사 구상」, 윤해동·이성시 편, 앞의 책을 참조.
43 三品彰英, 「神代より人代へ」, 『歷史と地理』 31-6, 1933, pp.38~42.

강하며, 그러한 의미에서 거기에는 민족고유의 것이 전승되고 있는데, 우리는 이를 통해 민족의 오래된 과거의 사실을 탐구할 수 있는 것이다.[44]

이와 같이 신화 안에 보존되어 있다는 "민족고유의 것", "민족의 오래된 과거의 사실을 탐구"해야 하는 이유는 그것이 바로 "고대인의 심의복합心意複合"으로서 '현재성'과 결부되기 때문이다. 미시나는 다음과 같이 논한다.

『기기』 찬술자 및 당시의 궁정지식인은 대륙계의 새로운 학문을 익히고 있었으며, 오래된 전승을 기록함에 있어서도 항상 이를 합리화하고 상대사를 **당시 현재적**으로 이해하려 했다. (…중략…) 여기에야말로 고대인의 心意複合에 접근할 수 있는 작은 실마리가 남겨져 있기 때문이다. (…중략…) 현대적 사고를 통해 고대전승을 비판하는 것이 아니라, 도리어 고대전승에 입각하여 우리 스스로를 치열하게 자기비판할 필요가 있다.[45] (강조는 원문)

신화를 과거의 이야기에 불과한 것으로서 치부하지 않고, 도리어 '현재성'의 근본적인 계기로 파악하는 자세가 강조되고 있다. 미시나는 동사형의 "신화하는 마음神話する心"이라는 표현을 즐겨 사용하는데,[46] 단선적이고 계기적인 시간의 관념을 넘어서 민족고유의 문화이기도 한

---

44 三品彰英, 「神話と文化境域」, 『三品彰英論文集』 3―神話と文化史, 平凡社, 1971(1948), pp.304~305.

45 三品彰英, 「あとがき」, 『三品彰英論文集』 4―増補日鮮神話伝説の研究, 平凡社, 1972, pp.454~455.

46 三品彰英, 「古代朝鮮における王者出現の神話と儀礼について」, 『三品彰英論文集』 5―古代祭政と穀靈信仰, 1973(1933), p.564.

'신화하는 마음'을 역사적 현재성 안에서 되살리려는 이러한 생철학적 인 기획은,[47] 후술하듯이 파시즘적 역사인식과 대단히 가까운 것이기 도 했다.

4. 범주로서의 문화·중심으로서의 신화

이처럼 미시나는 쓰다의 『기기』론을 원용하여 일본민족이 지닌 고 유문화의 중추에 '신화하는 마음'을 위치시킨다. 인종적·혈연적 관계 를 강조하는 일선동조론에 대해 미시나가 비판적인 입장을 견지했던 것은 이때문이다. 일찍이 구메와 호시노 등이 파레르곤으로서의 조선 사를 일선동조론을 통해 일본사 안으로 회수시킬 수 있었던 것은, 역설 적이게도 조선사에 의해 그 사료로서의 가치를 인정받은 『기기』의 내 용을 역사적 사실로 간주하는 것이 가능했기 때문이었다. 하지만 『기 기』를 픽션으로 간주하는 쓰다에게 있어서는 일선동조론 또한 역사적

---

47 미시나에게 있어서 이러한 '신화하는 마음'은 한 사회의 중핵에 위치하면서 면면히 이어 지는 것으로 여겨진다. 가령 달을 향해 로켓을 쏘아 올리는 행위는 과학의 이름으로 행해 지지만, 이는 동시에 '가구야히메 이야기(かぐや姫の物語)' 전설의 현대판이기도 한 것 이다. 참고로 '가구야히메 이야기'란 10세기 중반경에 성립된 것으로 추정되는 전설로, 대나무에서 태어난 가구야히메가 성인이 되어 달로 돌아간다는 내용이다. 로켓과 가구 야히메, 그리고 달은 '심적 연관', 그러니까 "'생활감정(lebensstimmungen)'에 따른 삶 의 다양화의 근본범주"를 공유한다. 三品彰英, 『図説日本の歴史』2-神話の世界, 集英社, 1974, p.31.

사실이 될 수 없었고 조선사의 파레르곤적 성격도 박탈되어어야만 했다. 쓰다는 일본의 문화를 "대륙으로부터 격절된 고도孤島"에서 천황의 "친애의 정"[48]에 의해 마치 스스로 발생한 것인 양 묘사하는 배타적인 단일민족주의의 입장을 취하고 있었다.

미시나는 쓰다의 논의에서 많은 영향을 받았으나, 일본사로부터 조선사를 완전히 잘라내려는 극단적인 주장까지 받아들이지는 않았다. 앞서 인용했듯이 이는 역사연구자로서 미시나의 출발점이기도 했다. 그는 여전히 조선사와 일본사의 관계 정립이라는 메이지 근대역사학의 아포리아에 고심하고 있었다. 미시나가 택한 방법론은 문화사의 관점에 입각하여 일본의 고유한 문화를 역으로 조선반도까지 신장시키는 것이었다. 이는 일반적인 만선사의 기획과는 완전히 상충하는 것이었다. 다음으로 이 점을 살펴보자.

미시나가 대학원에서 다룬 테마는 '신라화랑의 연구'였다. 학위논문은 1943년에 단행본으로 출판되는데(『朝鮮古代研究 第一部 新羅花郎の研究』, 三省堂), 문화인류학적 관점에서 화랑을 고대 '남자집회'의 일종으로 파악하는 미시나의 연구는 해방 후 한국의 화랑연구에도 지대한 영향을 끼쳤다. 미시나의 화랑연구는 크게 보아 '남북이원론'과 '문화경역론'이라는 두 가지 이론 축을 바탕으로 이루어진 것이었다.

韓族과 관계가 깊은 여러 민족 가운데, 일본을 비롯한 남방의 해양계 민족에서는 남자집회의 조직이 상당히 번성했거나, 아니면 과거에 그랬던 역사

---

48 津田左右吉, 「神代史の新しい研究」, 『津田左右吉全集』 別巻1, 岩波書店, 1963(1913), p.124.

를 현저히 가지고 있음을 알 수 있는데, 그렇다면 북방에 연접한 여러 민족은 어떨까? 저자는 특히 민족적 남자집회 및 이에 관련한 습속을 하나도 발견하지 못했다. (…중략…) 북방의 만몽제족은 과거에도, 그리고 현재에도 남자집회사의 문화요소를 완전히 결락하고 있으며, 이 점에 한해서 말하자면 한민족은 남방과 긴밀한 문화관계를 가지며, 북방과는 인연이 멀다고 해야만한다.[49]

여기서 미시나는 "일본을 비롯한 남방의 해양계 민족"과 "한족"은 "긴밀한 문화관계"를 가지는데 비하여, "북방의 만몽제족"과는 "인연이 멀다고" 한다. 이처럼 북방과 남방의 문화권을 나누어 생각하는 것은 일본 동양학의 대가 시라토리 구라키치白鳥庫吉의 남북이원론에 입각한 발상인데, 이를 일본과 조선에 대입하여 비교하는 시점은 아마 대학원 시절의 지도교수 이마니시 류로부터 배웠다고 생각된다.

시라토리는 유라시아 대륙을 가로로 이분하고 동서의 대치를 대신하여 '군사적인 북 / 문화적인 남'의 도식을 도출한다. 스테판 다나카는 남북이원론에 대해 보편적 유럽(발달·진보)과 특수한 아시아(정체·몰락)의 오리엔탈리즘을 정면에서 부정하고, "유럽과 아시아의 공통 기원을 확립함으로써" "단선적인 진보 개념이 더 이상 문명의 필수조건이 아닌 새로운 기준을 개발"한 것은 물론, "기술보다는 문화를 강조"하는 "역사철학"을 통해 "문화가 정치를 결정"하는 세계상을 구축했다고 평가한다.[50]

---

49 三品彰英, 『三品彰英論文集』 6-新羅花郎の研究, 1974(1943), pp.46·51~52.
50 스테판 다나카, 박영재·함동주 역, 『일본 동양학의 구조』, 문학과지성사, 2004, 149쪽.

제국일본에서 조선사의 연구로 박사학위를 받은 최초의 연구자이기도 했던 이마니시는 시라토리가 제시한 남북이원의 분할선을 조선반도까지 하강시키고, 고대 이래 조선반도의 역사를 북방계에 속하는 열강민족의 유린이 계속된 불행의 역사로 간주하는 동시에, 일본과의 병합을 통해 조선은 과거의 행복한 상태를 회복하게 되었다고 여겼다. 이마니시는 한족이 삼한 및 가야, 신라, 백제로 이어지는 계통을 이룬다고 설명하며, 고구려나 발해 등은 한족과 늘 대립해왔다고 생각했다. 그리고 일선동조론 자체는 부정하지만, 남방계에 속하는 한족과 일본민족은 친화성을 가진다고 보았다.[51]

문화를 중심으로 남방민족과 북방민족을 나누고, 동아시아의 역사를 대립과 항쟁의 연속으로 구성하는 방식을 시라토리와 이마니시로부터 계승한 미시나는 이를 자신의 신화연구에 적용해간다. 즉, 조선 및 동남아시아와 만몽의 여러 민족에게 보이는 시조신화를 유형별—① 난생형卵生型, ② 수조형獸祖型, ③ 감정형感精型—로 구분한 후, 그 가운데 난생형의 실례가 보이는 신라, 가야, 대만, 미얀마, 필리핀, 피지, 보루네오 등지의 지역을 "조선과의 민족적 내지 문화적 관계가 예상되는 방면"이라고 논하는 것이다.[52] 이는 "조선의 난생시조신화의 비교자료를 탐구한 나는, 특히 가장 가까운 관계가 예상되는 만몽방면의 여러 민족에서 이를 찾았지만 거기서 단 하나의 예조차 발견하지 못했다는 점에 주의를 환기시키고 싶다"[53]라는 언급처럼 만선사의 논리와 정면

---

51 심희찬, 「근대 역사학과 식민주의 역사학의 거리」, 윤해동·이성시 편, 앞의 책.
52 三品彰英, 「滿鮮諸族の始祖神話に就いて (一)」, 『史林』 26-4, 1941, p.26.
53 위의 글, p.27.

으로 대치하는 것이었다.

이와 같이 미시나는 일본과 조선을 동일한 남방계 문화권에 속하는 것으로 파악하거니와, 첫 논문에서도 언급했듯이 그의 관심은 어디까지나 양국의 "차이를 비교적 중시하는 고찰"에 있었다.

> 우리의 강림신화에는 많은 異傳이 있고 그 중 어떤 것은 조선의 그것과는 비교가 안 될 정도로 발달한 형상을 보여주는데, 한편 또 어떤 것에는 상당한 유사점을 보이는 단순한 것도 있다. 모든 인간의 제도와 마찬가지로 신화와 의례 역시 어디서 시작되었는지는 알 수 없지만, 이를 관찰하는 경우에는 복잡하지 않고 그 만큼 原古態에 가까울수록 고찰하기에 한층 용이하다. 지금 한민족의 신화를 우리의 신화와 비교하면 그 가장 단순한 모습을 보여주기에 고찰의 과정을 간이하게 해주는 편리함이 있으며, 나아가 이를 통해 단적으로 쌍방의 原古的인 본질을 파악할 수 있게 해줄 터이다.[54]

위 인용문에서 알 수 있듯이 미시나가 보기에 일본과 조선은 "원고적인 본질"을 공유한다. 다만 그 발달 정도에서 차이가 확인되는데, 이는 동일한 문화권을 설정하면서도 내부에 존재하는 위계를 강조함으로써 조선사라는 파레르곤, 즉 일본 근대역사학과 식민주의의 일그러진 결합의 형태를 신화의 '성숙 / 미성숙'의 문제로 돌파하려는 시도였다고 할 수 있다.

이 동일한 문화권 속에서 차이를 드러내는 방법론을 미시나는 미국

---

[54] 三品彰英, 「古代朝鮮における王者出現の神話と儀礼について」, 『三品彰英論文集』5—古代祭政と穀霊信仰, 1973(1933), p.477.

의 문화인류학과 접하는 와중에 한층 더 세련되게 만든 것으로 보인다. 1928년에 대학원에 입학한 미시나는 같은 해 7월 교토부 마이즈루京都府舞鶴에 위치해있던 해군기관학교의 촉탁, 12월에 해군 교수, 해군기관학교 교관으로 임명되었고, 1944년에 해군기관학교가 해군병학교 마이즈루 분교로 개칭된 이후에도 1945년 10월까지 근무했다.

특히 1937년부터 2년간 미국 예일대학에 방문교수로 지내게 된 일은 미시나의 약력 가운데서 빼놓을 수 없는 중요한 사항이다. 당시 그는 주로 '인디언' 연구를 중심으로 미국에서 성행하고 있던 문화인류학의 최신이론을 프란츠 보아스의 제자 로버트 로위를 통해 접하게 된다. 도미 이전부터 인류학파의 비교신화학에 입각하여 조선과 일본의 비교신화연구를 시도하고 있던 미시나는 미국에서 독일·오스트리아 민족사회학파를 중심으로 한 문화권설Kulturkreislehre과 클라크 위슬러의 문화영역이론을 습득하고, 독자적인 문화경역론文化境域論을 구상하기에 이른다.[55]

미시나의 문화경역론을 간단히 정리하자면 문화는 발생 지점에서부터 마치 파문처럼 시공간적으로 퍼져나가는데, 그 중심에서는 진화가, 주변에서는 정체가 나타난다는 것이다. 요컨대 문화전파론에 바탕한 문화권설에 사회진화론적인 문화영역이론을 적절히 배합한 것이 문화경역론이라 할 수 있겠다. 그리고 일본과 한국에 각각 남방계 문화권의 중심과 주변으로서의 위치를 부여한다.[56]

이렇게 보면 미시나의 한일신화연구는 "조선이라는 외부의 역사나

---

55 이에 관한 자세한 설명으로서는 박미경, 앞의 글을 참조.
56 이정빈, 앞의 글, 65~66쪽.

신화를 언설화 하는 것에 의하여 일본의 민족적 자기 동일성을 신화시대에서 구하려고 하는 작업"이었으며, "한국신화의 원시성에 주목하는 것에 의하여 일본신화의 체계성과 발전성을 두드러지게 하는 것"에 그 의도가 있었다고 할 수 있다.[57]

신성한 수림에서 遊娛하고, 혹은 나무 밑에서 미륵의 화신으로 나타나는 화랑을 모시는 집회가 이 華林園中華樹 아래에서의 집회를 스스로 비견하여 龍華香徒라 부른 것은, 굉장히 자연적인 신앙의 습합이며 또 명칭적 윤색이다. 그리고 우리는 이러한 습합의 저편에서 희미하게나마 원고적인 화랑의 모습을 추측할 수 있을 것이다.

화랑의 종교적 관념 및 의례가, 이러한 해신숭배와 결부되는 것 역시 당연한 일이다. (…중략…) 화랑이 바닷가에서 종교적 유오를 행한 것, 그리고 해신신앙과 가졌던 관계의 기억을 추적하는 것이 가능한데, 거기에서 화랑 집회의 원고적 관념을 생각해보는 것은 그다지 견강부회의 논리는 아닐 것이다.[58]

이제 화랑의 연구를 통해 발견되는 샤머니즘적 요소를 신라 사회의 미성숙을 드러내는 배타적인 계기로 이용하는 위의 식민주의 역사학적 언술들에, 당대 구미의 최신이론을 포함하여 메이지 이후 일본 근대역

57　김영남, 「자기 동일성 형성 장소로서의 신화연구」, 『인문과학』 33, 성균관대 인문학연구원, 2003, 135 · 138쪽.

58　三品彰英, 『三品彰英論文集』 6─新羅花郎の研究, 1974(1943), pp.78 · 80.

사학의 성립 및 전개의 과정이 응축되어있음을 알 수 있겠다. 이는 식민주의 역사학의 극복은 근대역사학, 하물며 민족사학을 지향하는 방식으로는 달성해낼 도리가 없다는 것을 보여주는 하나의 예가 될 것이다. 도리어 그것들을 탈구축할 필요가 있는 것이다. 이 점은 미시나의 식민주의 역사학이 도달한 최종지점을 확인하는 작업을 통해서 더욱 분명해질 것이다.

5. '신화하는 마음'과 파시즘

앞서 미시나에게 있어서 조선과 일본은 '원고적인 본질'을 나누어 가진다는 점을 살펴보았다. 그런데 일본과 '원고적인 본질'을 공유하는 조선의 신화는 어째서 통일적이고 자율적인 성장을 이루지 못한 것일까? 화랑 및 조선의 신화전설에 대한 미시나의 분석을 자세히 들여다보면, 거기에 잔존하는 원시적 형태 그 자체에 대해서 미시나가 부정적인 견해를 취하는 것은 아님을 알 수 있다. 그러한 원시적 형태는 일본의 신화전설에서도 종종 발견되기 때문이다. 미시나가 보기에 정상적인 경우라면 성숙한 통일적 의식을 드러내야할 신화가 조선에서는 정체되고 발달하지 못한 이유는, 고려왕조와 조선왕조를 거치는 와중에 중국의 영향으로 인해 타율적이고 사대적인 사상이 기승을 부렸기 때문이다. 즉 다시 말해 조선인들은 '신화하는 마음'을 상실하고 만 것이다. 그리고 미시나는 세계전쟁의 개시를 이 '신화하는 마음'의 회복을 요구하는 사건으로 이해한다. 1940년에 간행된 『조선사개설』의 아래 구절을 보자.

　　이조 오백년은 고금을 통해 그 예가 적은 평화시대로서 文藝興隆의 좋은 적기였을 터인데 실제로 번창한 것은 유교에 따른 문교주의 하나였으며, 더구나 신화, 문예, 미술이 동반하기에 이 문교주의는 지나치게 합리적, 실제적이었다. 理에 치우쳐서 신화하는 마음을 잃어버린 李朝人은 그들의 훌륭한 민족적 정신 — 조선이 지닌 가장 큰 자랑 — 까지 잃어버리고 만 것이다.[59]

　　서두에서 설명했듯이 『조선사개설』은 바로 이 '신화하는 마음'의 상실과정을 통사적으로 그린 텍스트이다. 이러한 시기에 조선인이 본래 간직하고 있던 '신화하는 마음'을 강조하는 의중이 새로운 '세계사'의 창조 및 수행과 관련을 가지고 있음은 쉽게 짐작할 수 있겠다.

　　지금 반도청년이 일본청년으로서 內地靑年과 같이 지원의 길을 걸어가는 것은 반도청년 자신에 대하여도 일개의 회고적 정신에 사는 것이며, 그것이 또한 내선공통의 근원으로 돌아가는 진실한 일본인이 되는 길이다. (…중략…) 지금 이것을 곤란으로 생각하고 고난으로 여기는 반도청년이 있다면 스스로 반성하여 고대 신라청년에 부끄럽게 여기지 않으면 안 된다.[60]

59　三品彰英, 『朝鮮史槪說』, 弘文堂, 1940, pp.32~33.
60　三品彰英, 「新羅の花郞制度」, 『每日申報』, 1944.3.2.

위 인용문은 1944년 3월 2일 『매일신보每日申報』에 실린 미시나의 「신라의 화랑제도」라는 기사의 일부이다. "회고적 정신"은 "내선공통의 근원"으로 돌아가는 통로에 다름 아니다. 그러한 '회고적 정신'을 공유하는 일본과 조선의 차이는, 일본이 이를 천황을 중심에 두고 통일적으로 진화시킨 것에 비해 조선은 '반도적 조건' 등에 의해 여전히 곳곳에 그 미성숙의 흔적을 남기고 있는 점에 있다. 문제는 이것을 장래로 열어젖히는 일에 달려 있다.

　'모든 역사는 현대의 역사다'라는 명제는 오늘날 미증유의 체험을 겪고 있는 우리나라 사람들에게 새로운 역사를 요구하고 있다. 시대의 관심은 만몽의 저편으로 넓어지고 지나의 안쪽 깊은 곳으로 이끌리고 있기에 조선사에 대한 흥미는 오늘날의 문제로부터 멀리 떨어진 것처럼 보이게 되었지만, 동아의 새로운 체험은 반도 이천만 동포의 역사에 대한 새로운 인식을 요구하고 있다. 동아 신역사세계의 건설에 매진하는 우리에게 있어서, 우리 반도의 동포들이야말로 가장 신뢰하고 일을 맡길 수 있는 민족이며, 또한 반드시 그러해야만 하는 것이다. 실제로도 일한日韓 민족의 동조성同祖性이 자세히 연구되고 있으며, 장래에 두 민족은 기필코 팔굉 아래에서 하나가 될 진정한 동포여야만 한다고 깊이 믿고 있는 필자는, 이 동포의 역사를 우리의 그것과 마찬가지로 사랑하고 또 배우지 않으면 안 된다고 여기고 있다. 부디 독자 여러분이 반도의 역사를 국사처럼 애독하길 바란다.[61]

61　三品彰英, 『朝鮮史概説』, 弘文堂, 1940, p.2.

미시나는 크로체의 생철학적 역사인식을 원용하여 역사의 '현대성'에 조선사를 결부시킨다. "생각건대 반도 이천년의 역사는 오늘의 문출을 위한 긴 준비기였다".[62] 일본과 조선이 공유하는 '원고적인 본질'을 '현대성'의 지점에 소환하고 "장래의" "팔굉"을 강조하는 이와 같은 주장은 내선일체의 슬로건을 뒷받침하는 범박한 프로파간다에 불과할 것이다. 하지만 식민주의 역사학자이기도 한 미시나는 이 공허한 레토릭에 근대역사학적인 내용을 채워 넣으려고 한다. "미증유의 체험"과 "새로운 인식" 속에서 정체성과 타율성으로 가득 찬 조선사의 "문출"은 어떻게 가능할 것인가? 이는 기존의 일선동조론과 만선사를 극복하는 동시에 신화의 연구를 통해 현재성으로 가득 찬 '의미적 세계'를 구축하는 작업으로 이어진다. 여기에서 식민주의 역사학과 파시즘이 결합하는 하나의 양상—정체성과 타율성이라는 부정적 상태로부터 의미적 세계로의 비약—을 확인할 수 있다.

1944년에 간행된 『동아세계사』 2권에 실린 「만선지대의 역사」는 그 종합적이고도 유일한 시도로 보인다.[63] 여기서 미시나는 조선의 역사가 "세계사의 창조에 참가"할 방법으로서 "만선사"를 주창한다.[64] 다만 1944년의 단계에서 미시나가 제창한 만선사가 이나바 이와키치稲葉岩吉로 대표되는 기존의 만선사와는 질적으로 완전히 다른 새로움을 가지고 있었다는 점에 유의해야 한다. 그는 조선의 역사가 비루했던 것은 지리적 이유에 의한 것이었지만, 인간의 창조력(문화의 힘, 신화의 원동력)

---

62   위의 책, p.157.
63   三品彰英, 「滿鮮地帶の歷史」, 『東亞世界史』 2, 弘文堂書房, 1944.
64   위의 글, p.31.

을 발휘함으로써 이 역사를 바꾸는 것이 가능하다고 주장한다. "지리가 자연현상임은 말할 필요도 없으며 그 자체로서 비역사적인 것이지만, 만선의 지리성을 매개로 하는 인간주체의 자발적 작동에 의해 만선사가 구성될 것이라 생각한다"[65]라는 미시나의 견해는, 앞서 본 리케르트의 자연(법칙)과 문화(역사)의 대비를 떠올리게 한다. 그 지리적 조건이라는 것도 일견 불변하는 자연법칙처럼 여겨지지만, "위치란 인접하는 민족과 국가와의 상대적 관계의 소산이므로, 그 조건은 세계사적 시간에 의해 변화하는 것을 원칙으로 한다".[66] 그러므로 만선사란 현재의 "세계사적 시간"에서 만들어 가는 것, 새롭게 구성해가는 것이 된다. 미시나는 가령 이나바 등이 주장한 기존의 만선사 인식이 만주사와 조선사의 "병기", 혹은 "만선관계사"를 의미하는 것에 머물러 있었다고 보고, 일종의 "가능체계", "가능적 계기"로서 이를 새로이 파악할 것을 제창한다.[67]

물론 이러한 잠재력으로서의 만선사는 그저 '가능'이라는 추상의 영역에 속하기만 하는 것이 아니다. 『위지』에 기재된 "동이東夷"라는 존재가 과거에 출현했던 잠재력의 현실태로서 지적된다. "**동이**로서 유별적으로 일괄된 일민족군이 있는데, 부여, 고구려, 옥저, 읍루, 맥, 마한, 진한, 변한, 왜인의 **구족九族**"[68](강조는 원문)이 "정치적 통일체가 아닌 국가이전의 단계에서 이미 민족사회적 통일성을 이루고 있었던 것은, 특히 그 안에 일본민족의 조상을 포함하고 있었다는 점과 함께, 이 지대

---

65 위의 글, p.4.
66 위의 글.
67 위의 글, pp.8 · 29.
68 위의 글, p.7.

의 역사가 내적 기본에 있어서 오래된 통일적 계기를 가지고 있었다는 점을 말해준다".[69]

이 과거의 잠재력으로서의 만선사에 현재적 의미를 부여하는 동시에 이를 "세계사적 관련에서 전개"할 수 있는 것이 바로 일본이다.[70]

근세 이래 해양교통의 발달에 따라 우리 섬나라 일본이 세계적 위치를 점하게 되고, 만선이 일본본토를 통해 세계와 연결됨으로서 새로운 세계사의 창조에 참가하기에 이른 점에 지리적 위치에 의한 만선사의 새로운 전개의 필연성이 있다. 돌이켜보면 고대에 만선은 일본본토를 세계사에 연결시켰고, 근대에는 일본에 의해 세계사에 연결되었다고 말할 수 있겠다.

大御稜威의 빛이 비추는 모든 곳의 역사는 국사적으로 전개하며, 天壤無窮의 역사 안에서 갱생한다. 즉 八紘爲宇의 대정신의 실현에 다름 아니다. (…중략…) 생활기술이 원시적이었던 고대에 다원적으로 병존했던 동이의 각 민족은 기본적, 주체적으로 내포하고 있던 모든 사적 가능성을 오늘날 일본의 국체와 생활기술을 중핵으로 비로소 역사 위에 실현할 수 있게 될 것이다. 대어능위 아래 만선사는 새롭게 국사적으로 전개해간다.[71]

남방계 신화의 가장 발달된 형태를 간직한 중심 일본과 그 원시적 잔존으로만 존재하는 주변부 조선의 이해는 세계전쟁을 통해 그 역사철

---

69 위의 글, p.8.
70 위의 글, pp.5·7.
71 위의 글, pp.31~33.

학적 전환을 맞이한다. 역사적 과거에 사는 조선이 미래를 향해 약동할 계기가 찾아온 것이다. 과거의 신화에 새겨져있는 생명력이 미래를 주재할 그 원초적 힘이 현현하는 순간을 강조하고, 나아가 이 파시즘의 대열에 참가할 것을 호소하는 역사학. 이는 미시나의 한일신화연구가 가닿은 임계점을 보여주는 한편, 식민주의 역사학의 성립과 전개가 지닌 의미를 함축적으로 보여주는 지점이 아닐까?

6. 나가며

지금까지 미시나의 한일신화연구를 주로 그 배후에 있는 일본 근대 역사학의 논리를 따라 사상사적으로 재구성해보았다. 이를 통해 대표적인 식민사학자로 지목되어온 미시나의 연구를 새로운 관점에서 파악하고, 식민주의와 근대역사학이 밀접한 관련을 맺고 있다는 점을 드러내보고자 하였다.

일본 근대역사학 성립의 중요한 계기로서 일선동조론과 '기년론'을 지적할 수 있는데, 미시나의 한일신화연구는 이러한 방법론과 인식론을 계승하는 것이었다. 이후 미시나는 생철학과 쓰다의 문화사적『기기』해석을 흡수하고, 시라토리의 남북이원론과 서구의 문화인류학에 입각한 문화경역론을 구축하는 과정을 거쳐 독자적인 식민주의 역사학을 정립하기에 이른다. 이 글에서는 이와 같은 당대 일본의 역사학 담론의 자장 속에서 미시나의 식민주의 역사학이 구체화되어가는 과정을 추적하고, 나아가 파시즘과 관련을 맺는 양상을 살펴보았다. 이를 통해 식민사학의 비판과 극복이라는 기존의 주장은 반드시 근대역사학 자체에 대한 성찰을 내포해야만 한다는 점이 어느 정도 명확해지지 않았나 생각한다. 마지막으로 지금까지 거의 언급된 적이 없었던 '식민주의 역사학의 패전 후'를 미시나의 행적을 통해 간략히 살펴보자.

일본의 패전 후 미점령군은 과거 제국주의 정책에 관련된 인사들을 공직에서 추방하는 정책을 추진하는데, 당시 교토의 오타니대학大谷大學에 재직 중이던 미시나도 해군기관학교에서 근무했던 경력 때문에 교수직을 박탈당할 위기에 놓이게 된다. 그러나 1943년 진보적 역사잡지 『역사학연구』에 그의 신화연구가 "지나치게 구미과학적"이라 천황제와 상충하는 측면이 있다는 비판이 실린 적이 있는데,[72] 이것이 반증으로 제출되어 미시나는 파직을 면하게 된다.[73] 이러한 상황은 "식민주의 이데올로기를 기반으로 근대 역사학적 인식론과 방법론을 수용"한 결과로 나타난 식민주의 역사학 특유의 역설일 것이다.

그렇다면 제국일본의 붕괴 후 파레르곤으로서의 조선사는 어떻게 되었는가? 전쟁이 끝나고 미시나는 오타니대학을 비롯해 1972년에 숨을 거둘 때까지 덴리대학天理大學과 도시샤대학同志社大學 등 간사이關西지방의 여러 대학에서 교편을 잡는 동시에 1950년 10월에 창립한 '조선학회'에 깊숙이 관여하는 등, 전후 일본의 조선사연구에도 중요한 족적을 남겼다. 무엇보다도 1958년 하버드대학 옌칭연구소의 자금지원

---

72 石井壽夫, 「朝鮮」, 『歷史學硏究』 111, 1943, p.104.
73 자세한 경과에 대해서는 橫田健一, 「序」, 『日本書紀硏究』 8, 塙書房, 1975 참조.

을 받아 '조선연구회'와 '삼국유사연구회'를 결성, 2년 뒤에 '일본서기연구회'를 세우는 점은 특기할 만하다.[74] 그리고 이러한 일련의 과정에는 요코타 겐이치橫田健一를 비롯해 무라카미 요시오村上四男, 이노우에 히데오井上秀雄, 가사이 와진笠井倭人, 기노시타 레이지木下礼二, 에바타 다케시江畑武 등 훗날 한일고대사를 대표하게 될 많은 연구자들이 참가한다. 미시나 자신도 계속하여 정력적인 연구 활동을 전개하고 수많은 성과물을 간행하는데, 그 중에서도 『일본서기 조선관계기사 고증』과 『삼국유사고증』이 특히 중요하다고 할 수 있다. 이러한 저작들에서 미시나는 여전히 일본사 속의 조선사라는 문제를 천착하고 있기 때문이다. 그것은 어떤 방식인가?

진무천황의 즉위일을 기념하는 기원절紀元節이 1948년 미점령군에 의해 폐지되는 와중에 미시나는 『증보 상세년기고』를 간행하고 '기년'을 다시 수립하고자 한다. 이는 미시나 나름의 역사학 재건의 시도였다. 메이지기의 '기년론'을 대신하여 미시나가 제창하는 새로운 '기년론'의 의미는 아래와 같은 것이었다.

일본의 건국은 曆年的으로 언제인가? 불명확하다고 하는 것이 가장 학문적 오류를 범하지 않는 제언이겠다. 하지만 그것은 민족국가로서의 성립이 그 정도로 오래되었고, 게다가 자연발생적이었다는 점을 의미하는 이유도 된다. 물론 건국연차의 불명확함을 건국이라는 사실의 엄존과 혼동해서는 안 된다. (…중략…) 미래의 영광을 원하는 사람들은 과거에서도 영광을 느

---

74 이 과정에 대해서는 江畑武, 「彙報 日本書紀研究会紹介」, 『朝鮮学報』 24, 1962; 村上四男, 「彙報―追悼」, 『朝鮮学報』 65, 1972 등을 참조.

낀다. 건국기념의 부정은 미래에 대한 절망감의 변형이다.[75]

『기기』의 내용이 픽션이라 하더라도 거기에 새겨져있는 "미래의 영광"을 포기해서는 안 된다. 미시나가 패전 후 일본의 역사학을 재건하기 위해 내세운 이 주장은 식민주의 역사학의 기획을 새롭게 재현하고 있는 것 같다. 적어도 미시나에 한정해서 보자면 전후 일본 근대역사학의 재출발은 식민주의 역사학과 깊은 관련을 지닐 것으로 여겨진다.

앞서 소개했듯이 미시나는 조선과 일본이 '원고적인 본질'을 공유한다고 상정하고 있었다. 그러나 1948년이 되면 미시나는 일본을 남방문화권에서 홀로 우뚝 서는 존재인 양 묘사하고, 발달과 성숙을 주된 내용으로 삼는 일본신화에서 '원고적 요소'는 '버려질 운명에 처한다'고 설명한다.[76]

> 지리적으로 우리 일본열도는 이 책에서 예로 든 여러 지역의 중앙에 위치하며, 따라서 문화경역적 관점에서 보면, 이 책에서 논설한 바가 자연스레 우리의 민족적 시조신화가 점하는 문화경역적 위치를 측면에서 규명한 것이 된다는 점을 알 수 있다. (…중략…) 이 가운데 기본적, 원초적인 요소만이 위에서 말한 원시문화영역에 아주 약간 참가하고, 후기적이고 발전적인 所傳은 해당 문화영역의 권외에 있음이 이해될 것이다. (…중략…) 결론적으로 말하면 그 소전은 후기적인 것, 고도로 발달한 문화신화로 볼 수 있는

75　三品彰英, 「日本書紀の紀元」, 日本文化研究会編, 『神武天皇紀元論』, 立花書房, 1958, pp.113・115.
76　三品彰英, 「神話と文化境域」, 『三品彰英論文集』3－ 神話と文化史, 平凡社, 1971(1948), p.396.

특징을 드러내고 있는 것이다.[77]

남방문화계 안에 속하면서도 동시에 "해당 문화영역의 권외"에 서있는 일본의 특수성과 우수성을 더욱 강조하려는 이러한 논리에서는 한 때 조선과 일본이 공유하던 "원고적 요소"가 존재할 틈새 자체가 막히게 된다. 파레르곤으로서의 조선사가 그야말로 "버려질 운명"에 놓인 것이다. 이는 전후역사학의 일국사적 전개 속에서 제국주의 시절의 논조를 스스로 뒤집는 행위이기도 했다.

남북이원론과 문화경역론이 더욱 독선적이고 폭력적인 것으로 갱신되는 가운데, 미시나는 식민지 지배와 냉전의 모순을 함축한 조선반도의 남북분단과 전쟁을 역사적 필연으로 강변하기에 이른다. 남한(삼한, 가야, 신라, 백제 등)과 북한(고구려, 발해 등)은 원래 다른 민족이며 분단은 그에 따른 자연스러운 결과라는 것이다. 미시나는 「현대 : 총독정치와 그 해방」 부분을 추가한 『조선사개설』의 증보판을 1952년에 출판하고 다음과 같이 논한다.

그것보다 사태를 한층 불행하게 만든 것이 미소 양국에 의해 조선이 남북으로 이분된 일이었다. (⋯중략⋯) 이는 물론 우연히 인위적으로 그어진 것이지만, 북선과 남선이 과거의 오랜 역사를 통해 보여준 민족적, 경제적, 사회적 성격을 생각해보면, 거기에 그저 우연에 그치지 않는 역사적 의미가 있음에 주의하게 된다.[78]

---

77 위의 글, pp.533 · 535.
78 三品彰英, 『朝鮮史概説』, 弘文堂, 1952, p.168. 나아가 미시나는 이와 같은 논리를 더욱

전후 일본이 구식민지 지역을 비롯하여 아시아 침략의 과거를 망각해간 역사는 이미 많은 연구들에 의해서 지적되어왔는데, 미시나의 예에서 보이는 것처럼 식민주의 역사학이 걸어간 길 또한 이와 상당 부분 겹칠 것으로 사료된다. 이 글의 부제이기도 한 식민주의 역사학의 사상사적 재구성은 이처럼 식민주의 역사학자들의 전후의 조선사연구까지 시야에 포함시키는 것이 되어야하겠지만, 이에 대한 구체적인 분석은 추후의 과제로 남긴다. 한국의 역사학은, 여러 연구들에서 언급된 것처럼 메이지 일본이 수용하고 이후 식민지조선으로 굴절된 채 전파된 근대역사학의 체제와 방법론에 의존하는 측면을 다분히 지니고 있다. 그렇지만 오늘날 근대역사학에 입각한 비판만을 가지고서는 더 이상 식민사학을 다루기 힘든 지점에 와 있다는 점은 분명하다. 역사연구의 존립기반이 되어온 근대역사학을 식민주의 역사학의 관점에서 총체적으로 탈구축한다는, 그야말로 살을 자르고 뼈를 깎는 고통스런 작업이 우리를 기다리고 있다.

가다듬어 옌칭연구소의 자금으로 설립된 도시샤대학 동방문화연구소에서 「북선과 남선」을 강연한다(1954). 이에 대해서는 이정빈, 앞의 글에 자세히 언급되어 있다.

참고문헌

1. 자료

三品彰英, 『朝鮮史槪說』, 弘文堂, 1940.

_____, 『增補上世年紀考』, 養德社, 1948.

_____, 『朝鮮史槪說』, 弘文堂, 1952.

_____, 『日本書紀朝鮮関係記事考証』 上巻, 吉川弘文館, 1962.

_____, 『三品彰英論文集』 3-神話と文化史, 平凡社, 1971.

_____, 『三品彰英論文集』 4-增補日鮮神話伝説の研究, 平凡社, 1972.

_____, 『三品彰英論文集』 5-古代祭政と穀霊信仰, 平凡社, 1973.

_____, 『三品彰英論文集』 6-新羅花郎の研究, 平凡社, 1974(1943).

_____, 『図説日本の歴史』 2-神話の世界, 集英社, 1974.

_____, 「日韓古代仏教の一考察 (上)」, 『歴史と地理』 19-5, 1927.

_____, 「日鮮関係伝説の二三に就いて」, 『歴史と地理』 27-6, 1931.

_____, 「賀茂の曲に就いて」, 『観世』 3-7, 1932.

_____, 「神代より人代へ」, 『歴史と地理』 31-6, 1933.

_____, 「満鮮諸族の始祖神話に就いて (一)」, 『史林』 26-4, 1941.

_____, 「新羅の花郎制度」, 『毎日申報』, 1944.3.2.

_____, 「満鮮地帯の歴史」, 『東亜世界史』 2, 弘文堂書房, 1944.

_____, 「日本書紀の紀元」, 日本文化研究会編, 『神武天皇紀元論』, 立花書房, 1958.

2. 단행본

강석원, 『上田秋成の研究』, 제이앤씨, 2002.

김화경, 『한국 설화의 연구』, 영남대 출판부, 2002.

도면회 · 윤해동 편, 『역사학의 세기』, 휴머니스트, 2009.

박걸순, 『식민지시기의 역사학과 역사인식』, 경인문화사, 2004.

윤해동 · 이성시 편, 『식민주의 역사학과 제국』, 책과함께, 2016.

윤해동, 『근대역사학의 황혼』, 책과함께, 2010.

이만열, 『한국근대 역사학의 이해』, 문학과지성사, 1981.

이기백,『국사신론』, 일조각, 1961.

조동걸,『현대한국사학사』, 나남출판, 1998.

조인성 외,『일제시기 만주사・조선사 인식』, 동북아역사재단, 2009.

최혜주,『근대 재조선 일본인의 한국사 왜곡과 식민통치론』, 경인문화사, 2010.

하지연,『식민사학과 한국근대사』, 지식산업사, 2014.

스테판 다나카, 박영재・함동주 역,『일본 동양학의 구조』, 문학과지성사, 2004.

工藤雅樹,『東北考古学・古代史学史』, 吉川弘文館, 1998.

永原慶二,『20世紀日本の歴史学』, 吉川弘文館, 2003.

坂野徹,『帝国日本と人類学者』, 勁草書房, 2005.

関幸彦,『ミカドの国の歴史学』, 新人物往来社, 1994.

津田左右吉,『文学に現はれたる我か国民思想の研究』(岩波文庫版第1巻), 岩波書店, 1977(1916).

_____,『津田左右吉全集』別巻1, 岩波書店, 1963.

辻善之助,『日本紀年論纂』, 東海書房, 1947.

ジャック・デリダ, 高橋允昭・阿部宏慈譯,『絵画における真理』上, 法政大学出版局, 1997.

ハインリヒ・リッケルト, 佐竹哲雄譯,『文化科学と自然科学』, 大村書店, 1922.

3. 논문

강석원,「『衝口發』소고」,『일어일문학연구』37, 한국일어일문학회, 2000.

김영남,「자기 동일성 형성 장소로서의 신화연구」,『인문과학』33, 성균관대 인문학연구원, 2003.

김용섭,「일제관학자들의 한국사관」,『사상계』, 1963.2.

_____,「일본・한국에 있어서의 한국사 서술」,『역사학보』31, 역사학회, 1966.

미쓰이 다카시,「일선동조론의 학문적 기반에 관한 시론」,『한국문화』33, 서울대 규장각 한국학연
    구원, 2004.

박미경,「三品彰英의 한국신화 연구 고찰」,『일본학연구』25, 단국대 일본연구소, 2008.

심희찬,「朝鮮史編修会の思想史的考察」, 立命館大学博士学位論文, 2012.

_____,「明治期における近代歴史学の成立と「日鮮同祖論」」,『立命館史学』35, 2014.

이기백,「반도적 성격론 비판」,『한국사 시민강좌』1, 일조각, 1987.

_____,「한국고대의 남북문화권 설정의 문제점」,『한국사 시민강좌』32, 일조각, 2003.

이만열,「일제관학자들의 식민사관」,『독서생활』, 1976.6.

이정빈,「식민주의 사학의 한국고대사 연구에 대한 최근의 비판적 검토」,『역사와 현실』83, 한국역
    사연구회, 2010.

장신,「3・1운동 직후 잡지『동원』의 발간과 일선동원론」,『역사와 현실』73, 한국역사연구회,
    2009.

____,「일제하 일선동조론의 대중적 확산과 素盞嗚尊 신화」,『역사문제연구』21, 역사문제연구소,

　2009.

정상우, 「조선총독부의『조선사』편찬 사업」, 서울대 박사논문, 2011.

최재석, 「삼국사기 초기기록은 과연 조작된 것인가」, 『한국학보』 11-1, 일지사, 1985.

_____, 「三品彰英의 한국고대사회・신화론 비판」, 『민족문화연구』 20, 고려대 민족문화연구원,
　1987.

_____, 「三品彰英의 「일본서기」 연구비판」, 『동방학지』 77, 연세대 국학연구원, 1993.

홍이섭, 「식민지적 사관의 극복」, 『아세아』, 1969.3.

久米邦武, 「日本幅員の沿革」, 『史学会雜誌』, 1-3, 1889~1890.

那珂通世, 「上古年代考」, 『洋々社談』 38, 1878.

_____, 「日本上古年代考」, 『文』 1-8, 1888.

田中聡, 「「上古」の確定ーーー紀年論争をめぐって」, 『江戸の思想』 8, 1998.

家永三郎, 「日本書紀研究・受容の沿革」, 『家永三郎集』 3, 岩波書店, 1998(1967).

旗田巍, 「日本人の朝鮮観」, 『日本人の朝鮮観』, 勁草書房, 1969(1965).

星野恒, 「本邦ノ人種言語ニ付鄙考ヲ述テ世ノ真心愛国者ニ質ス」, 『史学会雜誌』 11, 1890.

4. 기타

「三品彰英先生略歴」, 『古代文化』 24-3, 1972.

村上四男, 「彙報一 追悼」, 『朝鮮学報』 65, 1972.

荊木美行, 「三品彰英博士の書簡一通」, 『史料』 228, 2010.12.

江畑武, 「彙報 日本書紀研究会紹介」, 『朝鮮学報』 24, 1962.

石井壽夫, 「朝鮮」, 『歴史学研究』 111, 1943.

横田健一, 「序」, 『日本書紀研究』 第8冊, 塙書房, 1975.

(괄호 안의 연도는 첫 발표 연도)

제2부

'조선사상'을 구성하는 다양한 방식

이케우치 히로시의 한국 고대사 시기구분과 고조선·한사군 연구

박찬흥

1. 머리말

20세기 전반기에 한국사를 연구했던 연구자들은 대부분 일본인이었다. 일본인 연구자들의 한국사 연구 성과는 서구에서 도입된 근대역사학의 연구방법을 토대로 엄격한 사료 비판을 통해 진행되었다. 엄격한 사료비판을 통해 규명된 부분도 적지 않았지만, 역사적 측면에서 '조선'에 대한 일제의 식민 지배를 긍정하고 입증하려는 내용 즉 식민사학으로서의 성격을 가지고 있다. 식민사학의 대표적인 요소가 '반도'가 가지는 지리적 특성에 근거한 타율성과 정체성이다. 이러한 식민사학 가운데 하나가 '만선사滿鮮史'다. '만주사'와 '조선사'의 결합어인 '만선사'는 대륙의 역사인 만주사의 주체성·우월성과 '조선반도'의 역사인 '조선사'의 타율성·정체성을 전제로 하고 있다. '만선사' 연구자로서 '조선사' 연구를 주도했던 연구자 가운데 가장 대표적인 인물이 이케우치 히로시池內宏다.

이케우치는 20세기 전반기에 근대 일본의 아카데믹 역사학을 적극적으로 진전시키기 위해 독자적인 '만선사' 연구를 구축한 대표적인 '동양사학자'로 평가되고 있다. 한반도와 중국 동북지방 즉 만주 등 중국 외의 주변지역을 주된 연구대상으로 하여, 한반도와 만주지역에서 흥망한 국가 및 민족의 관계사, 그리고 한일관계사에 대해 많은 연구성과를 낸 역사학자였다.[1] 따라서 이케우치의 '조선사' 관련 연구를 분석하는 작업은 20세기 전반기에 일본인 연구자가 수행했던 한국사 연구의 한 성격을 보여준다고 할 수 있다.

그럼에도 불구하고 이케우치의 연구 성과에 대한 분석은 아직 체계적으로 이루어지지 못한 것 같다. 일본학계에서는, 그가 죽은 뒤 출간된 저서에 실린 회고담류의 글이나 일본 근대 역사학자에 대한 평전 가운데 하나로 소개되거나,[2] 일본 근대사학사를 서술하는 과정에서 일제

---

1 濱田耕策, 「池內宏」, 歷史學事典編輯委員會編, 『歷史學事典』 5-歷史家とその作品, 東京 : 弘文堂, 1997, p.33; 武田幸男, 「池內宏」, 『20世紀の歷史家たち』 (2)-日本編 下, 刀水書房, 1999, p.139.
2 三上次男, 「池內宏先生-その人と學問」, 『日本上代史の一研究 : 日鮮の交涉と日本書紀』, 東京 : 中央公論美術出版, 1970, pp.187~196; 三上次男, 「池內 宏先生と「滿鮮史研究」」, 『滿鮮史研究』 近世篇, 東京 : 中央公論美術出版, 1972, pp.337~339; 靑山公亮·旗田巍· 池內一·三上次男·窪德忠·鈴木俊, 「先学を語る-池內宏博士」, 『東方学』 48, 東方学会, 1974, pp.115~140.(吉川幸次郞編, 『東洋學の創始者たち』, 講談社, 1976, pp.263~317; 東方學會編, 『東方學回想』 Ⅱ-先学を語る (2), 刀水書房, 2000, pp.163~190에 재수록); 東方学会編, 「池內宏博士略歷·著書目錄」 (先学を語る-池內宏博士), 『東方学』 48, 1974, pp.141~142.(吉川幸次郞編, 『東洋學の創始者たち』, 講談社, 1976, pp.318~320; 東方學會編, 『東方學回想』 Ⅱ-先学を語る (2), 刀水書房, 2000, pp.191~192에 재수록); 窪德忠, 「(東洋學の系譜) 池內宏」, 『月刊 しにか』 4-5, 1993.5, pp.102~108.(江上波夫

의 '조선' 및 만주 지역 침략을 합리화한 '만선사학' 연구자의 하나로서 평가되었다.[3] 대체로 이케우치의 논저를 하나하나 분석하지는 않고, 이 케우치의 생애와 연구방법, 저술 전반과 그 특징 등을 개괄적으로 아울러서 설명하고 있다.

한국학계에서는 이케우치가 식민사학자의 하나이며 '만선사'를 합리화한 연구자로서 인식하는 것이 일반적인 견해이다. 일찍이 이케우치의 저서에 대한 서평에서 그의 저서에 대한 내용 소개와 함께 일부 비판도 이루어졌고,[4] 『日本上代史の一研究』의 내용을 분석하여 이케우치가 한국 고대사를 왜곡하면서 일본고대사를 서술했다는 주장도 제기되었다.[5]

근래에 '신라 진흥왕이 철령에 세운 황초령비를 고려 때 옮겼다'는 이케우치의 주장이 '만선사관'의 영향이었다는 주장도 있고,[6] 이케우치는 '신라 화랑의 무사적武士的 정신을 강조하고 전사와 수양이라는 측면에서만 설명하면서 이런 무사적 정신이 조선에서는 찾아볼 수 없다'고 하여 지적인 식민정책의 일환을 보여주였다는 견해도 있다.[7] 또 대

　　編著, 『東洋學の系譜』 2, 大修館書店, 1994, pp.81~91에 재수록); 濱田耕策, 위의 글, pp.33~35; 武田幸男, 위의 글, pp.139~150.
3　旗田巍, 「日本における東洋史學の傳統」, 『歷史學研究』, 1962, p.270; 旗田巍 著, 李基東 譯, 『日本人의 韓國觀』, 一潮閣, 1983.
4　李弘稙, 「池內宏 著 滿鮮史研究 上世 第二冊―池內博士의 業績의 回顧를 兼하여」, 『亞細亞研究』 6, 1960; 李弘稙, 「(書評) 日本上代史의 研究 : 日鮮の交涉と日本書記, 池內宏」, 『歷史學報』 14, 1961; 朴性鳳, 「池內宏의 「滿鮮史研究近世篇」과 몇 가지 問題」, 『建大史學』 4, 1974.
5　崔在錫, 「池內宏의 日本上代史論 批判」, 『人文論集』 33, 高麗大學校文科大學, 1988.
6　김영하, 「일제시기의 진흥왕순수비론―'滿鮮'의 경역인식과 관련하여」, 『한국고대사연구』 52, 한국고대사학회, 2008.
7　조범환, 「일제강점기 일본인 연구자들의 신라 화랑 연구」, 『新羅史學報』 17, 신라사학회, 2009.

방군이 존치 기간 내내 한강 하류유역을 포괄하고 있었다는 이케우치의 대방군 위치 비정이 '만선사관'의 자장 안에서 이루어졌다는 주장도 있다.[8] 대체로 그의 연구가 식민사학 또는 '만선사학'적 성격을 가지고 있다고 평가되었다. 이러한 기존 연구에서는 특정한 한두 주제 또는 논문만을 분석 대상으로 삼았다. 방대한 이케우치의 저술 전체를 분야별로 나누어 종합적이고 체계적으로 분석할 필요가 있다.

한편, 이와는 별도로 실증주의는 역사학 고유의 방법론으로서, 이케우치 등 일제시기 역사학자의 한국 고대사 연구에서 보이는 '실증주의'를 '식민주의적' 속성으로 단순히 간주할 수는 없으며, 한국학계에서 실증주의나 사료 비판이 '식민지주의'와 동일시되고 그것만으로 비판의 대상이 되는 것은 문제가 있다고 지적하면서, 식민지주의를 극복할 때 그 대상을 냉철하게 파악하는 것이 그 극복을 위해서도 필수적인 과제라는 주장도 있다.[9]

따라서 이케우치의 엄격한 사료비판과 실증주의가 무엇을 대상으로 어떤 방식으로 이루어졌는지를 규명하고, 이를 통해 그의 사료비판과 실증주의가 '식민지주의'적 성격을 가졌는지 아닌지를 분석할 필요가 있다는 지적이라고 할 수 있다.

결국 이케우치의 '만선사' 연구를 평가하기 위해서는 방대한 그의 연구 성과들을 주제별로 분류한 뒤, 각 주제별 연구논저들을 하나하나 분석해 나가면서 그 결과를 토대로 전체 '만선사' 연구의 성격과 특징

---

8 위가야, 「이케우치 히로시[池內宏]의 대방군(帶方郡) 위치 비정과 그 성격」, 『인문과학』 54, 성균관대 인문과학연구소, 2014.
9 李成市, 「한국고대사연구와 식민지주의—그 극복을 위한 과제」, 『한국고대사연구』 61, 한국고대사학회, 2011, 208~209쪽.

을 규명해야 할 것이다. 물론 이케우치의 저술은 시·공간적으로 매우 방대한 범위를 대상으로 하고 있기 때문에, 이것은 매우 어려운 작업이 될 것이다.

본고는 이케우치의 '만선사' 연구 가운데 한국 고대사에 해당하는 부분을 분석하는 첫 시도이다. 이케우치의 '만선사' 연구는 『滿鮮史研究』 상세편 2권, 중세편 2권, 근세편 1권, 『元寇の新研究』, 『文禄慶長の役』 2권, 『日本上代史の一研究』 등인데, 이 가운데 『滿鮮史研究』 상세편 2권과 『日本上代史の一研究』가 한국 고대사 부분에 해당한다.

본고에서는 그 가운데에서 이케우치의 한국 고대사 시기구분과 한사군 및 대방군 연구를 분석하려고 한다. 먼저 이케우치의 생애와 연구 경력을 간략히 검토한 다음에, 이케우치의 한국 고대사 시기구분과 인식을 규명해보려고 한다. 즉 한국 고대사의 시기를 어떠한 기준에서, 어떻게 구분했고, 각 시기의 성격을 어떻게 규정했는가를 검토한 뒤 이러한 인식 체계가 어떤 특징과 문제점을 가지고 있는지 살펴볼 것이다. 이어 기자조선과 위만조선, 한사군의 설치와 연혁 등에 대한 이케우치의 연구 성과를 검토하여 그 특징과 성격을 고찰하려고 한다. 본고에서 연구 대상을 이케우치의 한사군 연구까지로 한정한 것은 전적으로 서술 분량 때문이다. 본고는 이케우치의 '만선사' 연구를 전체를 종합적으로 분석하는 첫 걸음이 될 것이다. 이케우치의 한국 고대사 연구 전체를 체계적으로 규명할 수 있는 토대를 마련할 수 있기를 기대한다.

2. 이케우치 히로시의 생애와 '만선사' 연구

이케우치는 1878년 동경에서 태어났다. 할아버지는 에도江戶 시대의 유학자로 막말幕末에 존양파尊攘派로서 활약하다 암살·효시를 당한 이케우치 다이가쿠池內大學(1814~1863)다. 이케우치는 아버지 이케우치 기池內基가 일찍 돌아가서 어렸을 때부터 집안 전체를 책임졌다고 한다. 1901년 동경제국대학 사학과에 입학하여 1904년 졸업했고, 대학원에 진학한 뒤 1908년 남만주철도주식회사의 만선역사지리조사부에 보조위원으로 참가하였다.

1913년 동경제국대학 강사가 되었고, 1914년 '조선사' 강좌가 개설되자 이를 담당하였다. 한일병합 후 한국도 일본의 일부라고 주장하며 '조선사' 강좌를 국사학과 내에 두려고 하는 시도에 강력히 반발하여, '조선사' 강좌가 동양사학과 안에 포함되게 만들었다고 한다. 1916년 조교수가 되었고, 1922년 「鮮初の東北境と女眞との關係」로 동경제국대학에서 문학박사학위를 취득하였다. 1925년 교수로 승진했고, 1937년 제국학사원회원帝國學士院會員으로 선정되었으며, 1939년 60세로 정년퇴임했고, 1952년 74세로 사망했다.

이케우치의 저서는 매우 방대하다. 저서가 20책(〈표 1〉), 논문은 대략 130여 편 정도 있고, 편저가 2책이다.[10] 그밖에 이케우치의 저서는 아니지만 그의 환력還曆 기념 논총도 있다.[11] 그의 논저 가운데 '만선사' 관계

---

10 藤田劍峰·池內宏編, 『劍峰遺草』, 東京 : 藤田金之丞, 1930; 藤田豊八·池內宏編, 『東西交涉史の研究』南海篇, 東京 : 岡書院, 1932.

<표 1> 이케우치 히로시의 저서 목록

	연도	서명	발행자
1	1914	文祿慶長の役 正編 第1	南滿洲鐵道株式會社
2	1919	朝鮮平安北道義州郡の西部に於ける高麗時代の古城址 (東京帝國大學文學部紀要 第3)	東京帝國大學
3	1920	咸鏡南道咸興郡にかける高麗時代の古城址 附 定平郡の長城 (大正八年度古蹟調査報告 第一冊)	朝鮮總督府
4	1922	大般涅槃經疏(釋 法寶 述・池內宏 解說)	朝鮮總督府
5	1925	眞興王の戊子巡境碑と新羅の東北境』 (朝鮮總督府古蹟調査特別報告 第6冊)	朝鮮總督府
6	1931	元寇の新研究 2冊(附錄御物大矢野本蒙古襲來繪詞 1冊)	東洋文庫
7	1933	滿鮮史研究 中世 第1冊(1943 재판)	岡書院
8	1934	刀伊の入寇及び元寇(岩波講座 日本歷史 第4(中世 1))	岩波書店
9	1936	朝鮮の文化(岩波講座 東洋思潮 15)	岩波書店
10	1936	滿州國安東省輯安縣高句麗遺蹟(池內宏述・錢稻孫譯)	滿日文化協會
11	1936	文祿慶長の役 別編 第1	東洋文庫
12	1937	滿鮮史研究 中世 第2冊	座右宝刊行會
13	1938	通溝 卷上(滿洲國通化省輯安縣高句麗遺蹟)	日滿文化協會
14	1940	通溝 卷下(滿洲國通化省輯安縣高句麗壁畫墳) (池內宏・梅原末治 共著)	日滿文化協會
15	1947	日本上代史の一研究 : 日鮮の交涉と日本書紀	近藤書店
16	1951	滿鮮史研究 上世 第1冊	祖國社
17	1960	滿鮮史研究 上世 第2冊	吉川弘文館
18	1963	滿鮮史研究 中世 第3冊	吉川弘文館
19	1972	滿鮮史研究 近世篇	中央公論美術出版

11　池內博士還曆記念東洋史論叢刊行会編, 『(池內博士還曆記念) 東洋史論叢』, 東京 : 座右宝刊行会, 1940.

가 75% 정도이고, 또 한국사 관계만 다룬 논저도 전체의 60%에 달해 '만선사'와 한국사 연구가 이케우치 연구의 주축임을 알 수 있다. 『文禄慶長の役』, 『元寇の新研究』, 『日本上代史の一研究』 등 일본사 관계 논저도 20% 정도를 차지하고 있고, 그 외에 불교 관련 저서도 있다.[12]

이케우치의 연구 성과를 시기적으로 크게 나누어 보면, 1910년대 초에 임진왜란에 대한 연구를 주로 진행했고, 1910년대 후반부터 1920년대에 걸쳐 고려의 대외관계와 요·금 등을 연구했다. 1920년대 말부터 신라·고구려 등을 연구하기 시작했으며, 1930년대에 고려시기와 조선시기의 '만선사' 연구가 일단락된 뒤, 1940년대 들어 본격적으로 한사군과 고구려 연구를 진행했다. 『만선사연구滿鮮史研究』 중세 제1책에 포함되어 있는 요·금 등에 대한 연구를 제외하면 대부분 한국사와 관련된 주제들이다. '만선사'적 관점에서 '조선사'를 연구했다고도 볼 수 있다.

이케우치는 일찍부터 자신의 논문들을 모아서 단행본으로 엮어 출간하려고 했는데, 『만선사연구』 중세 제1책 및 제2책과 『만선사연구』 상세편上世編 제1책이 생전에 간행되었고, 1952년 그가 돌아간 후에 『만선사연구』 상세편 제2책 및 중세 제3책, 근세편이 제자들에 의해 간행되었다. 그 외에 『文禄慶長の役』, 『元寇の新研究』, 『日本上代史の一研究』 등도 있다.

이케우치의 『만선사연구』는 이전에 학술지나 보고서 등에 발표했던 논문과 저서를 시기별·주제별로 모은 것이지만, 이전 논저를 그대로

---

12 武田幸男, 앞의 글, pp.139~150.

실은 경우는 거의 없다. 간단한 글자의 수정부터 추기追記, 수정修正, 보정補正 등으로 표시하여 추가된 부분도 적지 않고, 아예 새로 쓰다시피 한 글들도 있다. 다행히 큰 논지를 바꾸지는 않았다고 한다.

이케우치의 연구에 대한 일본학계의 평가는 크게 두 가지로 나눌 수 있다. 하나는 이케우치의 철저한 실증주의사관과 합리적인 정신이 그의 저술에 나타나 있다는 긍정론이다.[13] 그는 엄격한 사료비판과 학문적인 논증법을 구사하였다. 그의 실증적 방법은 비범한 착상과 직관적인 번뜩임이 있는 실증주의였고, 투철한 합리적 사고가 그 실증을 뒷받침했다고 한다. 이에 대해 실증주의와 합리주의가 결합되었다거나 '번득이는 아이디어, 실증, 논리 사이에서 고뇌하는 첨예한 긴장관계'라고 평가받기도 했다.[14]

다른 하나는 매우 엄격하게 사료를 비판·검토함으로써 저술의 논증을 고양시킨 그의 실증주의 연구방법을 높이 평가하면서도 반면에 역사 속의 인간상이 희박하고 특히 한국사의 타율성을 근저에 두고 있다는 점을 비판한 견해인데, 이케우치의 실증연구가 한국사연구에 사대·타율성을 편중시키는 함정에 빠져버렸다는 것이다.[15] 긍정론은 그의 연구방법에 주목한 것이고 부정론은 이러한 연구방법의 긍정적 측면을 인식하면서도 연구 성과에 내포된 시대적 성격에 주목하는 것이다.

---

13 三上次男, 앞의 글, 1970; 三上次男, 앞의 글, 1972; 窪德忠, 「(東洋學の系譜) 池內宏」 『月刊 しにか』 4-5, 1993.5; 江上波夫編著, 『東洋學の系譜』 2, 大修館書店, 1994.
14 武田幸男, 앞의 글, p.146.
15 旗田巍, 「日本における東洋史學の傳統」, 『歷史學硏究』 270, 1962; 濱田耕策, 앞의 글, p.33.

3. 이케우치 히로시의 한국 고대사 시기구분

1) 이케우치 히로시의 한국 고대사 시기구분과『만선사연구』상세

이케우치는 개설서를 쓰지 않으려 했고, 실제로『朝鮮の文化』[16]를 제외하고는 통사적인 서술을 한 논저가 하나도 없다. 이에 대해 이케우치는 거짓말을 하지 않으려고 했기 때문이라고 말했다고 한다.[17] 다만,『日本上代史の一研究：日鮮の交渉と日本書紀』의「서언緒言」에 '조선반도의 역사'의 시기를 구분해 놓았다. 여기에서 '조선반도의 역사'란 바로 '조선사'를 가리킨다.

이케우치는 '조선의 문화'를 '동아시아 역사상, 조선반도를 무대로 발전發展・소장消長한 특수한 문화'로 규정하였다.[18] 즉 지리적인 관점에서 '조선반도'라는 지역의 문화를 '조선의 문화'로 개념 정의한 것이다. 이러한 인식은 만주 지역의 역사를 '만주사'로, '조선반도'의 역사를 '조선사'로 구분한 뒤 둘을 아울러서 '만선사'로 인식했던 당시 일본 동양사학자들의 역사 인식을 그대로 보여주고 있다. 철저하게 지리중심적인 역사인식이다. 만선역사지리조사부의 일원으로서 '조선역사지리'를 담당했던[19] 대표적인 '만선사' 연구자였던 이케우치의 역사 인식

---

16 池内宏,『朝鮮の文化』－岩波講座 東洋思潮 15, 岩波書店, 1936; 池内宏,『滿鮮史研究』近世篇, 東京：中央公論美術出版, 1972.
17 武田幸男, 앞의 글, p.146.
18 池内宏, 앞의 책, 1972, p.223.
19 박찬흥,「滿鮮歷史地理調査部와 고대 '滿鮮歷史地理' 연구」,『역사와 담론』75, 호서사학회, 136쪽.

을 잘 보여준다.

이케우치는 '조선반도의 역사(조선사)'를 상세上世, 중세中世, 근세近世로 시기구분하고, '이조시대'를 근세, 고려조시대를 중세, 신라왕조 멸망 이전의 전시대를 상세로 구분할 수 있다고 했다. 상세는 '반도 내부에 유력한 국가를 건설한 민족의 세력이 소장消長한 관계'에 따라 다시 '한민족漢民族 통치시기', '예맥濊貊・한족韓族 대항시기', '한민족韓民族 통치시기' 등 세 시기로 구분했다.[20]

제1기 '한漢민족 통치의 시기'는 늦어도 전국시대 무렵에는 평양 부근에 있었던 고조선부터 한사군이 존속했던 4세기 초 서진西晉시대 말까지의 약 4세기간을 말한다. 그가 말하는 고조선은 '기자箕子의 조선국'과 '위씨衛氏의 조선국'을 말하는데, 모두 중국 이주민이 세운 국가로 보았다. 한반도 북부와 중부를 차지했던 조선국을 멸망시키고 그 땅에 설치된 한사군은 한나라 내지內地와 똑같은 한의 군현이었다. 이 시기는 중국 유이민이 세운 고조선과 한 군현이 설치되어 직접 통치했던 시기로 보아 '한민족 통치의 시기'로 규정했던 것이다.

제2기 '예맥・한족韓族 대항의 시기'는 4세기 초 고구려가 낙랑군을 멸망시켜 '한漢민족을 반도에서 구축驅逐'하고 '반도' 서남부에서는 백제가 마한을, 동남부에서는 신라가 진한을 각각 통일한 이후 백제・고구려가 멸망한 7세기까지의 3세기 반 가량의 시기이다. 이 시기는 한족韓族의 두 국가인 백제・신라가 만주 민족의 강대한 국가인 고구려에 대항했던 시기로, '반도'에서 삼국정립의 시대였다고 보았다. 특히 제2

20   池内宏, 『日本上代史の一研究 : 日鮮の交渉と日本書紀』, 東京 : 近藤書店, 1947; 池内宏, 『日本上代史の一研究 : 日鮮の交渉と日本書紀』, 東京 : 中央公論美術出版, 1970, p.9.

기에는 '반도'의 삼국과 함께 남방 해상으로부터 일본의 야마토 조정大
和朝廷이 정치적 세력을 반도에 미쳤다고 했다.

제3기 '한족 통치의 시대'는 신라가 백제와 고구려를 멸망시키고 당
세력을 '반도'에서 쫓아냄으로써 677년 '반도'를 통일하여 '반도' 대부
분이 한족의 영토가 되었던 시기이다. 북방에서는 말갈족인 대씨大氏가
만주 동부에 발해국을 건설하여 만주 동부에서 '반도' 동북부에 걸쳐
고구려 및 부여의 옛 영토를 점유했던 시기였다. 오대五代 말에 왕씨의
고려조가 신라왕조를 대신할 때까지 2세기 남짓한 기간으로 '신라의
반도통일시대'라고 보았다.[21]

기원전 2세기부터 기원후 10세기까지 한국 고대사에 대한 이케우치
의 시기구분과 '반도 내 유력한 민족'에 근거한 성격 규정은 매우 돋보
인다. 『조선사대계朝鮮史大系』[22]나 『조선・만주사朝鮮・滿洲史』의 「조선
사朝鮮史」[23]에서 단순히 시간적 순서에 따라 나열하여 서술하고 있는 것
을 고려하면, 한걸음 앞선 인식을 보인 것이라고 할 수 있다.

'조선반도 상세의 역사' 즉 '조선상세사'는 이렇게 세 시기로 구분했
지만, '만주상세사'의 시기구분에 대해서는 언급이 없다. 다만, 이케우
치가 단행본 저서로 발간한 『만선사연구』 상세 제1・2책의 구성을 통
해 그가 '만주와 조선반도의 역사' 즉 만선사 상세를 어떻게 시기구분
했는지 추정할 수 있다(〈표 2〉).

〈표 2〉에서 보듯이 『만선사연구』 상세 제1책은 기원전 2세기 한사
군의 설치부터 낙랑군과 대방군이 한반도에서 축출되는 4세기 전반까

---

21 위의 책, 1970, pp.9~13.
22 小田省吾, 『朝鮮史大系』 上世史, 朝鮮史學會, 1927.
23 稻葉岩吉・矢野仁一, 『朝鮮・滿洲史』─世界歷史大系 11, 平凡社, 1935.

지 만주지역과 한반도 북부지역의 역사를 연구 대상으로 삼고 있다. 상편 제2책에서는 6세기 신라 진흥왕의 영토 확장과 7세기 중엽 백제·고구려의 멸망 및 신라·당전쟁 등 6~7세기 '조선반도'에서 일어났던 전쟁을 중심 연구 주제로 다루고 있다. 즉 대체로 '조선 상세'의 제1기 '한漢민족 통치의 시기'가 상세 제1책에 해당되고, 제2기 '예맥·한족韓族 대항의 시기'가 제2책에 해당된다. 그리고 제1책은 대체로 한반도 중북부와 만주지역의 역사를 연구 대상으로 하면서 한반도 남부의 삼한에 대해서는 고찰하지 않았다. 제2책은 대체로 한반도 내에서 일어난 전쟁, 특히 7세기 중엽에 벌어진 백제·고구려 멸망 전쟁을 연구한 것이다.

'조선사' 상세 제3기에 해당하는 연구는 별로 없기 때문에 제3책으로 묶을 수 없었던 것 같다. 『만선사연구』 상세 제2책에 실려 있는 「新

羅の花郎について」,[24] ·「新羅の骨品制と王統」[25]의 일부가 제3기에 해당하고, 신라 말의 진례성進禮城을 고찰한「新羅末の進禮城に就いて」[26]는 『만선사연구』 중세 제2책[27]에 실려 있다. '조선사' 상세 제3기에 해당하는 만주의 국가는 발해인데, 발해의 역사에 대한 연구는「渤海の建國者につきて」[28]뿐으로『만선사연구』 중세 제1책에 실려 있다.[29] 그의 발해 관련 논문이 하나 밖에 없는 것은 아마도 발해를 연구할 수 있는 여력과 시간이 없었기 때문인 듯하다.

당시 '만주사' 개설서에서 고대 '만주사'의 시기구분은 저서마다 약간씩 차이가 있지만, 고구려와 발해 사이를 구분하는 것은 공통적이다.[30] 아마도 이케우치도 이러한 구분에 동의했던 것 같다. 그렇다면, 이케우치는 10세기까지의 '만선사' 상세를 4세기 전후, 7세기 후반 전후를 기준으로 세 시기로 구분했다고 할 수 있다.

2) 한국 고대사 시기구분의 특징

이케우치가 '조선사' 상세, 즉 한국 고대사를 '반도 내부에 유력한 국가를 건설한 민족의 세력이 소장한 관계'를 기준으로 세 시기로 구분하

---

24 池內宏,「新羅の花郎について」,『東洋學報』24-1, 1936.
25 池內宏,「新羅の骨品制と王統」,『東洋學報』28-3, 1941.
26 池內宏,「新羅末の進礼城に就いて」,『東洋學報』7-3, 1917.
27 池內宏,『滿鮮史硏究』中世 第2冊, 東京 : 座右宝刊行會, 1937.
28 池內宏,「渤海の建國者につきて」,『東洋學報』5-1, 1915.
29 池內宏,『滿鮮史硏究』中世 第1冊, 東京 : 荻原星文館, 1943.
30 박찬홍,「'만선사'에서의 고대 만주 역사에 대한 인식」,『한국고대사연구』76, 한국고대사학회, 138~142쪽.

고 성격을 규정한 견해는 타당해 보이는 측면도 있지만, 한국사의 관점에서 볼 때 문제점도 가지고 있다.

먼저 제1기를 '한漢민족 통치의 시기'로 규정할 수 있을까 하는 점이다. '기자조선'과 '위만조선'을 중국 이주민이 건국한 국가로 볼 수 있을까도 의문이지만, 그렇다고 하더라도 '고조선'(기자조선과 위만조선) 및 한사군·대방군의 영토에 포함되지 않는 한반도 남부 즉 삼한 지역까지 한민족이 통치했다고 볼 수는 없다. '조선반도의 역사(조선사)'를 서술하면서 '조선반도'의 남부를 차지하고 있던 삼한三韓을 완전히 배제시키고, '조선반도' 북부에 한정된 정치체만을 가지고 시기를 구분하고 성격을 규정한 것은 지나친 해석인 듯하다.

이케우치가 이렇게 인식한 것은 삼한 지역은 아직 미개해서 국가 단계로 나아가지 못했기 때문에 언급할 수준이 안됐다고 보았기 때문일 것이다. 즉 선진적인 중국 이주민 국가와 한군현의 지배가 그 시기를 대표하는 중요한 특징이며, 그 남쪽의 삼한은 미개한 지역으로서 그들로부터 선진 문화를 받아들여도 소화할 능력이 충분하지 않은 지역이므로[31] 고려할 필요가 없다고 인식한 듯하다. 이것은 '반도 북부'의 외부 민족 지배 역사와 '반도 남부'의 후진적인 역사가 4세기까지 '조선사'의 전개과정이었다고 인식하는 것으로, 전형적인 '타율성론'이라고 할 수 있다.

다음으로, 시간적인 측면에서 시야를 한국사 전 시기로 확대해서 보면 고려 왕조와 조선 왕조의 성격을 규정하기가 곤란해진다. 고려라는

---

31 池內宏, 「朝鮮の文化」, 『滿鮮史研究』近世篇, 中央公論美術出版, 1972, p.232.

국호는 고구려를 계승하겠다는 의미이다. 고구려는 아마도 427년 평양으로 천도를 하면서 국호를 고려로 바꾼 듯한데,[32] 신라 말 궁예가 신라에 의해 멸망당한 고구려의 원수를 갚겠다고 하며[33] 901년에 국호를 고려라고 했다.[34] 궁예는 904년 국호를 마진摩震으로 바꿨지만, 918년 왕건이 즉위한 뒤 다시 국호를 고려로 정했고 1392년까지 고려 왕조는 이어졌다. 왕건이 건국한 고려가 고구려를 계승한 왕조였다는 점은 고려인들 자신뿐만 아니라 중국인들도 인식하고 받아들였다. 『송사宋史』에서는 "고려는 본래 고구려이다"라고 했고,[35] 서긍徐兢의 『고려도경高麗圖經』에서도 고려가 고구려를 계승하고 있다고 인식했다.[36]

왕건이 건국한 고려가 '만주 민족의 국가'인 고구려를 계승했다면, 고려 또한 '만주 민족의 국가'라고 해야 할 것이다. 7세기 중엽에 한족韓族인 신라가 백제와 고구려를 멸망시키고 당나라를 축출한 뒤 '반도'를 통일하였고, 그 이후인 '조선 상세' 제3기를 한족韓族인 신라가 통치하는 시기라고 규정했다면, 고려의 '반도 통일'[37] 즉 후삼국통일은 '만주 민족'인 왕건의 고려가 한족인 신라와 후백제를 병합한 통일이 될 것이고,

---

32 鄭求福, 「高句麗의 '高麗' 國號에 대한 一考—三國史記의 기록과 관련하여」, 『湖西史學』 19·20합집, 1992, 60~63쪽.
33 『三國史記』 권50 「列傳10」, 弓裔. "謂人曰 往者 新羅請兵於唐 以破高句麗 故平壤舊都 鞠爲茂草 吾必報其讎 蓋怨生時見棄 故有此言 嘗南巡至興州浮石寺 見壁畵新羅王像 發劍擊之 其刃迹猶在."
34 『三國遺事』 「王曆」 後高句麗. "弓裔 (…中略…) 辛酉(901)稱高麗."
35 『宋史』 권487 「列傳246」 「外國3」 高麗. "高麗 本曰高句驪 禹別九州 屬冀州之地 周爲箕子之國 漢之玄菟郡也 在遼東 蓋扶餘之別種 以平壤城爲國邑 漢魏以來 常通職貢 亦屢爲邊寇 隋煬帝再擧兵 唐太宗親駕伐之 皆不克 高宗命李勣征之 遂拔其城 分其地爲郡縣 唐末 中原多事 遂自立君長 後唐同光(923~925)天成(926~929)中 其主高氏 累奉職貢 長興中 權知國事王建 承高氏之位 遣使朝貢 以建爲玄菟州都督 充大義軍使 封高麗國王."
36 박용운, 『고려의 고구려계승에 대한 종합적 검토』, 일지사, 2006, 123~128쪽.
37 池內宏, 앞의 글, p.278.

고려 왕조가 존재했던 시기는 '만주 민족이 조선반도를 통치한 시기'로 보아야 할 것이다.

또 이성계가 건국한 조선은 기자가 책봉을 받은 조선을 계승한다는 의미에서 정해진 국호이고,[38] 당시 명나라에서도 그렇게 인식하고 있었다.[39] 이케우치의 주장대로 '기자조선'이 중국인 이주자가 건국한 국가이고 '기자조선'이 '한족漢族 통치의 시대'에 해당된다면, 이성계의 조선은 '한족漢族' 국가인 '기자조선'을 계승하는 왕조이고 '한족漢族 통치의 시대'를 잇겠다는 의미로 국호를 정한 왕조라고 규정할 수 있다. 아울러 고려에서 조선으로의 왕조 교체는 만주 민족의 통치에서 '한족漢族의 통치'로 바뀐 것으로 해석할 수 있을 것이다.

나아가 조선 왕조 말 대한제국이 수립함으로써 '한韓'을 표방한 국호가 등장하고서야(1897) 비로소 '지금 조선인의 선조였고 적어도 그 근간이 되었던'[40] 한족韓族의 국가가 다시 나타난 것으로 볼 수 있을 것이다.[41]

하지만 궁예와 왕건의 고려를 '만주 민족의 국가'로 인식하거나, 이성계의 조선을 '한족漢族 통치'를 계승하는 왕조로 보는 사람은 없을 것이고, '만선사' 연구자인 이케우치도 그렇게 인식하지는 않은 것 같다.

이케우치는 왕건의 고려가 고구려 계승의식을 표방한 국호임을 기록한 『삼국사기』, 『삼국유사』, 『고려사』, 『송사宋史』 등의 사서史書나 1932

---

38 허태용, 「朝鮮王朝의 건국과 國號 문제」, 『韓國史學報』 61, 고려사학회, 156~166쪽.
39 『明史』 권320 「列傳28」, 「外國1」 朝鮮. "朝鮮 箕子所封國也 漢以前曰朝鮮 始爲燕人衛滿所據 漢武帝平之 置眞番臨屯樂浪玄菟四郡."
40 池內宏, 앞의 글, p.231.
41 나아가 이러한 인식을 남북으로 분단된 현재의 상황까지 끌어댄다면, 한족(韓族) 계승을 표방한 남쪽의 대한민국과 한족(漢族) 계승을 표방한 북쪽의 '조선민주주의인민공화국'의 대립으로 해석할 수 있을 것이다.

년에 소개된 『고려도경』[42]도 읽었을 것이다. 또 조선사편수회에서 간행한 『조선사朝鮮史』를 통해서 『조선왕조실록』의 주요 내용과 『명사明史』「열전列傳」 조선조 등을 통해 이성계의 조선 국호가 '기자조선'을 계승한다는 것을 표방한 국호라는 점을 알고 있었을 것이다. 그럼에도 불구하고, '만주 민족의 국가'인 고구려를 계승한 왕건의 고려를 '만주 민족' 왕조로 인식하지 않고, '한족漢族 이주민이 통치한 국가인 기자조선'의 계승을 표방한 이성계의 조선을 '한족漢族 통치를 계승한 왕조'라고 인식하지 않았다.

이케우치는 아마도 왕건의 고려와 이성계의 조선을 '조선반도'에서 건국하고 존재했던 '조선사'의 일부로만 인식했을 따름이다. 그는 '만선사' 상세에 보이는 고구려와 '고조선'(기자조선과 위만조선)의 성격을 고려와 조선의 역사적 계승의식과 연결하거나 비교하여 고찰하지 않았다.

이케우치의 고대 '만선사' 시기구분과 인식이 가지고 있는 세 번째 특징은, 지리 또는 공간을 기준으로 설정된 '만선사'·'만주사'·'조선사'라는 개념과 '만주사'와 '조선사'의 공간에 살고 있던 주민에 대한 인식이 일치하지 않는다는 점이다.

이케우치를 비롯한 '만선사' 연구자들은 '만주사'를 '만주 지역의 역사'로, '조선사'를 '조선반도의 역사'로 규정했다. 또 '만주사'의 주체로서 만주 지역에서 살았던 종족을 '만주 민족'이라고 규정했고, 예맥족을 고대 '만주 민족'의 하나라고 보면서 부여와 고구려 등이 모두 예맥족의 일종으로 인식했다. 반면 '조선사'의 주체인 '조선 민족'의 중심은 한족韓族이라고 보았다.

---

42   今西龍 校正, 『宣和奉使高麗圖經』, 京城 : 近澤書店, 1932.

문제는 '만주 민족'인 예맥족의 일종이라고 보았던 옥저족沃沮族·예족濊族 등이 '조선사의 공간'인 '조선반도' 동북부에 거주하고, '조선사'의 중심 주체를 이루는 한족韓族은 한강 이남의 '조선반도' 중·남부에 거주했다는 점이다. '만주 지역에 거주한 종족'을 '만주 민족'으로 본다면, '조선반도에 거주한 종족'은 '조선 민족'으로 개념 정의해야 한다. 따라서 '조선반도'에 거주했던 옥저족과 예족은 한족韓族과 마찬가지로 '조선 민족'이라고 규정해야 되는데, 오히려 '만주 민족'인 예맥족의 일종이라는 이유로 '만주 민족'이라고 규정한 것이다.

'만주 민족'인 예맥족이 한반도 동북주 지역으로 이주하여 거주하면서 옥저족과 예족이 되었던 것인지에 대해서는 언급이 없으므로, 아마도 원래부터 옥저족과 예족은 이곳에서 살고 있었다고 본 것 같다. 그렇다면, '만선사' 연구자들은 고대의 '만주 민족'과 '조선 민족'을 규정하는 기준이 달랐다고 할 수 있다. 즉 고대 '만주 민족'은 고대 '만주 지역'에 거주했던 민족과 '만주 민족과 같은 종족으로 조선반도에 살고 있던 민족'까지를 아우르는 개념으로 사용했던 것이다. 반면, 고대 '조선 민족'은 그 근간이 되었던 종족이 한족韓族이라는 점만을 부각시켰다.

이로 인해 '만주사'의 영역과 '만주 민족'의 거주 공간이 일치하지 않고, '조선사'의 영역과 '조선 민족'의 거주공간이 일치하지 않는 문제점이 발생했다. 그 결과 '만주 민족'이 거주한 '조선반도' 북부 지역의 역사는, 공간을 기준으로 해서는 '조선사'의 영역에 해당하지만 종족을 기준으로 해서는 '만주사'에 포함되었다. 즉 '조선사'의 영역이어야 할 '조선반도' 북부의 역사가 '만주사'에도 포함되는 결과를 낳았던 것이다.

'조선반도'라는 공간에 살고 있던 종족을 '조선 민족'이라고 규정한다면, 고대 '조선 민족'은 한강 이남의 한족韓族, '조선반도' 동북부의 옥저족·예족, 나아가 '조선반도' 서북부의 '고조선'(기자조선과 위만조선) 주민까지를 아우르는 명칭으로 보아야 논리적이다.

옥저족·예족 등을 예맥족의 일종으로 본다면, 예맥족 가운데 '만주 민족'에 속하는 예맥족과 '조선 민족'에 속하는 예맥족이 있다고 분리해서 인식하는 것이 타당하다. 또 이케우치가 주장한 대로 고조선은 '기자조선'과 위만조선이고 두 국가는 중국 이주민이 건국한 것이라고 하더라도, '조선사'의 영역인 '조선반도'에 거주하는 두 국가의 구성원들은 고대 '조선 민족'에 속한다고 보아야 한다. 그리고 부여족, 고구려족, 옥저족 등의 종족 명칭과 비교한다면, 이들은 '고조선족' 또는 '조선족'이라고 불러야 할 것이다.

결국 고대 '조선 민족'은 한반도 서북부의 '(고)조선족', 한반도 동북부의 예맥족(옥저족·예족 등), 한반도 중남부의 한족韓族으로 이루어졌다고 인식하는 것이 지리·공간적 기준으로 설정된 '조선사'의 개념 규정에 부합한다.

하지만 이케우치 등의 '만선사' 연구자들은 고대 '조선 민족' 가운데 한강 이남에 거주하는 한족韓族만을 부각시키고, 한반도 서북부의 주민은 한족漢族으로, 동북부의 주민은 '만주 민족'의 일종으로 분리해버렸다. '조선 민족'의 근간을 이루는 한족韓族은 고대에도 한강 이남에만 거주하였고, 외부 세력인 한족漢族과 '만주 민족'이 '조선반도'에 들어와 '반도' 동북부는 한족漢族이 지배하고, 서북부는 '만주 민족'이 거주했다고 보았다.

이러한 분석은 한족韓族 즉 '조선 민족'이 미약하거나 또는 후진적이기 때문에 중국 세력과 북방 만주 세력의 침략과 지배를 받았다는 인식으로 이어지며, 이것이 바로 고대 '조선사'의 타율성을 보여주는 근거로 해석되었다.

7세기 중엽 한족韓族 국가인 신라가 백제·고구려를 멸망시키고 '조선반도'를 통일했지만 그 영역은 '조선반도' 중부 이남에 한정되었다. '조선반도' 서북부는 한족漢族 당나라의 영토였고, 동북부는 고구려를 계승한 두 번째 '만주 민족' 국가 발해의 영토였다. '기자조선'·위만조선과 삼한이 존재했던 시기와 같은 구도가 되었다.

왕건의 고려가 신라와 후백제를 병합한 뒤 다시 '반도'를 통일했지만, 이케우치를 비롯한 '만선사' 연구자들은 왕건의 고려가 '만주 민족' 국가였던 고구려를 계승했다고 인식하지 않고, '반도'를 통일한 신라를 이은 왕조라고 보았다. '고려'라는 국호보다는 한족韓族의 신라를 대체한 또 다른 '한족韓族 국가'라고 인식했기 때문인 듯하다.

하지만 고려가 옛 고구려 지역을 기반으로 건국했고 고구려를 계승한 왕조라는 것이 내외적으로 모두 인정되었다는 점을 고려할 때, '만주 민족' 왕조인 고구려를 계승한 것이 되고 따라서 '만주 민족' 왕조라고 보는 것이 '만선사'의 개념 규정에 보다 부합한다고 할 수 있다. 덧붙여 한漢민족 국가인 '기자조선'을 계승하겠다는 의미를 가진 국호인 '조선' 왕조의 주민이 한족韓族이라고 주장하는 오류도 있다. 이케우치는 자신의 '조선상세사' 시기구분과 성격 규정이 고려·조선 왕조의 성격에 대해 이러한 문제점을 가져다준다는 사실을 전혀 인지하지 못한 듯하다.

4. 고조선과 한사군 역사 연구

1) 고조선에 대한 인식

이케우치가 말하는 고조선은 '기씨조선'과 '위씨조선'을 가리킨다. 그는 단군신화의 역사성을 인정하지 않았다. 이케우치는 고조선과 한사군을 서술할 때 먼저 한반도 서북부 특히 평양지역의 지리적 특성에 주목했다. 평양 땅은 지형상 한반도 서북부의 중심지로서 해륙 양 방면의 교통이 용이하여 이곳으로 중국인의 이주가 쉬웠다고 했다. 이어 '기씨조선' 즉 이른바 '기자조선'의 왕족과 백성들이 모두 전국시대 연나라나 제나라에서 이주해 온 중국인이라고 인식했다.[43]

위씨조선 즉 위만조선은 연나라 사람 위만이 개창한 왕조로 '군민君民이 모두 지나인支那人으로 이루어진 국가'라고 보았다. 한 무제가 원봉元封 3년(기원전 108년) 위씨의 조선왕조을 멸망시킴으로써 전국시대 이래 반도에서의 지나 이주민의 국가가 그 명맥이 끊긴 것이라고 이해했다.[44] 이와 같은 '기씨조선'과 위씨조선은 '한초漢初 이전에 중국 이주민이 '조선반도' 내에 결성한 거의 독립된 상태의 국가'였고, 한편으로 '중국의 식민지'였다고 보았다.[45]

고조선 즉 '기자조선'과 위만조선을 중국 한족漢族 이주민이 세운 국

---

43 池內宏, 앞의 글, p.227.
44 위의 책, p.227~228.
45 위의 책, p.229 · 231.

가로 보는 데에는 몇 가지 의문이 있다. 먼저 위만이 '조선'이라는 국호를 바꾸지 않았다는 점이다. 위만이 '기자조선'의 왕위를 빼앗았음에도 불구하고 국호를 바꾸지 않았던 것은 왕실 이외에 왕조의 구성원들이 '조선'이라는 정체성을 강하게 가지고 있었기 때문이다. 이케우치의 주장대로 '기자조선'과 위만조선의 왕족과 백성 또는 군민이 모두 중국 이주민이었다면, 이점은 쉽게 납득이 되지 않는 사실이다. 왜냐하면 중국의 경우 새 왕조가 들어서면 국호는 당연히 바꾸기 때문이다.

또한 '조선'이라는 국호는 중국 역대 왕조의 국호와는 다른 형태의 국호인 점이 주목된다. 중국 역대 왕조의 국호는 하夏·은殷·주周 이래로 전국시대의 한韓·위魏·조趙·진秦·연燕·초楚·제齊 등을 비롯하여 명明·청淸에 이르기까지 모두 한 글자이다. 반면 우리나라 역대 왕조의 국호는 고구려를 제외하고는 대부분 두 글자이다. 부여, 백제, 신라, 가야, 마진, 태봉, 고려(왕건), 조선(이성계)이 두 글자이고 고구려도 5세기 이후 고려로 국호를 바꾸었다. '기자조선'과 위만조선의 '조선'은 중국 한족漢族이 세운 왕조의 국호와는 다른 계통의 국호이다. 오히려 두 글자 국호로 이어지는 우리나라 역대 왕조의 국호와 같은 계통의 국호라고 보는 것이 타당한 듯하다.

다음으로, 평양 지역의 지리적 특성을 강조하면서 중국 한족漢族이 이주하기 쉬운 곳이라고 했는데, 평양 지역이 한반도 서북부의 요지라고 한다면 그곳은 중국인뿐만 아니라 그곳의 토착 거주민들에게도 마찬가지로 살기 좋은 곳이었을 것이라는 점을 고려해야 한다. 즉 중국인이 이주하기 이전에도 이미 많은 토착민들이 거주하고 있었을 것이다.

만주와 한반도 동북부에 거주하기 어려운 곳에도 예맥족이 살고 있었다면, 윤택한 요지인 대동강 유역에는 그 이전부터 예맥족이 먼저 거주하고 있었을 것이라고 보는 것이 순조로운 해석이다. 아마도 대동강 유역에 살았던 예맥족이 정치체를 만들어 '조선'이라는 국가를 만들었다고 보아야 할 것이다.

기자가 조선에 책봉되었다거나 조선을 다스려 교화시켰다거나 하는 이야기는 후대에 중국의 현인 기자 관련 이야기가 널리 수용된 뒤에 왕족의 세계世系를 기자에게 가탁한 것으로 보인다. 신라 김씨 왕실과 가야왕족의 후예인 김유신 가문이 중국 전설상의 인물인 소호금천씨小昊金天氏의 후손이라고 자칭하고,[46] 고려 왕실이 왕건의 세계를 중국 당나라 숙종에 끌어댄 것[47]과 유사하다고 할 수 있다.

하지만 이케우치는 한반도 서북부에 살고 있던 토착민들이 중국인들과의 활발한 교류를 통해 중국 문화를 받아들여서 '조선'이라는 국가를 건설했고, 조선의 왕실이 중국의 현인이었던 기자를 자신의 조상으로 가탁했을 것이라는 분석을 하지 않았다. 아마도 이것은, 그가 '조선반도'의 거주민들은 스스로 국가를 만들 능력이 없었을 것으로 추정했고, 한족漢族 이주민이 이주한 뒤에라야 국가를 세우는 것이 가능했을 것이라는 선입견을 가지고 있었기 때문일 것이다.

아마도 이케우치는 한漢의 지배가 확실한 한사군에서 거꾸로 거슬러 올라가, 연나라 사람 위만이 왕이 되었으므로 왕족이 한족漢族임이 확실한 위만조선의 다른 지배층과 민民도 중국 이주민이라고 인식하고,

---

46 李文基, 「新羅 金氏 王室의 小昊金天氏 出自觀念의 標榜과 變化」, 『歷史敎育論集』 23·24, 1999, 649~682쪽.
47 『高麗史』 「高麗世系」.

다시 거슬러 올라가 왕족이 한족漢族인 기자의 후예임을 주장했던 '기자조선'의 지배층과 민民 모두가 중국 이주민이라고 해석하면서, 한사군과 '고조선'(기자조선, 위만조선)이 모두 한족漢族이 통치한 시기라고 결론지었던 것 같다.

2) 한사군과 대방군 연구

이케우치는 매우 체계적이고 일관성 있게 한사군과 대방군 연구를 진행했다. 기원전 108년 한 무제가 위만조선을 멸망시킨 뒤 사군을 설치한 데에서부터, 사군의 통·폐합과 군치郡治의 변화, 대방군의 설치, 그리고 낙랑군과 대방군이 한반도에서 축출되고, 현도군이 요동에서 옮겨 다니다가 사라질 때까지 시간의 흐름에 따라 그 변화 양상을 꼼꼼하게 추적했다. 당시 다른 연구자들이 단편적으로 한사군 가운데 일부만을 고찰했던 것과 비교할 때, 이케우치의 연구방법이 가지는 특징과 장점이라고 할 수 있다. 즉 한사군의 설치부터 종말까지 일관된 관점을 가지고 시간에 따라 변화하는 양상을 추적한 것이다.

앞에서 언급한 것처럼 이케우치는, 낙랑군 등의 사군은 한나라 영토의 일부로서 중국 영토라고 인식했다. 낙랑군은 평양을 중심으로 한 옛 조선국의 본부本部로서 평안남북·황해·경기 4도 지역이었고, 임둔臨屯은 위만에게 복속된 조선 인근의 예맥족으로서 임둔군은 함경남도 남부 및 강원도 일대 지방이었으며, 현도군은 함경남도 함흥을 중심으로 한 지역이지만 그 군의 강역은 알 수 없다고 했다.[48]

진번眞番의 종족과 진번군의 위치에 대해서는, 처음에는 진번이 위만에게 복속된 조선 인근의 예맥족이었고 진번군은 낙랑군의 북방 압록강 밖의 동가강 유역이라고 보았으나,[49] 나중에 진번은 한족韓族의 일부인 마한馬韓의 전신으로서 진번군의 영역은 충청남도 및 전라북도 지역이었다고 견해를 바꾸었다.[50]

이후 기원전 82년 진번군이 폐지되었으며, 기원전 75년 함흥의 현도군과 임둔군이 폐지되면서 낙랑군에 합쳐졌다. 그는 이렇게 확대된 낙랑군을 대大낙랑군이라고 불렀다. 이때 현도군은 소자하 상류의 노성老城 방면으로 이동했고(제2현도군), 1세기 말 경 후한 때 다시 무순撫順으로 옮겼다(제3현도군). 204년 요동의 지배자가 된 공손강이 낙랑군 둔유현 이남 지역을 떼어내 대방군을 설치하였다. 낙랑군과 대방군은 4세기 초 멸망했고, 현도군은 5세기 초 이전에 요동군과 함께 고구려 영토로 편입되었다.

이케우치는 낙랑군의 현령 중에도 『전한서』 「예문지藝文志」의 「동이령연년부칠편東暆令延年賦七篇」에 보이는 동이현령東暆縣令이나, 후한後漢 화제和帝 때 낙랑군의 장잠현장長岑縣長에 보임되었던 학자 최인崔駰 등을 예로 들면서 낙랑군의 문화가 중국 본토의 문화에 뒤지지 않는 높은 수준이었다고 평가했다. 전후 400년의 역사를 가진 낙랑군이 실질적으로 해동의 '소小지나支那'였다고 인식했다.

나아가 당시 활발하게 이루어진 조선총독부의 고적 조사사업을 통

---

48 池内宏, 앞의 글, pp.227~229.
49 위의 글, p.229.
50 池内宏, 「眞番郡の位置について」, 『満鮮史研究』 上世編 1, 京都: 祖国社, 1951, pp.148~150.

해서 발굴된 물질적 증거를 통해 낙랑군의 문화를 규명하려고 했다. 출토 유물과 고분, 공예품 등을 토대로 낙랑군이 반도에 존재했던 이른바 낙랑군시대에 낙랑군 지방의 '지나'문화가 상상했던 것 이상으로 높고 화려했고, 이것은 '지나' 본토에서는 엿보기 어려운 동시에 문화의 일면에서도 광명을 던지는 것이라고 했다.[51] 아울러 낙랑군의 고급스러운 문화는 한족韓族 등 매우 낮은 단계에 위치한 동방 제국諸國을 이끌었고, 낙랑군이 이들 제국에 대해서는 '지나문명의 라디에이터(난방기) 였다'고 높이 평가했다.

3) 한사군 · 대방군 연구의 특징

한사군의 성립과 변천 · 소멸 및 낙랑군 문화에 대한 이케우치의 연구와 서술에는 몇 가지 특징이 있다. 먼저 많은 연구자들이 이미 지적한 것처럼, 그의 연구에서는 매우 꼼꼼한 사료 비판과 실증이 이루어졌다. 해당 주제에 대한 관련 사료들을 망라한 뒤에 사건, 지명, 연도 등을 서로 비교하여 전거 자료들 사이의 차이점과 공통점을 추출하고, 오류를 바로잡으면서, 가장 사실에 가까운 전거자료와 그렇지 않은 자료를 분류한 뒤 고찰 결과를 서술하고 있다. 따라서 매우 엄격한 사료 비판과 논리적인 서술이 이루어지고 있다. 그의 논리를 따라가다 보면 감탄스러운 논증을 종종 발견할 수 있다.

---

51 池內宏, 「朝鮮の文化」, 『滿鮮史研究』 近世篇, 中央公論美術出版, 1972, p.230.

둘째, 연구의 대상이 전쟁을 위주로 한 대외관계에 집중되어 있고 지리적인 고증을 위한 분석이 대부분을 차지하고 있다. 한사군과 대방군에 대한 연구에서는 한사군의 설치와 이동·폐지 경위와 군치, 강역, 속현 등 지리적인 사항들을 중심 주제로 다루고 있다. 한사군의 지배체제와 성격, 토착사회의 관계, 경제적 성격 등 한사군 내부의 문제에 관해서는 거의 관심을 기울이고 있지 않다.

셋째, 한사군이 한반도 서북부를 중심으로 중부는 물론이고 남부지역 일부까지 지배했다고 보아, 중국 한족漢族이 한반도 초기 역사의 중심세력이라고 인식했다. 한사군 이전에 있었던 고조선 또한 전국시대부터 이주하기 시작한 중국 유이민들이 세운 국가로 이해했기 때문에, 적어도 한반도 서북부 지역은 4세기 초 낙랑군과 대방군이 멸망하기 이전까지 중국인이 지배했다고 본 것이다. 특히 나중에 진번군의 영역을 충청남도와 전라북도 지역이라고 보았기 때문에, 한때나마 이 지역까지 중국이 직할 통치했었다고 인식한 것이다. '조선 민족'의 중심을 이루는 한족韓族은 한반도의 일부분 즉 경상도와 전라남도에만 거주하고 있었던 미개한 존재로 이해했다.

넷째, 이케우치는 한사군의 이동, 치폐와 고구려의 건국·발전이 밀접한 관계가 있다고 인식했다. 처음 제1현도군과 임둔군이 낙랑군에 병합되며 노성 지역에 제2현도군이 설치된 것은 기원전 1세기 초 '만주 민족'의 하나인 예맥족인 고구려가 부여에서 내려와 압록강 중류 동가강 유역에서 건국했기 때문으로 보았다. 제2현도군을 이곳에 설치한 이유는 동가강 유역의 고구려를 견제하기 위한 것이었다는 것이다. 또한 후한은 106년 요동군의 일부를 떼어내 무순지역을 군치로 하는 제3

현도군을 설치했는데, 이것은 고구려가 제2현도군을 복속시킨 결과이다. 이러한 제2현도군의 몰락은 요동방면에서 고구려 세력의 제1차 발전을 의미한다. 또 고구려는 고국양왕 5년(335) 제3현도군을 복속시키고 이곳에 신성新城을 축조했는데, 이것은 요동에 있어서 고구려의 제2차 발전이었으며,[52] 이어 장수왕 초기에 요동지방을 차지한 것은 요동방면에 있어서 제3차의 대대적인 발전이었다고 이해했다.[53]

다섯째, 이러한 인식이 '조선반도의 역사'인 '조선사'의 타율성을 드러낸다는 점이다. 이케우치는 '만주 민족'인 고구려 세력이 국가를 세우고 성장하면서 중국의 군현을 한반도에서 축출했다고 보았다. 외부세력인 한족漢族과 '만주 민족'이 한반도 중부까지를 차지했고, '조선반도' 고유의 세력인 한족韓族은 '조선반도' 남부 일부지역에 국한되었고, 또한 4세기에 신라, 백제라는 국가로 성립하기 이전까지는 원시적이라고도 할 만큼 극히 낮은 문화를 가지고 있는[54] 지역이라고 인식했다. 한족韓族을 중심으로 한 '조선반도' 고유의 세력은 선진적인 외래 민족인 한족漢族과 '만주 민족'의 지배와 영향 아래 있었다는 것이다.

한사군과 대방군에 대한 이러한 서술과 인식은 결국 기원전 2세기 초부터 기원후 4세기까지 한반도 중북부의 역사가 중국 한족漢族과 '만주 민족'인 고구려의 대립과 항쟁의 역사였고, 4세기 초 낙랑군과 대방군의 소멸은 '만주 민족'이 한족漢族을 한반도에서 축출한 것이었다는

---

52 池内宏, 「遼東の玄菟郡とその屬縣」, 『滿鮮史研究』 上世編 第1冊, 京都 : 祖国社, 1951, pp.68·75~76; 「高句麗の建國伝説と史上の事實」, 『滿鮮史研究』 上世編 第1冊, 京都 : 祖国社, 1951, pp.99~106.

53 池内宏, 「晋代の遼東」, 『滿鮮史研究』 上世編 第1冊, 京都 : 祖国社, 1951, pp.321~322.

54 池内宏, 「朝鮮の文化」, 『滿鮮史研究』 近世篇, 中央公論美術出版, 1972, p.232.

인식으로 이어진다. 그러한 역사의 전개과정 속에서 '조선반도' 고유의 세력인 한족韓族은 타율적・수동적으로 이끌려 가는 저급한 발전단계를 가진 것으로 이해될 수밖에 없었다.

그런데 한사군의 통폐합 과정을 다시 검토할 필요가 있다. 기원전 82년 진번군이 폐지되었으며, 기원전 75년 함흥의 현도군과 임둔군이 폐지되면서 낙랑군에 합쳐졌다. 이케우치는 현도군의 군치가 이동하고 영역이 축소되어 갔던 이유가 '만주 민족'인 고구려의 성장과 발전 때문이라고 보면서도, 진번군의 폐지는 이러한 시각에서 인식하지 않았다. 그의 주장대로 진번군이 충청남도 및 전라북도 지역에 위치했고, 진번이 한족韓族의 일부인 마한의 전신이었다면, 진번군은 곧 한족韓族의 일부인 마한의 저항 때문에 폐지되었다고 해석하는 것이 타당하다.

더구나 진번군은 설치된 지 불과 26년 만에 폐지되었고, 그것도 현도군・임둔군보다 7년 먼저 폐지되었다. 한나라 군현지배에 대한 한족韓族의 저항이 '만주 민족'인 예맥족에 속하는 고구려족・임둔족의 저항보다 훨씬 더 강력했고, 따라서 마한은 고구려・임둔보다 더 강력한 정치체를 구성하고 있었다고 해석하는 것이 더 합리적이다.

하지만 이케우치는 그렇게 해석하지 않았고, 이것은 그가 '조선반도' 남부에 살았던 한족韓族은 미개하고 열등한 상태에 있었다는 선입견을 가지고 있었기 때문이라고 볼 수 있다. 그가 진번군에 대해 관심을 가졌던 주제는 오직 진번군의 위치와 영역뿐이었다.[55] 그리고 그가 의도했던 의도하지 않았던 간에, 진번군의 위치를 압록강 북쪽 동가강에서

---

[55] 池內宏, 「眞番郡の位置について」, 『滿鮮史研究』上世編 第1冊, 京都 : 祖国社, 1951, pp.109~150.

충청남도와 전라북도 지역으로 바꿔서 비정하면서, 결과적으로 한반도 서남부까지 한漢나라가 직접 통치한 것이 되었다. 한국사가 출발하는 초기에 이민족의 통치 범위가 한반도 서남부까지 확대된 것이고, 타율적인 역사 전개의 범위가 더 확대된 것이다.

또한 이케우치는 낙랑군이 멸망한 것은 선비鮮卑의 여러 부족이 북방에서 일어나 진晉나라의 요서 지역을 장악함으로써 중국 본토와 한반도의 낙랑군·대방군 사이의 연락이 끊어졌기 때문이며,[56] 백제伯濟가 마한 전체를 통일하고 대방군을 무너뜨려 한강과 임진강 유역을 차지한 것은 낙랑군이 몰락한 결과 마한의 여러 나라가 그들 스스로 통일적인 국가를 조직할 기회를 얻었기 때문이라고 보았다.[57] 또 백제 왕가는 고구려와 조상이 같으므로, 마한의 통일과 대방군의 점유는 부여에서 남하한 유력한 추장의 손에 의해 낙랑군이 멸망한 뒤 이루어졌다고 보았다.[58] 한반도에서 일어난 낙랑군의 멸망은 선비족의 요서 점령이라는 대륙의 정세 변화 때문이며, 낙랑군의 멸망을 틈타 한족韓族인 마한을 통일하고 대방군을 쓰러뜨린 백제도 '만주 민족'인 부여 세력이라고 이해했던 이케우치의 인식은 대륙의 정세라는 전형적인 타율성론에 입각한 인식이며 '만선사'적 관점에 근거한 이해이다.[59]

이러한 관점에서 진행된 이케우치의 연구에서 고조선·한사군의 역사는 한족韓族 역사와는 무관한 중국인·중국민족이나 '만주인·만주

---

56 池內宏, 『日本上代史の一研究 : 日鮮の交涉と日本書紀』, 東京 : 中央公論美術出版, 1970, p.17.
57 위의 책, p.19.
58 위의 책, p.20.
59 위가야, 앞의 글, 74~76쪽.

민족'의 역사이며, 당대의 '조선 민족'은 저급한 한족韓族을 중심으로 형성된 민족이라고 인식되었다.

결국 근대 역사학의 연구방법에 근거한 이케우치의 엄격한 사료비판과 실증이 무엇을 위한 사료 비판과 실증이었는지를 되새겨볼 필요가 있다. 그의 '조선상세사' 연구는 '당시 일본인 연구자들은 전쟁을 중심으로 한 대외관계사에 중점이 두어져 있고, 그 역사를 보는 시각이 한국 측에 있지 않고 중국과 만주라는 상대국에 있었다'[60]는 지적에 부합하는 것이었다. '조선반도' 외부 세력의 관점에서 '조선'의 대외관계를 중심으로 '조선상세사'가 진행되었다는 타율적인 시각으로 '조선상세사'를 연구했던 것이다. '조선상세사' 특히 '고조선'(기자조선, 위만조선)과 한사군은 그러한 관점의 연구에 가장 알맞은 연구 주제였다고 할 수 있다.

5. 맺음말

이케우치 히로시池內宏는 20세기 전반 일본의 대표적인 동양사학자로서, 엄격한 실증주의와 사료비판을 추구했다. 하지만 식민사학의 일종으로서 지리 중심의 타율적인 시각으로 한국사를 인식하는 '만선사'

---

60 金容燮, 「日帝官學者들의 韓國史觀」, 『思想界』11-2(통권 117호), 1963, 256쪽.

연구를 구축했다. 그는 20여 책의 저서와 130여 편 이상의 논문 등 방대한 연구 성과를 남겼다.

이케우치는 고조선부터 신라 말까지를 상세로 분류했고, 상세는 '고조선'(기씨조선과 위씨조선)부터 낙랑군·대방군 멸망까지의 '한漢민족 통치의 시기', 4세기 초부터 7세기 중엽 고구려·백제 멸망까지의 '예맥·한족韓族 대항의 시기', 7세기 중엽 이후 신라의 '한족韓族 통치시대' 등 세 시기로 구분했다. '한漢민족 통치의 시기'라는 규정은 한족韓族의 존재를 미개하다고 무시한 인식이다. 고조선(기씨조선과 위씨조선)은 중국 이주민이 세운 국가로 보았고, 고구려는 '만주 민족'인 예맥족의 국가로 보았는데, 한국사 전체로 범위를 확대할 경우 왕건의 고려는 '만주 민족' 국가를 계승한 국가이고, 이성계의 조선은 한족漢族 국가를 계승하겠다는 국가라는 해석이 가능하다는 문제점이 있다.

또 '만주 민족'의 하나인 예맥족이 한반도 북부에 거주하고 있다고 인식하고 있는데, '만주사'의 영역과 그 주민인 '만주 민족'의 거주 공간이 일치하지 않고, '조선사'의 영역과 '조선 민족'의 거주 지역이 일치하지 않는다. '조선사'의 영역인 '조선반도' 북부에 거주하는 예맥족을 외부 세력인 '만주 민족'으로 인식함으로써, '조선반도' 북부의 역사가 외부 세력에 의해 거주·지배되었다는 타율적인 역사 인식을 하고 있는 것이다.

'기씨조선'과 위씨조선을 고조선으로 이해하면서 중국 이주민이 세운 국가로 인식했는데, '조선'이라는 국호가 중국적인 국호가 아니고, 위씨조선 이전에도 토착민들이 먼저 '조선'이라는 국가를 세웠을 가능성에 대해서는 고려하지 않았다.

그는 한사군의 설치부터 멸망까지 시간적인 흐름에 따라 일관성 있게 고찰했다. 엄격한 사료비판과 실증을 기반으로 연구를 진행했지만, 주로 대외관계와 지리 고증에 중심을 두어 수행되었다. 한사군의 치폐와 변동을 고구려의 발전 및 중국 대륙에서의 정치적 세력 변화와 연계하여 이해한 반면, 한반도 내에 거주하는 한족韓族의 역량과 역할에 대해서는 무시했다. 즉 4세기까지 한반도의 역사는 한반도 중·북부를 중심으로 한족漢族의 지배, 한족漢族과 '만주 민족'의 항쟁으로 진행되었다고 보았고, 한반도 남부에 거주했던 한족韓族은 미개하여 주목할 만한 존재로 인식하지 않았다.

이케우치가 한사군 연구에서 추구한 연구 방법은 근대적인 역사방법으로 엄격한 사료 비판과 실증에 토대를 둔 것이었지만, 문제는 실증과 사료 비판의 대상이 누구였느냐 하는 점이다. 그에게 있어 '조선상세사'의 주체는 '조선반도' 외부 세력이었고, '조선반도' 내부 거주민은 우월한 외부 세력에 의해 지배와 영향을 받는 미개한 존재였을 뿐이었다.

참고문헌

1. 자료

『三國史記』
『三國遺事』
『高麗史』
『宋史』
『明史』
『東洋學報』
池内宏, 「朝鮮の文化」, 『岩波講座 東洋思潮』 15, 岩波書店, 1936.(『滿鮮史研究』 近世篇, 東京: 中央公論美術出版, 1972)
_____, 『日本上代史の一研究: 日鮮の交渉と日本書紀』, 東京: 近藤書店, 1947.(『日本上代史の一研究: 日鮮の交渉と日本書紀』, 東京: 中央公論美術出版, 1970)
_____, 『滿鮮史研究』 上世編 第1冊, 京都: 祖国社, 1951.
藤田劍峰・池内宏編, 『劍峰遺草』, 東京: 藤田金之丞, 1930.
藤田豊八・池内宏編, 『東西交涉史の研究』 南海篇, 東京: 岡書院, 1932.
池内博士還曆記念東洋史論叢刊行会編, 『(池内博士還曆記念) 東洋史論叢』, 東京: 座右宝刊行会, 1940.
今西龍 校定, 『宣和奉使高麗圖經』, 京城: 近澤書店, 1932.
小田省吾, 『朝鮮史大系』 上世史, 朝鮮史學會, 1927.
稻葉岩吉・矢野仁一, 『朝鮮・滿洲史』 ―世界歷史大系 11, 平凡社, 1935.

2. 단행본

박용운, 『고려의 고구려계승에 대한 종합적 검토』, 일지사, 2006.
旗田巍, 李基東譯, 『日本人의 韓國觀』, 一潮閣, 1983.

3. 논문

김영하, 「일제시기의 진흥왕순수비론ー'滿鮮'의 경역인식과 관련하여」, 『한국고대사연구』 52, 한국
　　고대사학회, 2008.

金容燮, 「日帝官學者들의 韓國史觀」, 『思想界』 11-2(통권 117호), 1963.

박찬흥, 「'만선사'에서의 고대 만주 역사에 대한 인식」, 『한국고대사연구』 76, 한국고대사학회, 2014.

＿＿＿, 「滿鮮歷史地理調查部와 고대 '滿鮮歷史地理' 연구」, 『역사와 담론』 75, 호서사학회, 2015.

위가야, 「이케우치 히로시(池內宏)의 대방군(帶方郡) 위치 비정과 그 성격」, 『인문과학』 54, 성균
　　관대 인문과학연구소, 2014.

李文基, 「新羅 金氏 王室의 小昊金天氏 出自觀念의 標榜과 變化」, 『歷史敎育論集』 23·24, 1999.

李成市, 「한국고대사연구와 식민지주의ー그 극복을 위한 과제」, 『한국고대사연구』 61, 한국고대
　　사학회, 2011.

李弘稙, 「池內宏 著 滿鮮史研究(上世 第二冊)ー池內博士의 業績의 回顧를 兼하여」, 『亞細亞研究』
　　6, 고려대 아세아문제연구소, 1960.

＿＿＿, 「(書評) 日本上代史の研究: 日鮮の交涉と日本書記, 池內宏」, 『歷史學報』 14, 역사학회, 1961.

鄭求福, 「高句麗의 '高麗' 國號에 대한 一考ー三國史記의 기록과 관련하여」, 『湖西史學』 19·20,
　　호서사학회, 1992.

조범환, 「일제강점기 일본인 연구자들의 신라 화랑 연구」, 『新羅史學報』 17, 신라사학회, 2009.

崔在錫, 「池內宏의 日本上代史論 批判」, 『人文論集』 33, 고려대학교, 1988.

허태용, 「朝鮮王朝의 건국과 國號 문제」, 『韓國史學報』 61, 고려사학회, 2015.

旗田巍, 「日本における東洋史學の傳統」, 『歷史學研究』 270, 青木書店, 1962.

武田幸男, 「池內宏」, 『20世紀の歷史家たち』(2) 日本編 下, 刀水書房, 1999.

濱田耕策, 「池內宏」, 『歷史學事典』 5ー歷史家とその作品, 岸本美緒 責任編輯, 歷史學事典編輯委
　　員會編, 東京 : 弘文堂, 1997.

三上次男, 「池內宏先生ーその人と學問」, 『日本上代史の一研究 : 日鮮の交涉と日本書紀』, 東京 :
　　中央公論美術出版, 1970.

＿＿＿, 「池內 宏先生と「滿鮮史研究」」, 『滿鮮史研究』 近世篇, 東京 : 中央公論美術出版, 1972.

窪德忠, 「(東洋學の系譜) 池內宏」, 『月刊 しにか』 4-5, 1993.5.(江上波夫編著, 『東洋學の系譜』
　　2, 大修館書店, 1994)

＿＿＿, 「池內宏」, 江上波夫 編著, 『東洋學の系譜』 第2集, 大修館書店, 1994.

青山公亮·旗田巍·池內一·三上次男·窪德忠·鈴木俊, 「先学を語るー池內宏博士」, 『東方学』
　　48, 東方学会, 1974.(吉川幸次郎編, 『東洋學の創始者たち』, 講談社, 1976; 東方學會編,
　　『東方學回想』 Ⅱ─先学を語る (2), 刀水書房, 2000)

東方学会編, 「池內宏博士略歷·著書目録」(先学を語るー池內宏博士), 『東方学』 48, 1974.(吉川
　　幸次郎編, 『東洋學の創始者たち』, 講談社, 1976; 東方學會編, 『東方學回想』 Ⅱ─先学を語る
　　(2), 刀水書房, 2000)

　　　　　　　　　　　　　　　　　　　　　　　　(괄호 안의 서지사항은 재수록본)

미우라 히로유키의 조선사 인식과 『조선반도사』

장 신

1. 머리말

1924년 말 10여 년을 이끌어온 『조선반도사』 편찬 사업이 종지부를 찍었다. 1922년 10월에 중추원 편찬과가 없어지고, 12월에 조선사편찬위원회가 설치될 때 이미 예견된 일이었다. 1915년 7월 도쿄와 교토의 제국대학 교수들을 초빙하여 편집주임을 꾸렸을 때만 해도 조선총독부는 예정했던 3년 안에 『조선반도사』의 완성을 볼 것으로 기대하였다. 그러나 편찬은 자꾸 연장되다가 결국 미완성의 원고들만 남긴 채 그 역할을 조선사편수회로 넘겨주었다.

『조선반도사』 편찬 사업을 계승한 조선사편수회는 사업 중단의 이유를 아래와 같이 설명하였다.

1918년 말까지 오로지 자료수집에 힘썼지만 새로 발견된 것이 예상외로 많고 편찬이 예정대로 진척되지 않아서 연한을 연장하지 않을 수 없었다. 그리고 上古三韓・三國・통일 후의 신라와 朝鮮의 4편에서 일부 탈고하였지만 高麗・朝鮮最近世史의 2편은 탈고하지 못하였다. 그 사이에 직원의 전출과 사망 등도 있고 그 후임을 쉽게 얻지 못할 무렵 1922년 12월 조선사편찬위원회가 설치됨으로써 반도사 편찬 사업은 일단 중지하게 되었다.[1]

곧 예상보다 자료 수집에 많은 시간이 걸렸으며, 일부의 초고만 완성된 상태에서 미완성 원고의 담당 직원들에게 신상 변동이 있었는데 그 후임을 찾지 못했고, 여기에 조선사편찬위원회가 설치되면서 사업을 중단했다는 것이다. 앞의 두 사정은 문자 그대로 이해할 수 있지만 조선사편찬위원회의 설치와 『조선반도사』의 관계는 애매하게 처리되었다. 당시 『조선반도사』 편찬을 담당했던 조선총독부중추원의 보고서에 그 해답이 있다.

때마침 1922년 12월 중추원 내에 신설된 조선사편찬위원회의 사업 진척에 따라서 각방면의 사료수집 결과, 새로운 사실이 많이 발견되어 이미 완성된 부분에도 訂正을 필요로 하는 곳이 있고, 그대로 미완성 부분을 추진하면 조선사편찬위원회에서의 사료 수집을 끝마치지 않는 한 이를 공간할 수 없다. 따라서 조선사편찬 사업에 통일하고 후일 이미 쓴 부분을 訂補하고 미완성 부분을 편찬하기로 하고 1924년 말로써 이 사무를 중단하기로[2]

---

[1]   朝鮮總督府 朝鮮史編修會編, 『朝鮮史編修會事業槪要』, 1938, p.7.
2   朝鮮總督府 中樞院編, 『朝鮮舊慣制度調査事業槪要』, 1938, p.148.

중추원 보고서에는 조선사편찬위원회의 사료 수집으로 기존『조선반도사』원고를 수정해야 할 새로운 사실이 발견되었다고 쓰여 있다. 달리 말해 사료 수집이 진행될수록 사실을 정정해야할 가능성이 크며, 사료 수집을 완료하지 않은 상태에서 원고를 쓸 수 없다는 것이었다. 그러므로 사료 수집을 조선사편찬위원회로 통일하고, 수집이 정리 되는 대로 이미 쓴 원고의 수정과 미완성 원고의 집필을 추진하겠다는 계획이었다. '공명적확한 사서史書'의 편찬을 목적으로 했지만 끝을 알 수 없는 사료의 발굴 때문에 실증을 확신할 수 없는 딜레마에 빠진 것이다.

두 보고서에서 보듯이 조선사편찬위원회의 설치가『조선반도사』편찬 사업을 미완성의 상태로 중단시켰음을 알 수 있다.[3] 사업의 중복에도 불구하고 조선총독부가 조선사편찬위원회를 설치한 까닭에 대해서 조선사편수회 수사관이었던 나카무라中村榮孝는 다음처럼 이야기하였다. 그는 3·1운동의 결과 조선통치의 방침이 크게 전환하였으며, 그 때『조선반도사』의 편집주임이었던 구로이타 가쓰미黑坂勝美가 "학자적 견지에서, 역사학 연구를 위해 영원한 방책을 수립함과 동시에 조선에서의 문화사업으로서 진정한 의의와 가치가 있는 것을 염두"에 두고 조선사 편수를 위한 새로운 계획으로 총독부에 조선사편찬위원회의 설치를 제안하였다고 한다.[4] 큰 틀에서 나카무라의 주장은 이후의 연구에 수용되었다.[5]

3 　조선사편찬위원회 설치 이후에도 1924년 2월까지『조선반도사』편찬을 위한 사료 발췌 작업은 계속되었으며,『조선반도사』편찬의 중지 제안은 1924년 8월 5일에 기안되어 12월 1일에 시행하는 것으로 예정되어 있었다. 金性玟,「朝鮮史編修會의 組織과 運用」,『한국민족운동사연구』3, 1989, 129쪽.

4 　中村榮孝,「朝鮮史의 編修와 朝鮮史料의 蒐集」,『日鮮關係史의 硏究 下』, 吉川弘文館, 1969, pp.655~656.

선행연구에 동의하지만 필자의 관심은 조선사편찬위원회의 설치 자체보다 왜 예정된 기간 안에 『조선반도사』의 편찬을 완료하지 못했는가 하는 점에 있다. 최초의 편찬기간 3년은 조선총독부의 주문이었고, 편집주임 등이 동의한 사항이었다. 물론 사업을 진행하다보면 불가피한 사정이 생길 수도 있지만, 이 사업은 조선총독부와 학자들의 동상이몽 속에서 진행되지 않았나 하는 느낌을 갖게 한다.

『조선반도사』 집필을 담당했던 일본인 학자들의 조선사 지식이 일천하고 집필된 원고도 학문적 수준에 미치지 못했다거나,[6] 당시 일본의 조선사 연구 수준이 그리 높지 않았기 때문에 실패했다는[7] 견해들이 있다. 당시 일본의 조선 연구가 시기적으로 고대사에 편중되어서 중세 이후의 역사를 서술하기에 충분한 학적 기반을 갖추지 못했던 것은 사실이지만 집필자들의 수준이 낮다고 단정하기는 어렵다.[8]

오히려 집필자들의 조선사 인식 자체가 통사로서의 『조선반도사』 집필을 어렵게 만들지 않았을까 생각한다. 발전이 없는 정체된 역사, '강국'과 관계 속에서만 의미 있는 역사로 조선사를 인식할 때 통사 서술은 애초에 불가능하지 않았을까? 또 권위와 전문성을 얻고자 도쿄와 교토의 대학교수에게 편찬을 위촉했지만 그것 때문에 사업의 지지부진함을 가져오지 않았을까? 사업의 목적과 결과를 중시할 수밖에 없는 조선총독부와, 결과만큼 과정에 의미를 부여해야 하는 학자들의 입장

---

5 金性玟, 앞의 글, 132~134쪽; 정상우, 「조선총독부의 『朝鮮史』 편찬 사업」, 서울대 박사논문, 2011, 76~101쪽.
6 金性玟, 위의 글, 129~130쪽.
7 정상우, 앞의 글, 89~93쪽.
8 장신, 「조선총독부의 朝鮮半島史 편찬 사업 연구」, 『동북아역사논총』 23, 동북아역사재단, 2009, 369~370쪽.

이 엇갈리면서 사업의 완료보다 완성도의 비중이 커지면서 편찬 사업은 연장되었다.[9]

실제로 조선사편찬위원회가 출범할 때 이를 주도하였던 도쿄제국대학의 구로이타와 교토제국대학의 나이토 코난內藤湖南은 오다 쇼고小田省吾 등의 '구반도사파舊半島史派'와 세키노 다다시關野貞 등의 '고적조사파古蹟調査派'의 참여를 견제하였다. 구로이타 등은 조선사편찬위원회를 조선반도사와 성격을 달리하면서 연관성을 갖지 않는 조직으로 만들었다.[10] 특히 전자는 조선총독부 중추원과 학무국 편집과를 기반으로 한 관료였다. 조선사편찬위원회만큼은 관료들의 지시나 견제에서 자유로운, 달리 말해 학자들이 주도권을 쥐는 조직이었다.[11]

이처럼 이 글은『조선반도사』의 주체를 구성할 때 이미 불가능을 내포했던 것은 아닌가 하는 문제의식에서 출발한다. 이를 위해 3인의 편집주임 중 한 사람이었던 미우라 히데유키三浦周行의 학문 이력과 조선사 인식을 살펴보려고 한다. 도쿄제국대학의 구로이타가『조선반도사』편집주임 외에 고적조사위원, 조선사편찬위원회 위원, 조선사편수회 위원 등을 지내면서 각 사업마다 큰 영향력을 행사하여 많은 조명을 받았

---

9 『조선반도사』편찬에 내포된 통사 서술의 딜레마를 지적하고 그 극복책의 하나로 조선사학회의 활동을 다룬 논문이 최근에 나왔다. 정준영, 「식민사관의 차질(蹉跌)－조선사학회와 1920년대 식민사학의 제도화」,『韓國史學史學報』34, 한국사학사학회, 2016.

10 箱石大, 「近代日本歷史學と朝鮮總督府の朝鮮史編纂事業」, 佐藤信·藤田覺,『前近代の日本列島と朝鮮半島』, 山川出版社, 2007, pp.243~247. 앞의 견해와 달리 나가시마는 '구반도사파'를 총독부와 참사관실, '고적 조사파'를 오다 쇼고 등의 학무국계로 보면서 오다와 세키노는 대립하지 않았으며 오히려 오다는 쿠로이타 등과 협조하였다고 주장했다. 나가시마 히로유키, 「2개의 고종실록 편찬을 둘러싼 궁내성·이왕직의 갈등－아사미 린타로와 오다 쇼고의 역사서 술을 중심으로」,『한국사학보』64, 2016, 59쪽.

11 중추원의 촉탁이 사업발주 관청의 과업을 수행해야 하는 입장이라면 조선사편찬위원회의 '위원'은 사업의 목적과 방향을 논의하고 결정할 수 있었다.

던 것에[12] 비하면 미우라는 『조선반도사』 편찬 사업을 정리할 때 간략히 언급되는 데 그쳤다.[13]

미우라는 우치다 긴조內田銀藏와 함께 교토제국대학 문학부 국사연구실의 기초를 닦은 인물이며 연구에서는 '일본법제사의 태두', 일본중세사, 그 중에서도 '가마쿠라鎌倉 시대의 전문가'로 알려져 있다. 그 외에도 미우라의 학문은 시대적으로 고대에서 근대까지, 법제사와 정치사 외에 경제사, 사회사,[14] 문화사에도 미쳤다는 평가를 받았다.[15] 이 글에서는 그의 '조선사 개조론'과 '사료실증주의'가 『조선반도사』 편찬 사업에 미친 영향을 살펴본다.

---

12 이성시, 「구로이타 가쓰미를 통해 본 식민지와 역사학」, 『만들어진 고대』, 삼인, 2001; 송완범, 「식민지 조선의 黑板勝美와 修史사업의 실상과 허상」, 『동북아역사논총』 26, 동북아역사재단, 2009; 이성시, 「조선총독부의 고적 조사와 총독부박물관」, 『미술자료』 87, 2015; Lisa Yoshikawa, *Making History Matter : Kuroita Katsumi and the Construction of Imperial Japan*, Harvard University Asia Center, 2017.

13 장신, 앞의 글, 356~357쪽; 정상우, 앞의 글, 34~49쪽.

14 미우라는 실증주의를 견지하면서도 1910년대 다이쇼데모크라시라는 사회 분위기에 맞추어 '사회적 관심', 곧 민란(一揆), 민중운동, 민중의 정치적 권리 등을 본격적으로 다루고, 이를 『國史上の社會問題』(大鎧閣, 1920)로 정리하였다. 永原慶二, 하종문 역, 『20세기 일본의 역사학』, 삼천리, 2011, 90~92쪽.(『20世紀日本の歷史學』吉川弘文館, 2003) 괄호 안은 원출처. 이하 동일.

15 三浦讓治, 「三浦周行」, 礪波護・藤井讓治 編, 『京大東洋學の百年』, 京都大學學術出版會, 2002, p.38.

2. 미우라의 학문 이력과 조선[16]

미우라는 1871년 6월 4일 일본 시마네島根縣현 마쓰에松江시에서 출생하였다. 1878년 1월에 마쓰에사범학교부속소학교에 입학하여 1883년 3월에 소학교 중등과를 졸업하였다. 같은 해 9월에 마쓰에중학교에 입학하여 1887년 7월에 심상중학과 3년을 이수하였다. 1888년 6월에 상경하여 간다神田영어학교와 와세다早稻田전문학교에 입학했다가 같은 해 11월에 도쿄에이와학교東京英和學校(지금의 아오야마학원(青山學院))로 옮겨서 1890년 9월에 졸업하였다.

미우라는 도쿄에이와학교 졸업과 동시에 도쿄제국대학 국사학과 선과選科에 입학하였다. 국사학과는 1888년에 만들어졌지만 학생을 받기는 1890년이 처음으로서 미우라는 1기생이었다. 그는 대학 주변에서 하숙하면서 오전 8시에 학교에 가서 강의를 듣는 시간 외에는 도서관과 사료편찬괘史誌編纂掛에서 고문서와 사료를 열람하고, 저녁에 하숙집에서 식사를 한 뒤 다시 대학도서관에서 밤 9시까지 지내는 것이 일과였다. 이처럼 열심히 공부하면서 호시노 히사시星野恒의 국사학·고문서학, 쿠리타 히로시栗田寬·코나카무라 키요노리小中村清矩, 동양사의 시마다 쵸우레이嶋田重禮, 독일인 교사 리스 등의 강의를 들었다.

1892년에 첫 논문(「天慶의 亂을 論한다」)을 지도교수 호시노의 추천으로 『史學會雜誌』에 실었다. 1895년 2월부터 도쿄제실박물관東京帝室博

---

16 이 장은 후지이 죠지[藤井讓治]의 「三浦周行」(『京大東洋學の百年』, 2002)를 요약한 것이다. 여기에서 언급되지 않은 내용은 별도의 주를 달았다.

物館에 근무하다가 4월에 도쿄제국대학 문과대학에 사료편찬괘가 설치될 때 사료편찬괘 조원組員으로 채용되었다. 그는 『大日本史料』第四編-鎌倉時代 (一)의 편찬을 맡아서 다른 편보다 먼저 완결하였다. 1905년에는 사료편찬관으로 승진하였다. 이 사이에 그는 최초의 저서인 『五人組制度의 起源』(1900)을 유히가쿠有斐閣에서 출판하였다. 또 고쿠가이인國學院대학에 출강하고, 도쿄제국대학 법과대학과 문과대학의 강사를 촉탁하였다.

한편 1897년에 교토제국대학京都帝國大學이 창설되었다. 1906년에 문과대학이 설치되고 철학과, 사학과, 문학과가 차례로 개설되었다. 1908년 5월 사학과 내에 국사학강좌가 개설되면서 초대 교수로 우치다가 취임하고, 미우라는 문과대학에서 국사재료수집國史材料蒐集을 의뢰받았다. 1907년 8월 문과대학 국사학강사로 위촉되었던 미우라는, 1909년 5월에 교수로 승진하여 국사학 제2강좌를 담당하였다. 같은 해 10월 도쿄제국대학 문과대학에서 문학박사 학위를 받았다. 1925년 교토제국대학에 문학부가 설치되고, 국사학강좌의 우치다가 사망하면서 미우라는 강좌의 주임교수가 되었다.

1910년 12월에 일본사를 중심으로 사료 강독을 목적으로 한 독사회讀史會를 시작했다. 1914년 4월 진열관의 제1기 공사가 완성되어 고문서의 수장收藏과 열람을 위한 고문서실이 마련되었다. 교토대학의 사학연구회는 1908년 2월에 발족하여 그 성과를 수시로 『사학연구회강연집』으로 발간했다. 미우라는 사학연구회의 기관지로 새롭게 『사림史林』의 발간을 계획하여 1916년 10월에 실현시켰다.

미우라는 교토대학에 재직하면서 매년 국사개설을 강의했다. 시대

<표 1> 미우라의 저작 일람

연번	저서명	출판사	출판연도	비고
1	『五人組制度の起源』	有斐閣	1900	『法經論叢』 1책
2	『大日本時代史 鎌倉時代』	早稻田大學出版部	1907	1916년 보정·증보
3	『稿本 堺港の硏究』	堺市役所	1913	
4	『卽位禮と大嘗祭』	京都府敎育會	1914	
5	『歷史に見われたる堺港』	堺市敎育會	1915	
6	『歷史と人物』	東亞堂	1916	
7	『法制史の硏究』	岩波書店	1919	
8	『國史上の社會問題』	大鐙閣	1920	
9	『佛敎大師傳』	御遠忌事務局	1921	
10	『現代史觀』	古今書院	1922	
11	『日本史の硏究』	岩波書店	1922	
12	『續 法制史之硏究』	岩波書店	1925	
13	『過去より現代へ』	私家版	1926	『現代法學全集』 22권
14	『大禮眼目』	開成館	1928	
15	『法制史』	日本評論社	1930	
16	『日本史の硏究 第二輯』	岩波書店	1930	
17	『明治維新と現代支那』	刀江書院	1931	유고
18	『國民思想動搖期に於ける 國体觀念の歷史的發達』		1932	유고

사로는 일본중세사를 맡고, 고문서학 관련 강의와 일본사회사도 자주 개설하였다. 그는 외부 강의도 자주 맡았다. 1921년부터 교토대학 경제학부에서 일본경제사 강의를 담당했고 같은 해 11월부터 북쿄대학佛敎大學의 비상근강사로 일했다. 또 1921년부터 1927년까지 도쿄상과대학에서 일본법제사를 집중강의했다. 1929년에는 오타니대학大谷大學에서 촉탁교수를 맡았다. 1931년 7월 15알 미우라는 병으로 대학에서 은퇴하고 명예교수에 위촉되었다가 같은 해 9월 6일 교토대학병원에서 사망했다.

미우라는 1900년『오인조제도의 기원』을 출판한 이래 1930년까지 다수의 연구서를 집필했다. 〈표 1〉은 미우라의 저작 목록이다. 학술서 외에 그의 이름으로 나온 다른 책들도 포함하였다.

미우라는 1915년 10월 조선물산공진회에 참석하러 경성에 오면서[17] 조선을 처음 방문하였다. 이때 미우라는 규장각에서 2~3주간[18] 사료를 조사하였다.[19] 이어 1916년 2월『조선반도사』편찬주임을 촉탁하면서 조선과 본격적 관계를 맺고, 이후 매년 사료 수집과『조선반도사』편찬을 위해서 조선을 방문하였다.

그는 조선에 올 때마다 강연과 언론인터뷰 등으로 그때마다의 성과를 발표하였다. 평안도지역의 사적조사를 마친 후에는 조선총독부 임시직원연수회에서 새로 발굴한 지리지를 주제로 강연을 하였다.[20] 총독부 기관지인『경성일보』·『매일신보』와 인터뷰를 하고,[21] 총독부가 발행하는 잡지에 글을 기고하였다.[22] 1917년에 발표된 왜구 논문도 그때 발굴한『세종실록지리지』를 적극 활용한 결과였다.[23]

---

17 나이토 토라지로[内藤虎次郎, 나이토 코난]가 데라우치 마사다케[寺内正毅]에게 보낸 서한.(1915.10.14) "朝鮮共進會に三浦周行參列." 이 자료를 제공해준 고려대학교 아시아문제연구소의 이형식 교수께 감사드린다.
18 세키야 데자부로[關屋貞三郎]가 데라우치 마사다케에게 보낸 서한.(1915.11.24) "先般京都文科大學教授三浦博士來遊奎章閣余程熱心に二三週間研究致され得る所."
19 藤田藤年, 「三浦周行博士の生涯－五十年忌を前にして」, 『國學院雜誌』82-4(통권 888호), 1981, p.89.
20 「臨時研修會開會」, 『每日申報』, 1916.10.4, 2면.
21 三浦周行, 「半島史蹟調査に就て (1~2)」, 『京城日報』, 1916.10.24~25, 각각 1면; 三浦周行氏談, 「半島史蹟觀 (1~2)」, 『每日申報』, 1916.10.25~26, 각각 1면.
22 三浦周行, 「朝鮮最古の地理書に就て」, 『朝鮮彙報』, 1916.12; 『日本史の研究』, 岩波書店, 1922에 재수록.
23 三浦周行, 「朝鮮の倭寇 (上)」, 『史林』2-2, 京都大學 史學研究會, 1917; 三浦周行, 「朝鮮の倭寇 (下)」, 『史林』2-3, 1917.

<표 2> 미우라의 조선 관련 글

제목	첫 출전	발행연월	단행본 재수록
日韓の同化と分化	『歷史地理』朝鮮號	1910.8	日本史の研究
朝鮮最古の地理書に就て	『朝鮮彙報』6-12	1916.12	
朝鮮最古の地理誌	『藝文』8-1	1917.1	日本史の研究
朝鮮の倭寇(上下)	『史林』2-2, 3	1917.2~3	日本史の研究
朝鮮史の將來	『朝鮮及滿洲』124	1917.10	
老松堂の日本行錄を讀む(1~4)	『藝文』9-1~4	1918.1~4	日本史の研究
朝鮮の開國傳說	『歷史と地理』1-5	1918.3	日本史の研究
日本民族と國體	『朝鮮及滿洲』164	1921.4	
朝鮮人は同化すべきや	『民族と歷史』6-1	1921.7	現代史觀
是利時代日本人の居留地たりし朝鮮三浦	『朝鮮』86	1922.5	日本史の研究 第二輯
古代日鮮關係史	미확인	1923.8	
朝鮮役に關する二三の考察(上下)	『藝文』14-5, 6	1923.5~6	
朝鮮交通史の一考察	『史學雜誌』35-7	1924.7	
新井白石と復號問題	미확인	1924.7	
日鮮離合の跡を顧みて	미확인	1925.1	
三韓の歸化人	『朝鮮史講座』	1925	
足利時代に於ける日鮮貿易に關する一考察	『靑丘學叢』4	1931.5	

1917년의 방문은 확인되지 않는다. 1918년 7월 중순부터 8월 초까지 경상남도 지방의 사적 조사를 한 뒤 경성에서 정무총감을 방문하였다.[24] 1919년 3월에 경성교육회에서 강연을 했고,[25] 1920년 4월에 『조선반도사』 편찬을 위한 회의에 참석하였다.[26] 1921년 3월에 경성일보사 주최로 남산정의 고등여학교에서 「일본국체론」을 강연하였고,[27] 1922년 3월에

24 「人事消息」, 『每日申報』, 1918.7.17, 2면; 「京大敎授來馬」, 『每日申報』, 1918.7.24, 4면; 「人事消息」, 『每日申報』, 1918.8.1, 2면; 「三浦博士訪府」, 『每日申報』1918.8.3, 2면.
25 三浦周行, 『現代史觀』, 古今書院, 1922, p.207.
26 『친일반민족행위관계사료집』V - 일제의 조선사 편찬 사업, 친일반민족행위진상규명위원회, 2008, 39~47쪽.
27 「三浦博士講演」, 『每日申報』, 1921.3.5, 2면.

도 조선을 방문하였다.[28] 1922년 5월 7일부터 12월 2일까지 구미시찰에 나서면서 12월에 출범한 조선사편찬위원회에는 관여하지 않았다. 이후 조선 방문의 흔적을 찾을 수 없다.

미우라의 수많은 저작 중에서 조선사와 조선 문제를 다룬 글은 인터뷰를 포함해도 20여 편 미만이다. 일본사학계의 권위자였으나 조선사에 정통하다고 볼 수는 없었다. 최초의 글은 1910년 8월 '한국병합'을 기념해 나온 『역사지리 조선호歷史地理 朝鮮號』에 실은 「일한日韓의 동화同化와 분화分化」였다. 본격 연구논문이라기보다 조선 민족의 동화를 위해 분화의 역사를 고찰한다는 시론적 성격의 글이었다.

3. 미우라의 '조선사 개조론'

미우라의 조선사 인식은 중세 이후의 한일관계사를 제외하면 1910년에서 크게 벗어나지 않는다. 시기를 달리하지만 「日韓の同化と分化」(『歷史地理 朝鮮號』, 1910), 「朝鮮人は同化すべきや」(『民族と歷史』 6-1, 1921.7), 「古代日鮮關係史」(1923) 등은 모두 같은 문제의식을 담은 글들이다. 곧 일본은 조선을 동화시킬 수 있는가의 문제였다. 일본이 오랜 역사 속에서 귀화인들을 동화시키는데 성공하였음을 설명하면서 비록 시간이 걸리겠

---

28 「人事消息」, 『每日申報』, 1922.3.23, 2면.

지만 동화는 가능하다고 보았다.

미우라는 둘 이상의 다른 종족의 결합으로 일본 민족이 성립했다고 여겼다.[29] 일본에 귀화한 여러 민족을 차별 없이 받아들인 역사를 보고, 미우라는 일본의 동화 능력을 인정할 수 있었다. 신라와 백제, 고구려 등 그 출신을 묻지 않고 다른 나라의 귀화인처럼 환영해서 거주지를 지급하고, 일정 기간 동안 조세 면제의 특전을 주고, 각자의 재능과 기예를 바탕으로 조정에 벼슬할 수 있는 기회를 제공했다는 것이다.[30] 군명 郡命에 고려, 신라, 백제 등이 있을 정도로 다수의 이주민이 있었지만 후대에 이르면 완전히 동화되어 그 흔적도 찾을 수 없었다.[31] 이처럼 이 민족異民族을 끌어안아 건국했던 것처럼 일본민족의 포용력이 크다는 것을 인정하지 않을 수 없다는 게 미우라의 주장이었다.[32]

이런 관점에서 조선을 바라보았기 때문에 미우라에게 조선사는 일본을 설명하기 위한 수단에 지나지 않았다. 교육과정에 따른 불가피한 측면도 있지만 그가 집필한 교과서의 목차를 보면,[33] 일본사와 조선사의 관계를 잘 알 수 있다.

일본사 교과서라는 사정을 감안해도 조선사는 일본과의 관계 속에서만 서술되었다. 양국 관계는 시대에 따라서 반드시 동일한 밀도로 있지는 않았는데, 때로는 일본이 병력으로 조선을 정복한 적도 있고, 어느 때에는 오랫동안 국교가 단절된 때도 있었다.[34] 미우라의 연구와 관

29 三浦周行, 「日本國體論」, 『現代史觀』, 古今書院, 1922, p.164. 1919년 3월 경성교육회에서 강연한 내용이다.
30 三浦周行, 「日韓の同化と分化」, 『歷史地理』 臨時增刊 朝鮮號, 三省堂書店, 1910, pp.166~167.
31 三浦周行, 「朝鮮人は同化すべきや」, 『日本史の硏究』, 岩波書店, 1922, p.124.
32 三浦周行, 「日本國體論」, 『現代史觀』, 古今書院, 1922, p.202.
33 三浦周行編, 『中等敎育 日本史敎科書 上級用』, 開成館, 1913.

심도 이 범위를 벗어나지 않았다. 고대사는 개설적이고, 중세사만 일본에 없는 조선 사료를 발굴하여 새로운 성과를 제출하였다.

미우라에게 조선 고대사는 신대神代부터 일본이 정복하고 다스린 동역同域의 역사였다. 그는 "아국我國의 신화神話, 출운풍토기出雲風土記의 유명한 국인조國引條의 문부文抔" 등의 사료를 볼 때 "일한日韓이 원래 지리적으로 동역同域"이었으며, 특히 "스사노오노미코토素戔嗚尊·이타케루노미코토五十猛命 부자를 시작으로 피아의 왕래가 일찍부터 빈번해서 적어도 남선지방이 우리 영유로 돌아온 사실은 의심할 여지가 없다"라고 주장하였다.[35] 그래서 교과서의 제목도 「조선반도의 복속」이었다가 '동요'를 거쳐 '이반'이 되었다.

> 개벽 이래 우리나라는 조선반도와 깊은 관계가 있었다. 특히 동남부 지방은 신대神代에 스사노오노미코토素戔嗚尊가 다스렸던 곳으로서 이즈모出雲와의 교통이 가장 빈번하였다. 그 후 스진천황崇神天皇대에 반도남부의 임나가 우리 보호국으로 되었으나 그 동쪽 이웃인 신라는 당시 세력이 매우 강해서 우리를 모욕하기에 이르렀다. 진구황후神功后는 친정親征하여(860년) 신라를 항복시켰다. 서쪽에 이웃한 백제와 북방의 고려도 이어서 귀복歸服시켜서 조선반도는 완전히 황위皇威를 맞이하기에 이르렀다.
>
> 이로부터 아세아대륙의 문화는 반도를 거쳐서 내지內地에 전해지고 앞에는 유교, 뒤에는 불교가 함께 백제로부터 들어왔다.[36]

---

34 三浦周行, 「古代日鮮關係史」, 『日本史の研究』第二輯, 岩波書店, 1930, p.983.
35 三浦周行, 「日韓の同化と分化」, 『歴史地理』臨時增刊 朝鮮號, 三省堂書店, 1910, p.164.
36 三浦周行編, 『中等教育 日本史教科書 上級用』, 開成館, 1913, p.13.

조선은 일본에 복속된 지역이기도 했지만 문화의 주요한 중개자로 서만 의미를 지녔다. 인용문의 마지막에서 "아세아대륙의 문화는 반도 를 거쳐서 내지에 전해지고"라고 서술하였다. 이 말을 풀어 쓰면 "조선 은 지나의 문물·제도·기예 등을 아국我國에 수입하는 중개자였다. 아 국은 지나와 교통하는 길을 조선에 빌려 요동으로 나아갔다"라고 할 수 있다. 조선은 중국의 문물을 모방하는 데 그칠 뿐 그것을 음미하여 동 화하는 힘은 도저히 일본에 미치지 못하였다는[37] 뜻이었다. 3천 년의 역사를 지닌 조선이 고대에는 일본의 선진국이었던 적도 있지만 그때 도 중국문명의 충실한 중개·소개자에 지나지 않았다고 보았다. 또 당 시의 발굴품을 보더라도 '조선화'된 것이 없지 않지만 대체로 중국을 그대로 옮긴 것으로서 조선의 독창성으로 자랑할 만한 것은 드물다고 하였다.[38]

당시 미우라뿐 아니라 일본의 역사학자들이 조선 문화의 독창성을 부 정한 까닭은, 일본이 고대의 선진문명인 중국문명을 직수입했다는 인식 때문이었다. 한반도 남부의 일본 보호국인 임나任那를 통해 중국의 속국 이었던 한반도의 북부에서 중국 문명을 수입했다는 것이었다. 따라서 일본고대사에서 한반도의 복속만큼 중요한 사건이 중국과 교통이었다.

조선반도의 북부지방은 일찍 기원 5백년대 후반에 한때 지나에 속하였던 적이 있다. 당시 지나는 한대漢代로서 일본인과 지나인의 교통은 이때부터 열리고, (…중략…) 지나인이 조선반도를 거쳐 귀화하여 문학과 기술의 여

---

37 三浦周行, 「日韓の同化と分化」, 『歷史地理』 臨時增刊 朝鮮號, 三省堂書店, 1910, p.165.
38 三浦周行, 「朝鮮史の將來」, 『朝鮮及滿洲』 124, 1917.10, p.61.

러 직책을 맡아서 조정에서 벼슬하는 일이 적지 않았다. 오진천황應神天皇과 유라쿠천황雄略天皇은 지나의 동남지방인 오吳에 사신을 보내어 직녀織女와 봉녀縫女를 구하였다.[39]

위의 서술에서도 보듯이 일본은 한반도를 거치지 않고 오나라에 사신을 보내 선진문물을 수입하였다. 마침내 쇼토쿠 태자聖德太子는 사절을 수隋나라에 보내어 국교를 열었다. 이때 수와 '대등한 예'를 갖춘 것만큼 학생과 승려의 유학이 많아지면서 대륙의 문화가 바로 일본에 전해진 것이 중요했다. 일본이 수와 당과 직접 교류하면서 중국의 선진문명을 수입하면서부터 조선을 거칠 필요성은 완전히 사라졌다.[40] 미우라가 교과서를 집필하던 1913년에는 아직 낙랑 유적의 발굴과 그 성과가 학계에 공유되기 전이라서 낙랑의 이름이 없다.

이처럼 미우라는 조선의 문화를 독창성이 결여되었다고 보면서 정치적으로도 항상 중국의 '번속국藩屬國' 또는 '부용국附庸國'에 지나지 않았다고 하였다. 발해는 일본의 조공국이고, 고려는 원의 보호국이었다. 조선은 건국 초기에 명明의 책봉을 받고 번속국이 되었다.[41] 이 주장은 연구와 교육의 측면에서 '조선사'를 어떻게 취급할 것인가의 문제에서 나왔다. 〈표 4〉에서는 일본을 대표하는 두 제국대학에서 조선사의 위치를 알아보기 위해 개설된 강좌를 비교하였다.

당시 도쿄와 교토의 두 제국대학에서 조선사의 위상이 달랐다. 도쿄

---

39 三浦周行編, 앞의 책, 1913, pp.14~15.
40 三浦周行, 「日鮮離合の跡を顧みて」, 『日本史の硏究』第二輯, 岩波書店, 1930, p.1073.
41 三浦周行編, 『中等敎育 日本史敎科書 上級用』, 開成館, 1913, pp.17・29・32.

<표 4> 1917년 당시 도쿄와 교토제국대학의 역사 강좌

도쿄제국대학		교토제국대학	
강좌명	강좌수	강좌명	강좌수
국사학	3	국사학	2
조선사	1	고고학	1
지나철학·지나사학·지나문학	3	동양사학	3
사학지리학	4	사학지리학	3
		(지나어학·지나문학)	(1)

출전 : 東京帝國大學, 『東京帝國大學一覽 自大正五年至大正六年』, 1917, p.50 ; 京都帝國大學, 『京都帝國大學一覽 自大正五年至大正六年』, 1917, p.39

에서는 조선사 강좌가 있지만 교토에는 독립된 강좌가 없이 국사학강좌 속에서 가르쳤다. 미우라가 보기에 조선이 독립국일 때 조선사의 독립강좌를 두는 것은 당연한 일이었다. 그런데 일본에 '병합'된 이후에도 강좌를 두려면 조건이 필요하였다.

영구히 망하지 않는 조선의 문화가 있는가? 미우라는 그렇지 않다고 하였다. 조선의 각 왕조는 거의 연호가 없었고 항상 중국의 책력正朔을 받들었다. 심지어 사대事大는 조선의 국시였다. 조선에서는 국사國史라고 부를 만한 게 없었다. 종래 조선의 역사서는 중화, 곧 지나의 역사였다. 일반 인민에게 자국사를 가르친 적도 없었다. 있다고 해도 1894년 청으로부터 독립한 뒤의 짧은 기간뿐이었고, 국사책이라고 해야 『동국략사』라는 간단한 교과서밖에 없었다. 활자나 천문관상 등 세계 학계에 자랑할 만한 것이 있지만 그것만으로는 부족했다. 조선은 독창성 없는 "문명의 중개자, 소개자"일 뿐이기 때문이었다. 따라서 미우라는 기본적으로 조선사를 국사학의 일부로서 취급하는 게 온당하다고 주장하였다.[42]

조선사를 국사에서 취급한다고 할 때 그것은 종래 조선에서 정리한 방식과 달라야 했다. 조선의 조선사는 대개 북방의 세력에만 상세하고, 남방의 문명을 소홀히 하였다. 조선 역대왕조의 정책은 사대교린을 근본으로 하되 절조節操가 없었다. 시세에 따라 종주국을 바꾸었다. 조선사의 주요 부분을 구성한 것은 모두 북방의 문명이었다. 단군·기자·위만 등 조선 북방문명의 건설자는 다 대국大國인 중국에서 온 망명자 또는 침입자였다. 이들로서는 진정한 조선의 문명이나 조선의 역사를 말하기 어렵다는[43] 게 미우라의 생각이었다.

중국 문명과 독립하면서 조선의 독특한 문명을 구성한 민족은 가야, 임나, 신라 등이었다. 이들 남방민족이 쌓은 문명은 조선사의 중흥에 심원深遠한데 종래 많이 소외된 경향이 있었다. 따라서 국사의 입장에서 볼 때 조선사는 남방의 문화에서 출발해야만 했다. 조선을 최초로 통일한 국가는 사로였고, 그 후신인 신라는 먼저 일본에 접근하였을 뿐 아니라 "용무勇武로서 죽음을 두려워하지 않고 주군을 위해 희생"하는 국민성은 일본과 유사하였다. 이렇듯 조선사는 국사의 견지에서 크게 개조돼야 하며, 그 방법은 남북의 출발점을 역전시켜 중국의 흔적을 철거하는 것이 핵심이었다.[44]

42 三浦周行, 「朝鮮史の將來」, 『朝鮮及滿洲』 124, 1917.10, pp.60~61.
43 三浦周行博士談, 「完全흔 朝鮮史」, 『每日申報』, 1916.9.17, 1면.
44 三浦周行, 「朝鮮史の將來」, 『朝鮮及滿洲』 124, 1917.10, pp.61~62.

4. 미우라의 '사료실증주의'

미우라는 1895년부터 1907년까지 사료편찬괘에 채용되어 사료 수집과 편찬 업무에 종사하였다. 교토제국대학 사학과는 출범 당시 지역의 이점을 이용하여 고대와 중세의 고문서를 수집하겠다는 계획을 세우고, 미우라를 초빙하였다. 미우라는 오래된 절과 구가舊家 등을 방문하는 것은 물론이고 시중의 고서점에서 중세문서를 대량으로 구입하였다. 이렇게 구입된 고문서는 쇼와기에 이르면 2만 점을 넘어섰다. 원본이 풍부해서 교토제대 국사과의 고문서연습은 원본으로 수업을 진행할 정도였다.[45]

미우라는 사료를 조사·수집할 뿐 아니라 논증을 통해 사료의 가치를 재발견하는데 탁월하였기 때문에 그의 학풍을 '사료실증주의'라고도 부른다.[46] 그는 『일본사의 연구』(1922) 서문에서 근대 일본사 연구를 정리하였다. 수사修史의 부업처럼 여겼던 사료 편찬이 사업의 주主가 되어 그 결과 세상에 숨겼던 많은 새 자료가 발견되었고, 그것에 기초한 전인미발前人未發의 고증은 일본사 각 방면의 연구를 개척하였다고 평가하였다. 여기서 고증방법이란 중국의 고증학이 아닌, 리스와 쓰보이 구메조坪井九馬三 등의 유럽, 특히 독일의 역사연구법이었다.[47]

---

45 今谷明, 「三浦周行:『大日本史料』の刊行」, 『天皇と戰爭と歷史學』, 羊泉社, 2012, pp.256~257.
46 물론 '사료실증주의'를 미우라의 전유물이 아닌 당대 일본 역사학계의 일반적 특성으로 보는 게 타당하다. 이 글에서는 미우라가 그 특성을 가장 잘 보여주는 학자였다는 의미로 사용한다.
47 藤井讓治, 「三浦周行」, 礪波護·藤井讓治編, 『京大東洋學の百年』, 京都大學學術出版會, 2002, pp.51~54.

<표 5> 미우라의 1916년 10월 사적조사 일정

조사일	조사지역 및 일정	동행자 (또는 수행자)
15일	・남대문역 출발(9:30), 평양역 도착(15:10), ・柳屋旅館 숙박, 大同門과 練光亭, 대동강 연안 관람	
16일	・대동강변 樂浪郡治址라 인정하는 土城 일주, 關野貞 등이 발굴한 낙랑군시대의 고분 10여개소 조사하고 발굴품 견학(오전) ・평안남도청 방문하여 도내 여행일정 협의, 을밀대 부근 사적과 토성 조사(오후)	문학사 谷井濟一, 평남 내무부장
17일	・평양역 출발(6:30) ・진남포부 대상면 매산리와 신북면 화상리의 고분 조사 용강군 온정리의 溫井 견학, 秥蟬縣治址로 추정하는 토성 답사 ・진남포부 시찰, 朝日旅館 투숙	진남포부 서기, 용강군 서기, 온정리주재소 순사, 면장 진남포부윤 방문
18일	・진남포역 출발(9:00) 진지동역 도착(9:25) ・池雲面 安池洞 고분 조사 ・강서군 보림면 간성리 고분 조사, 舊藥水 견학, 강서면 서하리의 세 고분 조사 ・기양역 출발, 평양역 도착(20:14)	주재소 순사, 면장, 강서군 기수, 서기, 강서군수 환영
19일	・숭령전, 숭인전, 문묘 답사, 보통문 조사(오전) ・傳箕子井田址 조사, 대동강변 제1호와 제9호 고분 조사 ・밤에 평남도장관 관저 방문(關野貞 박사, 鳥居龍藏 촉탁)	평남도 서기 평남도장관
20일	・柴足面의 고구려시대 고분 조사, 大城山 山城址 답사 후 두타사를 거쳐 하산, 安鶴宮址 답사 후 평양 도착 ・평양복심법원검사장이 소장한 古版春秋(宮木)과 영변에서 출토된 臨淮太守之章이 새겨진 銅印, 고구려시대의 古礎石 등을 조사	평남도 서기, 장수원주재소순사
21일	・평양역 출발(1:30), 개성역 도착(5:52), 개성군청 방문 ・탁지부 전매과 개성출장소 구내의 太平館址 조사하고 조선 蔘政의 연혁 청취(오전) ・개성 남대문, 숭양서원, 선죽교, 성균관, 만월대 조사 ・대흥산성 등 개성 안팎의 토성 조사 ・개성역 출발(17:48), 남대문역 도착(19:30)	출장소장

조선총독부는 미우라 등의 『조선반도사』 편찬촉탁이 사적과 사료를 조사할 때 행정력을 동원해 힘껏 지원하였다. 미우라는 1916년 10월 15일부터 21일까지 평양과 진남포, 개성의 사적을 조사했다.[48] 이때 미우라가 직접 작성한 출장보고서가 남아있다.[49]

---

48 출장조사서의 표지에는 조사 시일을 9월 15일부터 21일까지로 기록했지만 상세일정에
    서는 10월로 표기했다. 이 글에서는 본문의 상세일정에 따랐다.

미우라는 6박 7일의 일정으로 경성을 출발해 평양부와 진남포부, 용강군과 강서군, 그리고 개성부의 사적을 조사하였다. 총독부는 미우라의 일정을 사전에 지방관서에 통지하였다. 평안남도청을 비롯해서 가는 곳마다 기관장이 영접하고 도부군면의 직원(서기, 기수)이나 주재소 순사가 안내를 하였다. 17일의 경우 때마침 평안남도소학교장회의와 평안남도공립토통학교장회의가 열려서 도청에서 적당한 수행자를 붙여주기 어려웠다. 그러자 회의를 끝내고 평양에서 귀임하는 진남포공립심상고등소학교와 광량만공립심상고등소학교의 교장들을 동행시켰다.

『조선반도사』 편집주임은 사료를 수집하고 열람하는 데 좋은 직책이었다. 종래 관리는 물론이고 왕도 규장각의 장서를 함부로 열람할 수 없었는데, 자신들에게 비교적 쉽게 자료에 접근하게 된 사정을 "학계의 행복"이라 표현했다. 사업 본래의 "일선日鮮 상호의 역사를 대조하여, 종래 양국은 개개 독립한 사실의 잘못을 정하야 정곡한 사실을 천명"하는 의의는 말할 것도 없었다.[50] 특히 미우라는 규장각에서 경상도만 남아있는 『세종실록 지리지』를 발견하고 극찬하였다.

규장각에서 발견된 자료는 종래의 한일관계와 일본측 사료의 사실을 보다 정확히 한 것이 적지 않았다. 예를 들어 조선의 대마도정벌 때 일본의 기록에는 "고몽古蒙 및 남만南蠻의 병兵을 합했다"라고 기록했지만 조선의 문헌에서는 그러한 내용을 전혀 발견할 수 없었다. 또 『세종실록 지리지』를 통해서 왜구를 둘러싼 조선초기의 한일관계가 보다 정

49 朝鮮半島史編纂事務囑託 文學博士 三浦周行, 「出張調査書」(미간행 보고서), 1916.10.23.
50 三浦周行, 「半島史蹟調査に就て (2)」, 『京城日報』, 1916.10.25, 1면; 三浦周行氏談, 「半島史蹟觀 (2)」, 『每日申報』, 1916.10.26, 1면.

확히 판명될 수 있었다.[51]

'모두가 신뢰할 수 있는 사실'을 바탕으로『조선반도사』를 편찬하려는 조선총독부에게 '사료실증주의'로 무장한 미우라는 최상의 적임자였다. '불완전한' 조선 사료를 바탕으로 구성된 조선사의 교정에는 사료 비판이 필수였다. 미우라를 비롯한 일본인 학자는 조선의 역대 사서史書를 신뢰하지 않았다.

그 예로 조선의 역사는 중국의 영향을 심하게 받아서 중국과 관련없는 남부 조선의 역사도 모두 중국과 관련되거나 중국계통으로 연결시켰다고 보았다. 또 북부 조선에 한정된 신화·전설인 단군과 기자 전승을 조선 민족 전체의 것으로 확대시켰다고 보았다. 게다가 중국 사대주의로 인해 고대 일본과 조선의 친밀했던 역사를 말살시켰다고 하였다. 일본역사에 자세하게 나오는 임나가 조선의 역사에서 찾아볼 수 없음을 그 예로 들었다. 대신에 광개토대왕비와 같은 고비古碑나 지방 읍지에서 임나 기록을 발견할 수 있기 때문에 완전히 숨길 수는 없다고 하였다.[52]

반면에 일본처럼 새로운 사료의 발견으로 사실이 수정될 경우, 사료수집의 중요성은 커지고 사업 기간의 연장도 불가피했다. 이는『한국통사』에 즉각 대응하려는 총독부의 의도와 어긋날 위험을 내포하고 있었다. 실제로 미우라는 그러한 고민을 밖으로 드러내기도 하였다.

51　三浦周行, 「半島史蹟調査に就て (1)」,『京城日報』, 1916.10.24, 1면; 三浦周行氏談, 「半島史蹟觀 (1)」,『毎日申報』, 1916.10.25, 1면.
52　文學博士 三浦周行, 「朝鮮最古の地理書に就て」,『朝鮮彙報』, 1916.12, p.16; 장신, 앞의 글, 367쪽.

생각컨대 史實의 斷案이라 말하는 일은 실은 용이치 못흔 大事이라 예컨대 일본에서도 明治時代에 완전한 일본사를 편찬할 계획이 있었으나 제종의 이유는 遂히 單資料編纂에 그치게 되어 금일에 이름과 같은 사실도 있으며 자료편찬은 오직 자료의 나열에 불과한 고로 저간에 유감이 伴來하고 조선 사편찬에 대하여도 총독부의 편찬 主旨에 혹은 정책도 함유할 것이며 또 우리들 주임(기자 부기—삼포 박사, 흑판 박사, 금서 학사 등) 중 의견이 다른 점도 있어서 일시에 취하여도 단정의 용이치 못한 것이 있으리라 생각하는 고로 완성하기 까지는 아직 곤란도 있으리로다. 예정은 삼년 계획이나 물론 삼년을 한하여 만든다 말하기 어려우며 그 양이 얼마라 하는 예정도 없으나 千頁이상의 浩瀚한 것이 만들 것이오.[53]

인용문에 이어서 어쨌든 완성할 것이라 말하지만 『조선반도사』 편찬 사업이 순탄하지 않을 것을 미우라는 예감하였다. 이미 일본에서 일본사를 편찬하지 못하고 단순한 자료 편찬에 그쳤던 경험을 이야기하였다. 게다가 기한과 수집할 자료의 양도 확정하지 못하였다.

게다가 사료 수집도 쉽지 않았다. 미우라는 조선인들은 고물구사古物舊事를 존중치 않아서 옛것을 찾기 힘들다고 불평했다. 또 조선인들이 역사기록을 매멸埋滅시키는 것으로 오해하여 협조를 얻기 어렵다고도 하였다. 그래서 일본에서는 1주일 걸릴 일이 조선에서는 한두 달을 소비해도 얻는 바가 적다고 하였다.[54] 그러나 이것들은 표면적 이유였다. 사료를 수집해서 기존 사실을 정정할수록 드러나지 않은 사료에 대한

---

53 三浦周行博士談, 「完全흔 朝鮮史」, 『每日申報』, 1916.9.17, 1면.
54 京大敎授 三浦博士, 「朝鮮歷史古蹟調査에 對하야 (2)」, 『每日申報』, 1919.10.9, 1면.

불안감은 커질 수밖에 없었다. 미우라의 불길한 예감은 현실로 되었다. 사업 초기의 자심감과 다르게 미우라와 구로이타는 집필진에서도 빠졌다.[55] 이후 연장에 연장을 거듭했지만 『조선반도사』는 나오지 못했다.

5. 맺음말

1916년에 시작한 『조선반도사』 편찬사업은 결국 실패로 끝난 채 조선사편수회에 그 소임을 넘겼다. 애초에 조선총독부는 『조선반도사』 편찬사업을 3년 안에 종료하려 했다. 그러나 사업기간이 연장되면서 결국 사료집 성격의 『조선사』로 귀결되었다. 이 사업의 실패 이유로서 총독부는 예상 밖으로 길어진 사료 수집을 들었다. 하지만 이것은 드러난 것일 뿐 사업 자체에 내재된 한계는 아니었다.

『조선반도사』 편집주임의 한 사람이었던 미우라는 도쿄제대를 졸업하고 사료편찬소에 근무하다가 교토제대 사학과의 기틀을 만든 학자였다. 그는 독특한 '조선사 개조론'을 견지했다. 미우라에게 조선사는 일본사를 설명하기 위한 수단에 불과했다. 고대 조선은 한때 일본에 복속된 지역이었지만 그렇지 않을 때라도 문화의 주요한 중개자 또는 경유지에 지나지 않았다. 중국에서 일본으로 문화가 지나가는 곳이었던 조

---

55   장신, 앞의 글, 369쪽.

선에서 문화의 독창성은 없었다. 중국과 일본의 문화 직거래를 설명하기 위해서 불가피한 해석이었다. 그러므로 조선사는 '국사'의 영역에 속할 수밖에 없다는 게 미우라의 입장이었다. '국사'에서 의미 있는 조선사는 임나와 가야, 신라로서 북방 민족과 중국의 흔적을 제거하여 조선사를 개조해야 한다는 입장이었다. 독창성과 발전이 없는 조선사를 어떻게 통사로 재구성할 것인가? 이것이 미우라의 '조선사 개조론'이 내포한 『조선반도사』 편찬 실패의 첫 번째 이유였다.

미우라는 사료 수집과 편찬의 전문가였다. 흔히 '사료실증주의'라고 불렀다. 「조선반도사 편찬 요지」의 세 번째 항목은 "신뢰할 수 있는 사료"에 기초해서 『조선반도사』를 편찬한다는 것이었다. 미우라는 중국 사서史書에 오염된 조선의 옛 기록을 신뢰하지 않았다. 일본 사서에 있지만 조선에서 발견할 수 없다는 것도 이유 중의 하나였다. 그래서 일본의 기록을 뒷받침할 수 있는 새로운 유물과 유적, 기록의 발굴이 중요해졌다. 미우라는 조선반도사 편집주임의 직위를 활용했다. 조선총독부는 사료 조사를 위한 여행에 행정력을 이용한 편의를 제공했다. 열람을 엄격히 제한하던 규장각 자료에도 어렵지 않게 접근하였다. 사료 조사를 통해 기존의 사실을 수정하거나 다르게 볼 여지를 갖춘 사료를 새로 발굴하기도 하였다. 이러한 성과는 다른 한편으로 발굴될 사료로 인한 '사실의 정정 가능성'을 높였다. 일본 사서의 보완을 넘어서 수정까지 가져올지 모르는 '사료실증주의'의 불안이었다. 곧 『조선반도사』 편찬을 위해 새로운 사료의 발굴은 필수였지만 계속 발견되는 사료 때문에 수집을 종료할 수 없었다.

미우라는 1922년 12월 조선사편찬위원회 구성에서 빠졌다. 그의 자리는 같은 교토제국대학 교수 나이토 코난에게 돌아갔다. 위원회가 설치될 때 그가 구미시찰 중이어서 위원에서 빠졌다고 생각할 수 있지만, 그의 철저한 동화주의가 조선총독부에 부담을 주었을 가능성도[56] 배제할 수 없다.

---

56 장신, 「삼일운동 직후 잡지 『동원』의 발간과 日鮮同源論」, 『역사와현실』 73, 2009, 289~296쪽.

참고문헌

1. 자료

『京城日報』, 『毎日申報』

『歴史地理』, 『史林』, 『朝鮮及滿洲』, 『朝鮮彙報』

三浦周行, 『中等教育 日本史教科書 上級用』, 開成館, 1913.

_____, 『現代史觀』, 古今書院, 1922.

_____, 『日本史の研究』, 岩波書店, 1922.

_____, 『日本史の研究』 第二輯, 岩波書店, 1930.

朝鮮總督府 朝鮮史編修會編, 『朝鮮史編修會事業概要』, 1938.

朝鮮總督府中樞院編, 『朝鮮舊慣制度調査事業概要』, 1938.

친일반민족행위진상규명위원회, 『친일반민족행위관계사료집』 Ⅴ-일제의 조선사 편찬사업, 2008.

2. 단행본

나가하라 게이지, 하종문 역, 『20세기 일본의 역사학』, 삼천리, 2011.(『20世紀日本の歷史學』, 吉
　　川弘文館, 2003)

Lisa Yoshikawa, *Making History Matter : Kuroita Katsumi and the Construction of Imperial Japan*,
　　Harvard University Asia Center, 2017.

3. 논문

金性玟, 「朝鮮史編修會의 組織과 運用」, 『한국민족운동사연구』 3, 한국민족운동사연구회, 1989.

나가시마 히로유키, 「2개의 고종실록 편찬을 둘러싼 궁내성·이왕직의 갈등-아사미 린타로와
　　오다 쇼고의 역사서 술을 중심으로」, 『한국사학보』 64, 한국사학회, 2016.

송완범, 「식민지 조선의 黑板勝美와 修史사업의 실상과 허상」, 『동북아역사논총』 26, 동북아역사
　　재단, 2009.

이성시, 「구로이타 가쓰미를 통해 본 식민지와 역사학」, 『만들어진 고대』, 삼인, 2001.

_____, 「조선총독부의 고적조사와 총독부박물관」, 『미술자료』 87, 2015.

장신, 「삼일운동 직후 잡지 『동원』의 발간과 日鮮同源論」, 『역사와현실』 73, 한국역사연구회, 2009.

____, 「조선총독부의 朝鮮半島史 편찬사업 연구」, 『동북아역사논총』 23, 동북아역사재단, 2009.

정상우, 「조선총독부의 『朝鮮史』 편찬 사업」, 서울대 박사논문, 2011.

정준영, 「식민사관의 차질(蹉跌)—조선사학회와 1920년대 식민사학의 제도화」, 『韓國史學史學報』 34, 한국사학사학회, 2006.

今谷明, 「三浦周行—『大日本史料』の刊行」, 『天皇と戰爭と歷史學』, 羊泉社, 2012.

藤田藤年, 「三浦周行博士の生涯—五十年忌を前にして」, 『國學院雜誌』 82-4(통권 888호), 1981.

藤井讓治, 「三浦周行」, 礪波護・藤井讓治 編, 『京大東洋學の百年』, 京都大學學術出版會, 2002.

箱石大, 「近代日本歷史學と朝鮮總督府の朝鮮史編纂事業」, 佐藤信・藤田覺 編, 『前近代の日本列島と朝鮮半島』, 山川出版社, 2007.

石井紫郎, 「三浦周行」, 永原慶二・鹿野政直 編, 『日本の歷史家』, 日本評論社, 1976.

中村榮孝, 「朝鮮史の編修と朝鮮史料の蒐集」, 『日鮮關係史の硏究 下』, 吉川弘文館, 1969.

(괄호 안의 서지사항은 원문 출처)

오다 쇼고와 조선사학회, 혹은 식민사학의 차질과 제도화[*]

정준영

1. 들어가며

이 장에서는 1923년에 조직되어 대략 1930년대 초반까지 활동했던 '조선사학회'라는 일본인 단체와 이를 주도했던 오다 쇼고小田省吾를 중심으로, 1910년대 후반 이후 일제의 식민사학이 어떤 딜레마적 상황에 처해있었으며 이에 대한 대응으로 1920년대 들어 어떻게 식민지 관변 사학의 제도화를 모색했는지를 검토한다.

주지하다시피 일제 식민사학의 궤적에 대한 비판적 검토를 시도하

* 이 장은 『한국사학사학회보』 34(2016.12)에 발표된 「식민사관의 차질(蹉跌) ─ 조선사학회와 1920년대 식민사학의 제도화」를 수정, 보완한 것이다. 이 책의 필자들은 이 글을 작성과 수정에 많은 도움을 주셨다. 이 자리를 빌어 감사드린다.

는 연구들이 다수 출간되었고, 1920년대부터 본격적으로 전개되었던 일본인 중심의 관변사학의 대략적인 면모도 이를 통해 상당 부분 밝혀졌다. 하지만 조선사학회라는 단체를 주목하는 경우는 많지 않았다.[1] 1920년대 말에 교정·간행된 『삼국사기』, 『삼국유사』, 『신증동국여지승람』 등 출판 사업이 조선사학회의 이름으로 이루어지기도 했지만,[2] 이 단체가 '학회'라는 이름에 걸맞은 활동을 전개한 것은 15호에 이르는 『조선사강좌朝鮮史講座』를 매월 간행했던 1923년 10월부터 1924년 11월까지 1년 반 정도의 기간에 불과하기 때문이다. 이 『조선사강좌』 중에서 시대사 부분을 따로 편집하여 5권의 『조선사대계』를 출간한 것이 학회의 이름으로 남긴 가장 두드러진 성과였다.[3]

하지만 1930년대에 출범한 후 9년간 존속하면서 『청구학총』을 통해 "조선사 연구의 중심을 동경에서 식민지로 옮겨 놓았다"[4]라는 평가를 받기도 했던 청구학회와 비교해본다면, 강의록과 고사서古史書의 간행에 국한된 이 단체의 활동은 '조선사학회'라는 거창한 이름에는 다소

---

1   실제로 조선사학회를 비롯하여 일제강점기 '日人 조선사연구학회'들의 상황 및 활동에 대해서는 이만열, 「일제관학자들의 식민주의사관」, 『한국근대역사학의 이해』, 문학과지성사, 1981; 조동걸, 「식민사학의 성립과정과 근대사 서술」, 『한국민족주의의 발전과 독립운동사 연구』, 지식산업사, 1993; 박걸순, 『植民地 시기의 歷史學과 역사인식』, 경인문화사, 2004 등 기존 연구들에 의해서 그 대체적인 면모가 이미 규명된 바 있다.
2   朝鮮史學會, 『三國史記』, 近澤書店, 1941; 朝鮮史學會, 『三國遺事』, 近澤書店, 1928; 朝鮮史學會, 『新增東國輿地勝覽』 1~4, 近澤書店, 1929. 이 고사서의 저본을 선택하고 교정을 맡았던 것은 당시 경성제대 법문학부 교수 이마니시 류[今西龍]였다. 그는 실제 강의를 저술하지는 않았지만 조선사학회가 발족할 당시에는 평의원 및 강사를 맡고 있었다.
3   朝鮮史學會, 『朝鮮史大系』 1~4, 近澤書店, 1927. 당시까지의 연구 성과를 담은 조선사의 개설서가 거의 전무했기 때문에 『조선사대계』는 상당한 기간 동안 조선역사를 가장 상세하게 담고 있는 입문서 혹은 참고서로서 활용될 수 있었다. 출판 등의 제약이 많았던 당시 조선인들의 입장에서도 이것은 마찬가지였던 듯하다. 「讀書顧問」, 『東亞日報』, 1929.11.26; 「讀書顧問」, 『東亞日報』, 1930.1.23 참조.
4   旗田巍, 이기동 역, 『일본인의 한국관』, 일조각, 1983, 280쪽.

미흡해 보이는 것이 사실이다. 기존 연구들이 이 단체를 당시 명멸을 거듭했던 여러 형태의 다른 '일인日人의 조선사연구 학회'들과 마찬가지로 시행착오의 측면이 강했던 과도기적인 조직 중 하나로 간주해온 것도 무리는 아니었던 것이다.[5]

하지만 식민지 관변사학이 1920년대를 거쳐 1930년대에 들어서면서 어떻게 특정한 방식으로 제도화되느냐는 문제로 관점을 바꾸어보면, 조선사학회의 '과도기적 성격'이란 과연 무엇이며 어떻게 보아야 할 것인가 하는 질문이 새삼 부각된다. 조선사학회가 조선총독부의 비호 아래에서 1910년대 이래 식민사학의 구축에 직간접으로 관여했던 일본인 '조선사 연구자'들이 집결하여 '학회'라는 이름과 형식으로 출범한 식민지의 첫 사례였다는 사실, 그리고 학회 차원의 사실상 유일한 사업이었던 『조선사강좌』, 즉 강의록의 발행이 1920년대 들어서 논란 속에 좌초되었던 통사通史 지향의 『조선반도사』 편찬 사업과 밀접한 관련성을 가지고 있다는 사실 등이 중요해지는 것이다.

잘 알려져 있듯이, 『조선반도사』 편찬은 체계적인 식민지 통사의 구축 시도이자 1916년 조선총독부가 의욕적으로 출범시킨 사업 중 하나였으나, 결과적으로는 실질적인 성과를 거두지 못한 채 좌초하고 말았다.[6] 1922년 조선총독부는 새롭게 조선사편찬위원회를 구축하여 식민지 통사 편찬의 새로운 전환을 모색했지만 실제로 실현된 것은 1926년

---

5   박걸순, 앞의 책, 274쪽 참조.
6   조선반도사 편찬 사업과 관련해서는 이미 상당한 연구 성과들이 축적되어 있다. 대표적인 것만 들어도 장신, 「조선총독부의 朝鮮半島史 편찬 사업 연구」, 『동북아역사논총』 23, 동북아역사재단, 2009; 정상우, 「조선총독부의 『조선사』 편찬 사업」, 서울대 박사논문, 2011; 이성민, 「해제─일제의 조선역사 왜곡정책, 『조선반도사』의 실체와 조선사편찬」, 『친일반민족행위관계사료집』 V, 친일반민족진상규명위원회, 2008 등이 있다.

출범한 조선사편수회가 1932년부터 1938년까지 35권으로 묶어낸 『조선사』의 발간이었다. 애초에 의도했던 식민지 통사가 아니라, 수집된 사료를 기반으로 연대기 순으로 사건을 배치하고 이에 대한 강문綱文과 전거典據를 다는 형태의 '색인집'으로 결착된 것이다.[7] 이것은 식민사학이 1910년대 중반에 벌써 식민 통치라는 과업을 정당화하고 여기에 학문적 엄밀성을 더하려는 취지에서 식민지 통사의 구축을 시도했지만 결과적으로 '차질蹉跌'을 빚고 말았으며, 식민통치가 끝날 때까지도 결국에는 실현하지 못했다는 것을 의미한다.

그런데 미완의 원고로 끝난 『조선반도사』의 집필자들 및 실무자들은 조선사학회의 '조선사강좌'에서 거의 고스란히 강사로 다시 등장한다. 물론 이런 특징은 기존 연구들도 지적하는 바이고, 조선사학회의 관변적인 성격을 입증하는 증거로서 제시되곤 했다.[8] 필자도 이러한 관변적인 성격에 기본적으로 동의한다. 다만 왜 공식적인 관변 역사서의 출간이 아니라, 굳이 학회를 결성하여 이를 '통속역사학'을 표방하는 지상강의紙上講義로 발간하게 되었는지에 대해서는 여전히 의문으로 남

---

7 고대사와 관련된 『조선사』 1편의 경우, 사건에 관련된 사료를 모두 게재하고 있기 때문에 사료집의 역할도 겸하고 있었다. 조선사편수회가 편찬한 『조선사』의 구성방식에 대해서는 정상우, 앞의 글, 3장 1절을 참조.

8 이만열, 앞의 글; 박걸순, 앞의 책 등 앞서 언급된 연구 이외에도 조범성, 「일제강점기 朝鮮史學會의 활동과 근대사 인식」(『한국민족운동사연구』 84, 한국민족운동사학회, 2016)과 같이 최근 들어서는 조선사학회 자체에 대한 체계적인 고찰이 시도되고 있어 주목된다. 하지만 이들 연구는 일본인 역사학자들의 활동이 얼마나 관변적인 성격이 강했는지, 한국사를 체계적으로 왜곡함으로써 한국인의 역사 인식에 얼마나 심각한 악영향을 미쳤는지를 구명하는데 초점을 맞추고 있다. 물론 이러한 과제의 당위성은 말할 나위가 없지만, 식민사학이 끼친 심각한 폐해가 개별 역사인식의 왜곡에 국한되지 않는다는 것이 필자의 생각이다. 식민사학의 제도화라는 관점에서 조선사학회를 검토하려는 이유도 여기에 있다.

는다. 게다가 총독부로부터 공식적인 학회로 인가를 받았으나, 조선사학회의 활동은 당시 통용되고 있었던 학회들의 통상적인 특징, 즉 특정 분야의 훈련받은 연구자들이 학술지를 중심으로 해당 분야의 전문적인 지식을 생산하는 방식과도 거리가 있었다. 이후에 등장하는 청구학회, 진단학회 등과 차별화되는 조선사학회의 이러한 특징을 어떻게 이해해야 하는지도 문제가 된다.

따라서 이 장에서는 조선사학회의 설립과 활동을, 식민권력의 후원 아래에서 일본인 학자들에 의해 추진되었던 관변 식민사학의 제도화라는 맥락 속에서 생각해보고자 한다. 1910년대 중반 이후 추진되었던 반도사 편찬 사업이 식민지 통사 편찬에 있어서 어떤 딜레마와 한계에 직면해 있었는지, 그리고 1930년대 들어 본격화되는 식민사학의 제도화 과정에서도 이런 '차질蹉跌'이 어떻게 여전히 시한폭탄처럼 잠복潛伏해 있었는지 등의 의문을 짧았던 조선사학회의 지향과 활동을 사례로 삼아 개괄적인 수준에서나마 검토해보려는 것이다. 구체적으로 이 글은 조선사학회가 등장한 배경으로, 1910년대 식민사학이 어떤 지향과 한계를 가지고 있었는지를 『조선반도사』 편찬 사업의 '차질'에 초점을 맞춘다.[9] 그리고 이러한 '차질'에 대한 대응이라는 측면에서 조선사학회의 활동이 가지는 의미에 대해서도 생각해 보겠다.

특히 여기서 주목하려는 지점은 조선사학회의 설립과 활동 중에서

---

[9] 1910년대 『조선반도사』 편찬 사업은 이미 기존 연구들에 의해 상세하게 다루어진 바 있다. 하지만 여기서는 대체로 1930년대 본격적으로 등장하는 조선사편수회의 『조선사』 편찬 사업의 전사(前史)라는 측면이 부각되며, 조선사편수회의 등장을 설명하기 위해서 조선반도사 편찬 사업의 지체, 차질을 조명하는 경우가 많았다. 『조선반도사』의 실패 그 자체가 식민사학이 안고 있는 근본적인 모순을 드러내는 것은 아닌지 충분히 검토해 보는 기회는 의외로 많지 않았던 것이다.

도 '지상강좌紙上講座'라는 성격과 '학회學會'라는 지향이다. 이것은 식민사학이 1920년대 후반부터 식민지조선에 대한 관변 통사를 쓰는 것을 포기하는 대신, 조선사 연구가 수행되는 데 반드시 필요한 물적 기반들 즉 사료, 훈련받은 인재, 학술지를 장악하는 방향[10]으로 제도화의 방침이 바뀌는 과정 속에서 오다 쇼고의 조선사학회가 가지는 '과도기적 성격'의 의미를 짚어보는 작업이 될 수도 있겠다.

2. 조선사학회 출범의 이면裏面
─오다 쇼고와 조선반도사 편찬 사업

조선사학회는 1923년 4월 '조선역사의 연구 및 그 보급'을 내세우며 본격적인 활동을 시작했다. 정식으로 학회의 설립인가도 추진하여, 2차례 회칙의 수정을 거쳐 1923년 8월 30일 총독부 학무국의 인가를 받았다(학제 365호).[11] 정무총감인 아리요시 주이치有吉忠一가 총재로, 총독부의 고위관료나 식민지 안팎의 유력 인사들, 일본 내 조선사연구의 권위자들이 고문으로 추대되었다.[12] 조선총독부의 정식 조직은 아니었

---

10 이 세 가지의 물적 기반은 각각 조선사편수회, 경성제국대학, 그리고 청구학회에 대응한다고 할 수 있겠다.

11 朝鮮總督府學務局,「朝鮮史學會設立認可ニ関スル件」,『學校設置關係書類』, 1923.(국가기록원 소장자료 CJA0004692)

12 조선사학회 고문에는 조선총독부 고위관료─학무국장 나가노 칸[長野幹], 내무국장 오오츠카 츠네사부로[大塚常三郎], 경무국장 마루야마 츠루키치[丸山鶴吉]─와 식민

지만, 조선사학회의 인적구성은 고문으로 추대된 인물들의 면면만으로도 1921년 조선총독부가 설치한 조선사편찬위원회를 넘어서는 것처럼 보일 정도였다. 하지만 조선사학회의 활동을 살펴보면, 총재와 고문들은 명목상의 존재였을 뿐이고 실제 운영은 회장, 평의원, 그리고 실무 담당의 간사들이 맡았던 것으로 보인다.

그 중에서도 핵심은 역시 회장이었던 오다 쇼고였다. 1913년부터 10년 가까이 총독부 학무국 편집과장으로 있으면서 식민지의 문교정책에 깊이 관여하고 있었던 그는 1918년에는 중추원 편찬과장 대우촉탁을 맡았고, 1921년부터는 조선사편찬위원회 위원, 1922년에는 학무국 고적 조사과장도 겸임했다. 1910년대 후반부터 1920년대 초반까지 총독부 학무국이 추진했던 각종 학술·조사 사업에서 중심적인 역할을 맡았다. 동경제국대학 사학과 출신이었고 1926년 이후에는 경성제대에서 조선사를 담당하는 교수가 되기도 했지만, 기본적으로는 역사학자로서보다는 식민지 관료로 경력을 쌓아왔던 인물이었다.[13] 그는 대학을 졸업한 후 잠깐 대학원에 입학하기도 했지만 조선에 건너오기 전까지는 교육계에서 주로 활동했고, 조선총독부에서도 1910년대 중반

지 안팎의 최고위 기관장 ― 동척총재 이시즈카 에이조[石塚英藏], 만철총재 가와무라 타게지[川村竹治], 식은취두 아루가 미쓰토요[有賀光豊], 선은취두 미노베 슌키치[美濃部俊吉], 만철 경성철도국장 안도 유사부로[安藤又三郎] ―, 조선인 유력자들 ― 박영효, 이완용 ― 이외에도 일본 본토의 조선사 석학들 ― 동경제대 구로이다 가츠미[黑板勝美], 세키노 다다시[關野貞], 교토제대 미우라 히로유키[三浦周行] ―, 조선사편찬위원회 관련 인사들 ― 나가노 칸, 박영효, 이완용, 권중세, 이왕직차관 시노다 지사쿠[篠田治策] ― 을 포괄하고 있었다. 총독부 공식기관도 아닌 '통속역사' 간행을 표방했던 이 단체에 왜 이처럼 많은 유력자들이 고문으로 이름을 올리게 되었는지에 대해서는 향후 본격적인 규명이 필요한 과제이다.

13 小田省吾, 「小田省吾略曆自記」, 『辛末洪景來亂の硏究』, 小田先生頌壽記念會, 1934.

<표 1> 조선사학회 강사들의 이전 이력

강사명단	1920년대 초반까지의 이력	학회활동
稲葉岩吉	중추원 조사과 촉탁, 조선사편찬위 간사	평의원
今西龍	중추원 조사과 촉탁, 고적 조사위 위원, 조선사편찬위 위원	평의원
李能和	중추원 조사과 소속	평의원
渡邊彰	학무국 종교과 소속, 학무국 고적 조사과 촉탁	
渡邊業志	순사부장 출신, 중추원 조사과 소속	
柏原昌三	중추원 조사과 촉탁	평의원, 간사장
葛城末治	중추원 조사과 소속	간사
高橋亨	학무국 시학관, 조선제대창설위 간사	평의원
村山智順	중추원 조사과 촉탁, 중추원 편집과 촉탁	
小田省吾	학무국 편집과장, 고적 조사과장, 중추원 편집과장, 조선사편찬위 위원	회장
小倉進平	학무국 편집과 편수관	평의원
荻山秀雄	중추원 편집과 촉탁, 학무국 고적 조사과 촉탁, 총독부도서관장(24년 이후)	평의원
大原利武	고적 조사위 촉탁, 중추원 조사과 촉탁	평의원, 간사
藤田亮策	학무국 고적 조사과 촉탁	
洪憙	조선사편찬위 위원, 중추원 조사과 촉탁	
鮎貝房之進	박물관협의회 의원	
麻生武龜	중추원 조사과 촉탁	
瀨野馬熊	중추원 편집과 촉탁, 조사과 촉탁	
關野貞	도쿄제대 교수, 고적 조사위 위원, 박물관협의회 의원	
杉本正介	중추원 편집과 촉탁	
管野銀八	중추원 편집과 소속, 조사과 소속	

까지는 주로 교과서의 검정 및 검열과 관련된 행정을 맡고 있었다. 조선사학회에서 오다 쇼고는 '조선상고사'와 같이 예정되었던 강의를 강술했던 것은 물론, 여러 사정으로 하지 못하게 된 다른 강사들의 강의를 대신하는 등 매우 폭넓은 활동을 펼쳤다. 그런 의미에서 조선사학회는 '역사학자 오다 쇼고'의 경력이 시작되는 실질적인 출발점이라고 할 수 있다.

조선사학회의 운영을 실질적으로 관할했던 것으로 보이는 8명의 평의원 및 3명의 간사들은 전원이 이런 '식민관료' 오다 쇼고와 여러 방면에서 연관 고리를 가지고 있었던 인물들이었다. 8명의 평의원 중에서 다카하시 도루高橋亨, 오구라 신페이小倉進平 등 2명은 당시 총독부 학무국에서 편집국장 오다 쇼고의 지시를 받았고, 나머지 오하라 토시타케大原利武, 카시와바라 쇼죠柏原昌三, 오기야마 히데오荻山秀雄, 이나바 이와키치稻葉岩吉, 이능화, 이마니시 류今西龍 8명은 중추원 촉탁의 신분으로 당시 중추원과장이었던 오다 쇼고와 함께 일했던 경력을 가지고 있었다. 이것은 학회 활동에서 주력이었던 강사들의 면면에서도 마찬가지로 확인된다.(〈표 1〉 참조)

처음 강사진으로 소개된 인물들 21명 중에서 학회임원을 맡지 않았던 이는 11명인데, 이들도 대체적으로 오다 쇼고가 관할했던 중추원, 학무국 편집과 및 고적 조사과와 관련을 맺고 있었음을 확인할 수 있다. 요컨대 조선사학회는 오다 쇼고와 그의 '인적 네트워크'가 중심이 된 조직으로, 1910년대부터 1920년대 초반까지 조선총독부가 주도했던 각종 조사·편찬 사업에 관여하고 있는 인사들을 포괄했다고 할 수 있겠다.

이런 오다의 '인적 네트워크' 중에서도 조선사학회 활동을 특히 활발히 한 이들이 바로 조선반도사 편찬 사업 관련 인물들이었다. 앞서 오다는 1918년 신설된 중추원 편찬과장 대우촉탁을 맡았다고 언급한 바 있는데, 이 편찬과장이란 직책은 조선반도사 편찬 사업을 실질적으로 관할하는 자리였다. 따라서 1910년대 후반 이후의 조선반도사 편찬 사업에서 핵심인물이 거의 대부분 오다와의 인적 네트워크와의 관련 속에서 조선사학회에 참여하는 양상이 이어졌던 것이다.

<表 2> 조선반도사 집필담당자와 조선사학회 활동

조선반도사 편별구성	집필 담당자	조선사학회 위상	조선사학회 담당강좌
제1편 상고삼한 (上古三韓)	今西龍	평의원, 강사	없음 (小田省吾가 대신 강술)
제2편 삼국시대			
제3편 통일신라			
제4편 고려시대	荻山秀雄	평의원	중세사
제5편 이조시대	瀬野馬熊		중세사, 근세사, 울산산성과 淺野丸
제6편 최근세시대	杉本正介		최근세사

먼저 초창기 편집주임으로 임명되어 활동했던 3인이 학회에 참여하고 있었다. 동경제대 교수 구로이다 가츠미黑板勝米, 교토제대 교수 미우라 히로유키三浦周行는 학회의 고문이었고, 당시에는 교토제대 조교수였다가 1926년에 경성제대 조선사강좌 교수로 부임하게 되는 이마니시 류는 학회의 평의원과 강사를 겸했다. 편집주임 중 학회에 참여하지 않은 사람은 실무를 총괄했던 관료 오다 간지로小田幹次郎 뿐이었다.

오다 쇼고가 오다 간지로의 뒤를 이어 편찬 사업을 총괄하게 되자, 반도사의 집필을 담당했던 인물들의 조선사학회 참여는 더욱 현저하게 나타난다. 주지하다시피, 1918년 오다 쇼고가 중추원 편찬과장을 맡을 당시 편찬 사업의 방침은 전환기 속에 있었다. 좀처럼 가시적인 성과를 내지 못하는 기존의 편집주임 체제를 바꾸어, 시대별로 조선반도사의 집필 담당자를 설정하고 집필을 독려하는 방식을 택했다.[14] 당시 조선반도사 시대별 집필 담당자는 <표 2>와 같다.

편찬주임으로 있다가 계속해서 1~3편의 집필담당자가 되었던 이마

---

14   정상우, 앞의 글, 58~59쪽.

니시 류를 제외하고는, 오다 쇼고의 부임과 더불어 3명의 새로운 집필 담당자가 임명되었다. 이들은 조선사학회 조선사강좌에서도 시대사 강사를 맡아 반도사 편찬 사업에서 자신들이 담당했던 시대를 그대로 '설술說述'하게 되었다. 1922년 베이징유학을 떠난 경성제대 교수내정자 이마니시 류의 상대사上代史 강의는 회장인 오다 쇼고가 대신해서 맡았다.[15] 조선사학회는 이처럼 『조선반도사』가 출간되지 않은 상태에서 그 집필자가 대거 참여하고 있고 있었기 때문에 당대 학계에서조차 『조선반도사』 편찬 사업의 또 다른 형태로 비춰지고 있었던 모양이다. 일본의 사학계가 조선사학회의 조선사강좌를 "조선총독부 관찬官撰의 역사歷史라고 말할 수 있다"라고 평가했던 것도 무리가 아니었던 것이다.[16]

하지만 『조선반도사』 편찬 사업의 내부 사정을 살펴보면, 이러한 당대의 평가와는 다른 측면들이 발견되는 것도 사실이다. 1916년부터 조선총독부가 추진했던 편찬 사업은 사실 조선사학회가 출범될 무렵에는 거의 지지부진한 상태에 있었고 결국에는 실제로도 미완의 통사로 끝나고 말았다. 애초 편찬을 담당했던 중추원은 2년 내에 『조선반도사』라는 제목으로 통사 편찬을 완료할 수 있을 것으로 생각했던 모양이다. 하지만 편찬주임들은 작업을 시작하고 1년이 되기도 전에 이런 계획이 불가능하다는 것을 깨닫게 되었다. 편찬주임들은 사료수집에 많은 시간

---

15 이마니시 류가 조선사학회의 이름을 걸고 있음에도 불구하고 조선사강의에 전혀 참석하지 않았던 것이 단지 베이징 유학 때문인지, 아니면 조선상대사의 이해와 관련하여 오다 쇼고 등과 갈등이 있었던 것인지에 대해서는 추후 보다 상세한 연구가 필요할 것 같다. 가령 이마니시 류가 집필한 미출간 『조선반도사』 원고와 오다 쇼고의 『조선사강좌』, 「상대사」를 세밀하게 비교·검토할 필요가 있다.

16 史學會, 「彙報」, 『史學雜誌』 35-1, 東京帝大史學會, 1924, 82쪽. 박걸순, 앞의 글, 103쪽에서 재인용.

이 걸리기 때문에 통사 편찬에도 시간이 더 필요하다고 요청했고, 당국이 이를 받아들여 완료시점은 1918년 12월로 1년이 늦춰졌다.[17] 하지만 이 시한도 지킬 수가 없었다. 이에 총독부는 중추원에 편찬과를 신설하고 '사료의 수집과 편찬'을 이 기관의 담당 업무로 규정했다. 오다 쇼고가 사무촉탁의 형태로 맡은 것이 이 편찬과의 과장 자리였다.

이러한 조치에 의해 편찬 사업은 기한의 제약에서 벗어나 계속 사업이 될 수 있었다. 하지만 통사의 편찬이 그렇다고 무한히 늘어질 수는 없기 때문에, 일본 본토에서 초빙한 편집간사를 대신해서 시대별 집필 담당자를 선정하는 식으로 방식을 바꾸는 조치가 이어졌다. 그리고 집필지침 등을 세세하게 규정하는 한편, 집필자의 초고작성을 재촉했다. 하지만 1920년대가 되어서도 『조선반도사』의 완성은 여전히 요원한 상태였다. 현재까지 확인된 자료들에 따르면 상세사에 해당하는 1~3편의 원고(이마니시 류 집필)와 5편의 원고 일부(세노 우마쿠마의 원고)가 제출되었다. 4편의 경우, 현재 남아있는 자료로 추측컨대 아예 원고 집필 자체가 이루어지지 못했을 가능성도 높다.

이런 와중에 1922년에는 중추원 편찬과가 폐지되고 말았다. 그리고 조선사편찬위원회가 이를 대신해 출범했다. 그저 명칭만 '반도사'에서 '조선사'로 바뀐 것은 아니었다. 핵심 인적구성의 교체가 이루어졌을 뿐 아니라 편찬방식의 근본적인 변환도 모색되었다. 그리고 실제로 이후 식민당국은 통사의 집필과 편찬을 사실상 포기하는 대신에, 수집된 자료에 바탕을 둔 일종의 색인집 편찬을 추진했다. 이처럼 반도사 편찬

---

17 朝鮮總督府中樞院, 『朝鮮史編修事業槪要』, 1938, p.147.

이 사실상 좌절된 상황에서 반도사 집필담당자의 강의는 이제 조선사학회의 이름으로 출간되기 시작했다. "『조선반도사』의 성과를 외부에 발표하려는 움직임"[18]으로 보는 해석이 가능해지는 것도 이 지점이다. 현 시점에서는 사료의 부족으로 확정하기는 어렵지만, 이런 움직임이 조선사편찬위원회가 아니라 관변이기는 하지만 총독부의 외부 단체였던 조선사학회에 의해 이루어졌던 사실은 음미해볼 필요가 있는 대목이다. 이것은 식민지 통사 편찬 사업이 사실상 실패하고 말았다는 당시 사정과 깊은 관련을 가지고 있었던 것으로 보이기 때문이다.

3. 식민지 통사 편찬의 딜레마
―미완의 『조선반도사』와 『조선사강좌』

그렇다면 식민지 통사 편찬의 실패를 어떻게 봐야할까. 이 실패가 『조선반도사』 편찬만의 문제가 아닐 수도 있다는 사실은 확실해 보인다. 『조선반도사』의 편찬 기획이 식민사학의 전형적인 특징들을 포함하고 있었고, 따라서 『조선반도사』 편찬에서 나타난 지체와 차질은 식민사학이 안고 있는 전형적인 딜레마와 ―물론 '제국일본'에만 한정되지 않고 제국주의 일반의 문제이기도 한― 결코 무관하지 않기 때문이다.

---

18 장신, 앞의 글, 376~377쪽.

서구 열강의 사례를 살펴보면 식민지인들의 통사를 쓴다는 것은 쉽지 않은 일이었고, 따라서 실제로 관주도의 통사 편찬 시도는 많지 않았다. 과학과 문명의 이름으로 식민지 지배를 이데올로기적으로 정당화하는 것은 어렵지 않지만, 그 역사적 필연성을 실증과 객관으로 입증하는 것은 그리 만만한 문제가 아니기 때문이다. 더욱이 이것은 서구 제국주의적 주체가 철저히 '타자'로 간주하여 분열시킨 식민지인들을 다시 역사의 주체로 삼아 통사를 엮어내어야 한다는 난해한 과제를 수반한다.[19] 그렇다면 이러한 식민지 통사 편찬의 딜레마는 『조선반도사』 편찬 사업에서 어떤 방식으로 나타났을까?

주지하다시피 『조선반도사』의 편찬이 공식화된 것은 1916년 1월 중추원 서기관장 고마쓰 미도리小松綠의 취지 발언에 의해서였다. "종래 조선의 역사 편찬이 편찬 당시의 시대사상의 영향을 받아 공평무사公平無私한 기술記述이 없"으며 "정확하다고 인정하여 준거準據하기 어렵기 때문에, "현재의 입장에서 냉정한 태도로 역사상의 사실을 편벽되거나 누락시킴 없이 오직 선의善意로 기술하여 유일하게 완전무결한 조선사를 편찬"한다.[20] 여기서 그는 『조선반도사』 편찬 사업이 식민지조선에 대한 관변 통사임을 명확히 하고 있었다.

이어서 『조선반도사』 편찬주임들은 협의를 통해 편찬의 목적과 주

---

19 식민지에 대한 역사서술이 가지는 딜레마적 상황에 대해서는 라나지트 구하, 이광수 역, 『역사 없는 사람들』, 삼천리, 2011; 디페시 차크라바르티, 김택현 외역, 『유럽을 지방화하기―포스트식민 사상과 역사적 차이』, 그린비, 2014가 참조할 만하다. 이 저서들에서는 더 나아가 식민지통치가 만들어낸 타자화되고 분열적인 역사적 주체상이 식민지 출신의 역사가들에게도 여전히 영향을 미쳐서 식민통치가 끝난 이후에도 어떻게 지속적으로 자신을 '역사 없는 사람들', '분열된 역사적 주체'로 재생시키고 있는지를 검토하고 있다.

20 朝鮮總督府中樞院, 『朝鮮史編修事業槪要』, 1938, pp.138~139.

안점을 구체적으로 제시했다.[21] 이들이 제시한 편찬 목적은 기본적으로는 중추원 서기관장의 취지 발언과 궤를 같이했다. 이들은 통사 편찬이 동화라는 식민통치의 필요성에서 시작된 것임을 숨기지 않았다. 그들에 따르면, "병합倂合의 은혜恩惠"를 밝혀 "조선인의 정신적 동화"를 달성하기 위해서는 이들을 무지몽매한 상태로 남겨두어서는 안 된다. 오히려 "공명정확公明的確한 사서史書"로 "이들을 교화하여 인문人文의 영역으로 나아가게 하고 일치합동—致合同의 단합된 힘으로 제국일본의 앞날의 융성隆盛을 도모圖謀"해야 한다. 그러나 서구열강의 식민지와 달리 조선인은 "독서讀書와 문장文章에 있어서 문명인에 뒤지지 않"으며, 따라서 "고래古來의 사서史書가 많이 존재하고 신서적新書籍도 적지 않다." 다만 이들 서적들이 "일의 진상眞相을 연구하지 않은 채 함부로 망설妄說을 풀고" 있다는 것이 문제인데, 이를 "금지하고 억압할" 것이 아니라 "공명하고 정확한 사서史書를 준비하는 것이 첩경捷徑"이라는 것이다.[22] 요컨대 '식민지 통치를 위한 필요성'이 '객관적 사실과 엄밀한 연구에 입각한 사서史書 편찬'과 모순되지 않으며, 오히려 통사의 엄밀한 실증성과 객관성이 식민지배자 일본의 '문명적 우월성'과 식민통치의 필연성을 보장할 것이라는 문명적인 관점에 바탕을 둔 발언이다.

그렇기 때문에 『조선반도사』 편찬의 원칙主眼點은 다음과 같이 제시될 수 있다.

---

21 이하 문단의 인용 부분은 朝鮮總督府, 「朝鮮半島史編成の要旨及順序」(1916)의 내용에서 따온 것이다.
22 여기서 "妄說을 풀고" 있는 '新書籍'이란 당시 식민조선에도 은밀히 반입되어 널리 읽히고 있었던 박은식의 『한국통사』 등을 염두에 둔 발언이었다.

第一, 日鮮人이 同族인 사실을 밝힐 것.

第二, 上古에서 李朝에 이르기까지 群雄의 興亡起伏과 歷代의 易姓革命으로 인해 民衆이 점차 疲弊해지고 貧弱에 빠진 實況을 서술하여 今代에 이르러 聖世의 惠澤으로 비로소 人間의 幸福을 다할 수 있다는 事實을 詳述할 것.

第三, 編成은 모두 信賴할만한 事實을 기초로 할 것.[23]

이들이 제시한 편찬원칙은 식민사학의 전형적인 특징들을 포함하고 있었다. 주지하다시피, 식민사학의 특징이라고 하면 보통 일선동조론日鮮同祖論, 타율성론他律性論, 정체성론停滯性論, 사대주의론事大主義論, 당파성론黨派性論, 반도적 성격론 등이 거론된다. 물론 이런 특징은 상호 밀접하게 연관된다. 사대주의론과 당파성론이 각각 타율성론과 정체성론의 구체적인 내용에 해당되며, 반도적 성격이란 이런 성격이 배양되었던 지정학적 배경을 지칭하기 때문이다. 따라서 식민사학은 결과적으로는 일선동조론, 타율성론, 정체성론으로 수렴될 수밖에 없다. 『조선반도사』 편찬원칙을 예로 들어도, 일선동조론은 '제일第一'에 해당하며, 타율성과 정체성은 '제이第二'에 해당한다.

물론 식민사학의 이런 주장이 조선인들까지 납득시키려면 '제삼第三'에 해당하는 "신뢰할 만한 사실에 기초"해야 한다. 사료史料로서 신뢰할 수 있는 정보를 축적해야 하고, 이런 축적된 역사적 정보를 최대한 객관적으로 시간의 흐름에 따라 구성해내서 "사事의 본말"을 밝히는[24] 새

---

23 친일반민족행위진상규명위원회, 앞의 책, 32쪽에서 재인용
24 나가하라 게이지, 하종문 역, 『20세기 일본의 역사학』, 삼천리, 2011, 120쪽.

로운 역사학적 방법론이 요청되는 것이다. 통감부 이래 구관조사사업舊
慣調査事業이란 명목으로 구축된 방대한 고문헌 데이터베이스의 정리 작
업이 일단 완료되는 시점에 조선총독부가 『조선반도사』 편찬 사업을
출범시킨 것은,[25] 그리고 반도사의 편찬주임으로 당시 일본 아카데미
역사학의 흐름 속에서 더 엄밀하고 실증적인 문헌고증 방법을 구사하
는 '조선사' 연구자들을 위촉했던 것은[26] 이런 '제삼'의 요건을 충족시
키기 위한 시도로 이해될 수 있다. 식민사학의 내용이 되는 '제일'과
'제이'가 한갓 '이데올로기'로 치부되지 않고 실제로 역사의 보급을 통
해 "통치 효력"을 가지기 위해서도 '제삼'은 식민사학이 성립하기 위한
필수적인 요건이 되었던 것이다.

　하지만 『조선반도사』의 편찬 과정은 앞에서 상세히 설명했듯이, 편
찬 사업의 책임자 및 실무자들의 '낙관적 전망'에도 불구하고 실제로는
좌충우돌 속에서 좌초하는 과정이었다. 그리고 이와 같은 차질은 얼핏

25　통감부에서는 취조국, 총독부에서는 참사관실이 주도했던 구관조사 사업은 "朝鮮에서
　　各般의 制度와 一切의 舊慣을 조사"하는 것을 목적으로 하였는데, 사료편찬과 관련해서
　　실지조사와 典籍조사, 古圖書의 수집, 해제, 발췌 등과 같은 작업도 병행되었다. 특히
　　강점 직전 대한정부의 궁내성은 홍문관, 규장각, 강구원(講究院)을 비롯하여 서고의 장
　　서와 이왕가 역대 기록, 기타 기록 각각 140, 804책을 모았는데, 이후 총독부 참사관실은
　　이것을 인계받아 대대적인 정리 작업을 진행하는 한편, 민간의 고도서 수집·정리 작업
　　도 추진했다. 이러한 작업은 『조선반도사』 편찬이 시작될 무렵, 도서별 카드 및 카드대장
　　의 작성을 완료해서 일단락되어 있는 상태였다. 이승일, 「조선총독부의 '조선도서 및 고
　　문서'의 수집·분류활동」, 『기록학연구』 4, 한국기록학회, 2001, 105~112쪽; 김태웅,
　　「일제 강점 초기의 규장각도서 정리 작업」, 『규장각』 18, 서울대 규장각 한국학연구원,
　　1995, 176~190쪽을 참조.
26　주지하다시피 일본 실증사학은 주류 강단역사학으로 정착하는 과정에서 史論을 가급적
　　배제하고 철저하게 사료의 문헌학적 고증에 치중하는 방향으로 발전해왔는데, 구로이다
　　가쓰미, 이마니시 류 등은 이런 일본 실증사학 분야 중에서도 고문서의 수집 및 문헌학적
　　고증에 주력하는 경향이 강한 대표적인 연구자들이었다.

강고해 보이는 식민사학이란 것도 실상을 보면 대단히 모순에 가득 찬 것임을 드러낸다. 가령 식민사학자들은 조선인들에 의해 이루어진 기존의 사서 편찬이 객관성과 실증성이 부족하기 때문에 반도사 편찬을 통해 "신뢰할 만한 사실에 기초한" "공명적확한 사서"를 지향한다고 표방했다. 이것은 관학아카데미즘의 실증사학이 조선인들의 민족사학을 압도할 만한 과학적·문명적 성격을 가지고 있다고 자신했기 때문에 나올 수 있는 발상이었다.

즉 오류와 신화가 뒤섞인 식민지의 옛 자료들을 실증사학이라는 근대적인 잣대로 엄밀하게 신문訊問하여 분류·체계화하는 한편, 일본·중국 등 주변 국가들의 '신뢰 가능한' 역사적 자료와 비교하는 과정을 거쳐서 비로소 '일선동조'와 '내선동화'의 정황이란 것이 객관적으로 파악될 수 있다는 것이다. 그리고 이것은 "신뢰할 만한 사실"들의 방대하고 체계적인 축적을 통해서만 가능하다. 그런데 아무리 찾아도 '신뢰할 만한' 사료가 거의 남아 있지 않을 때에는 어떻게 할 것인가. 『조선반도사』 편찬이 직면했던 여러 문제 중에서 하나가 이것이었다.

한편, 『조선반도사』 편찬 사업은 "식민통치에의 효용"이라는 취지에 적극적으로 부응하기 위해서 "일선인日鮮人이 동족인 사실(=일선동조)"을 밝히는 데에 초점을 맞추었다. 그 결과 총 6편의 『조선반도사』 편제에서 3편이 '상대사上代史'에 해당될 정도로 고대사의 비중이 커지는 양상으로 나타났다. 게다가 편찬주임들 모두가 일본의 역사적 기원에 대한 관심에서 연구의 초점을 조선사로 옮겨온 이력을 가지고 있었기 때문에, 연구자로서 개별적 관심의 차원에서 조선상대사는 각별한 측면도 있었다.

그런데 문제는 상대사에서 입증되어야 할 '일선동조'의 흔적은 식민지 내에서는 신뢰할 만한 문헌자료를 거의 남겨 놓지 않았다는 사실이다.[27] 극도로 제한된 사료들만 가지고는 제아무리 실증적 방법을 구사한다고 해도 역사적 분석이 제한적일 수밖에 없다는 문제가 드러났던 것이다. 게다가 준거가 되는 주변 국가의 사료들의 신뢰성도 크게 높다고도 볼 수 없었다. 특히 『일본서기』와 『고사기』로 대표되는 일본의 고대사 관련 자료는 엄밀한 실증사학의 관점에서는 '허구적 신화'라고 밖에 할 수 없지만, 일본의 주류 실증사학은 천황제라는 현실 권력과 연관된 반발로 몇 번의 필화筆禍사건을 겪으면서 이 문제를 애매모호한 상태로 남겨둔 상황이었다.

　한정된 사료, 모호한 준거 속에서 연구자에 따라 학설과 의견이 분분해졌다. 이런 상황 속에서는 연구자의 편견, 특히 식민주의적 편견이 개입될 여지가 커질 수밖에 없다. 일본 관학아카데미즘의 실증사학에서 일선동조론의 위상이 의외로 확고하지 않았다는 미쓰이 다카시三ッ井崇의 논의[28]나 『조선반도사』 편찬주임을 맡았던 구로이다 가츠미, 미우라 히로유키, 이마니시 류 사이에는 조선 상대사와 일선동조론에 대한 입장분열이 의외로 컸다는 장신의 지적[29]은 식민지 통사의 구축에 있어서 '보급의 대상으로서의 역사'와 '연찬硏鑽의 대상으로서의 역사' 사이의 균열이 생각보다 크며, 쉽게 봉합되지 않는다는 것을 여실히 보여준다.

27　「경대교수 삼포박사 담, 조선역사고적 조사에 대하야」, 『每日申報』, 1919.10.9.
28　미쓰이 다카시, 「'일선동조론'의 학문적 기반에 관한 시론」, 『한국문화』 33, 서울대 규장각 한국학연구원, 2004.
29　장신, 앞의 글 참조.

이들이 최소한 실증적 학자로서 '과학적 연구를 지향한다고 표명하고 있는 이상, 이런 균열은 '식민통치를 위한 필요성'이라는 편찬의 정치적 의도로는 조율되기 어려운 성질의 것이 된다. 결과적으로 새로운 자료를 기다릴 수밖에 없는 상황이 되고 마는 것이다. 『조선반도사』의 편찬이 미비한 자료를 수집·정리한다는 이유로 끊임없이 지연된 것도, 그리고 최종적으로는 식민지 통사인 『조선반도사』가 좌절되고 수집된 자료에 대한 색인집인 『조선사』로 귀결되고 만 것도 이러한 식민사학의 근본적인 '차질' 및 결함과 무관하지 않았던 것이다.

4. '강좌'라는 형식과 '학회'라는 이름
─식민사학의 '연찬'과 '보급' 사이

이렇게 본다면 1923년 5월 조선사학회의 등장은 『조선반도사』 편찬 사업이 직면했던 이와 같은 딜레마에 대한 대응이라는 측면을 가졌던 것은 아닐까. 다시 말해 식민사관의 보급을 통해 '통치의 정당성'을 확보하겠다는 의도와 식민지 조선의 불완전한 역사기술을 압도하는 '과학적'인 식민사학을 구축하겠다는 의도가 충돌하는 상황 속에서 『조선반도사』가 "공명정확公明的確한 사서史書"의 굴레에서 주저했다면, 조선사학회는 '식민사관의 적극적인 보급' 쪽에 오히려 역점을 두면서 모순을 돌파하려 했던 시도였던 것이다. 그리고 이것은 구로이다 가쓰미,

나이토 코난內藤湖南이 주도하는 후속 편수 작업에서 오다 쇼고가 사실상 배제되는 사정과 맞물려 가속화된다.[30]

『조선사강좌』와 『조선사대계』의 발간사에서 확인할 수 있듯이, 조선사학회는 일단은 『조선반도사』의 편찬 취지를 그대로 계승하는 모습을 보인다. 『조선사강좌』 요항호朝鮮史講座 要項號(이하 『요항호』)에 실린 「조선사강좌 발간의 사」를 살펴보자.[31] 이들은 우선 "조선 역사를 이해하는 것이 곧 조선 그 자체를 이해하는 것"이며, "조선에서의 모든 사업을 성공시키기 위한 유일한" 첩경이라고 선언한다. "무릇 정치, 경제, 종교, 교육 등 어느 분야든, 적어도 조선에서 사업을 행하려는 자는 반드시 우선 반도의 토지, 민정을 연구하여 유래와 연혁을 깊이 알아야 한다. 만약 예비 지식이 없이 사업에 뛰어들려 한다면, 마치 공중에 누각을 그리고 모래 위에 전당을 세우는 것과 다름없는 것으로 결코 기대한 바의 성과를 거둘 수 없다. 하물며 영원한 내선의 융화, 결합을 도모하여 공존공영共存共榮의 이상을 실현함에 있어서랴." 그런데 보통 "유래와 연혁"을 아는데 필수적 사서史書들이 부족한 것이 늘 문제가 되었던 다른 구미의 식민지들과는 달리, 조선의 상황은 사서들이 오히려 넘쳐서 문제다. 이들은 과거 조선인들에 의해 쓰인 사서들이 "엄정한 학술적 고핵考覈을 거치지 않은 바"[32] 폐단이 적지 않다고 판단했던 것이다.

실제로 이것은 반도사 편찬을 추진한 이래 식민당국이 가지고 있었

---

30 정상우, 「『朝鮮史』(조선사편수회 간행) 편찬 사업 전후 일본인 연구자들의 갈등양상과 새로운 연구자의 등장」, 『사학연구』 116, 한국사학회, 2014, 159쪽.

31 朝鮮史學會, 「朝鮮史講座發刊の辭」, 『朝鮮史講座』 要項號, 近澤書店, 1923.

32 朝鮮史學會, 「朝鮮一般史 總序」, 『朝鮮史講座』, 近澤書店, 1923.

던 일관된 입장이었다. 그리고 이것은 서양열강이 식민지인들을 보는 시선과 차별화되는 지점이기도 했다. 하나로 규정하기는 어렵지만, 백인 지배자의 시선 속에서 유색인 피지배자는 대체로 '역사 없는 민족(인종)'으로 비춰진다. 따라서 역사를 담은 역사서가—실재 여부와는 상관없이 최소한 지배자의 눈에는—거의 없다시피한 상황에서, 식민지인의 역사는 하나부터 열까지 모두 지배자의 손에서 쓰여야 한다. 타자성의 관점에서 식민지인들의 '역사'를 쓰고 그들에게 부여하는 것, 이들은 이런 시도를 식민통치의 문명적 과업이라고 믿었다.

그런데 식민지 조선에서는 상황이 반대였다. 식민지인들이 쓴 역사서는 넘쳐나고, 피지배자는 '과잉된 역사의식'에서 비롯된 편견과 오해 속에서 '시정施政'을 끊임없이 의심하는 상황이 전개되었다. '역사 없는 민족'이 아니라 '역사가 과잉된 민족'이기 때문에, 지배자는 식민지역사 서술에 개입한다. "그 내용의 정확함과 충실함을 담은" 올바른 역사서가 필요하기 때문이다. "조선반도의 연혁 및 조선 민족의 과정을 가장 온건한 태도를 가지고 가능한 한 정확하게 연구"해야 한다. 다시 말해 정확하고 객관적인 사실에 바탕을 둔 식민지 통사의 간행이 결과적으로는 조선역사에 대한 식민지인들의 오해를 시정하고, 식민지 역사에 대한 이해를 높여서 "조선에서의 모든 사업" 즉 식민통치에 기여해야 한다는 것이다.

하지만 "심원深遠한 연구를 발표하여 그 시비是非를 학계에 묻는 것이 아니"라고 분명히 했듯이, 조선사학회는 과거에서 지금에 이르기까지 역사를 가로지르는 시대사를 지향하기는 했지만 그것이 반드시 엄밀한 학술적 검증을 거치는 공식적인 관변 통사일 필요는 없다고 생각한 듯하다. 조선사학회는 오히려 다른 방법을 생각했다. '지상강의紙上講座'라는 형식으로 출간하여 '조선역사의 보급'이라는 측면에서 실효를 거두는 방식을 모색했던 것이다. 때문에 조선사학회는 우리가 통상적으로 생각하는 학회와는 달리 이처럼 지상강좌의 출판과 보급을 위해 만들어진 조직으로 출발하는 양상을 보이게 된다. 『요항호』에는 조선사학회의 회칙이 수록되어 있는데 학회의 성격과 관련하여 중요한 항목을 추려보면 다음과 같다.[33]

제1조 본회는 조선사학회라고 칭함

제2조 본회는 조선역사의 연구 및 그 보급을 꾀하는 것을 목적으로 함

제3조 본회의 사무소를 경성부 長谷川町 76번지에 둠

제4조 본회는 그 목적을 달성시키기 위해 아래와 같은 사업을 실시함

　一. 강의록『조선사강좌』의 발행

　二. 조선역사에 관한 저작물의 간행

　三. 강습회의 개최

제5조 본회 발행의 강의록『조선사강좌』는 매월 1회 발행하여 만 1개년으로 완료함

제6조 본회의 회원은 본회발행의 강의록『조선사강좌』를 구매하는 사람으로 함

제7조 본회 발행의 강의록『조선사강좌』의 대금은 책마다 1원으로 함

제8조 회원이 되고자 하는 자는 입회원서에 3개월 이상의 구독료를 첨부

33　朝鮮史學會, 「朝鮮史學會會則」, 『朝鮮史講座』 要項號, 近澤書店, 1923. 단 4조의 세부항목은 "イロハ"로 배열되어 있는데 이 글에서는 편의상 이를 '一二三'으로 고쳤다.

해서 본회 사무소에 보낼 것

제9조 퇴회하고자 하는 자는 퇴회원서를 제출해야 함. 다만 이미 납부한
구독료는 반환하지 아니함 (…후략…)

제11조 본회의 경비는 설립자의 출자 및 회원의 수강료로 충당함

이 회칙에서 알 수 있듯이 조선사학회는 기본적으로는 "조선역사의
연구 및 그 보급"을 표방하고 있었지만 실제 사업의 역점은 '조선역사
의 보급', 즉『조선사강좌』의 발행에 치우쳐있었다. 5조에서 9조까지
는 이런 '지상강좌' 또는 '통신강좌'의 운영형식을 그대로 보여준다. 조
선사학회는 매달 1회『조선사강좌』를 발행하여 3개월분 구독료를 미
리 입금한 회원들에게 배포한다. 그리고 회원들이 강의록을 읽고 생긴
의문을 서면질의로 보내주면 답변과 더불어『조선사강좌』말미에 수록
되는 잡록에 게재한다.

기존 연구에서는 조선사학회가『조선사강좌』와『조선사대계』의 간
행을 제외하고는 별다른 활동을 하지 않았다는 평가를 내려지기도 했
지만, 회칙을 보면 사실 당연한 것이기도 했다. 왜냐하면 조선사학회는
애초에 조선사강좌를 간행하기 위해서 만든 것이며 따라서『조선사강
좌』가 종료되고 나면, 일부 조선사 관련 서적을 출간하는 것 이외에는
회칙상 다른 활동이 있을 수 없었기 때문이다. 반복하지만, 조선사학회
는 강좌, 즉『조선사강좌』의 출간 및 구독 회원을 관리를 위해 만들어
진 조직인 것이다.

실제로『조선사강좌』10호(1924.6.15)에 따르면 조선사학회는 1924
년 4월 당시 대략 4,060명의 회원을 확보하고 있었던 것으로 확인된다.

〈표 3〉 조선사학회 회원의 지역적 분포

지역별	회원수
경성	601(14.8)
경기도(경성 제외)	286(7.0)
충청도	429(10.6)
전라도	563(13.9)
경상도	776(19.1)
황해도	157(3.9)
평안도	433(10.7)
강원도	147(3.6)
함경도	218(5.4)
일본본토	439(10.8)
중국, 만주	13(0.3)
전체	4060(100.0)

조선사학회가 밝히고 있는 회원의 지역적 분포는 〈표 3〉과 같다.[34] 회원들은 조선총독부 등 중앙과 지방의 주요 관청, 관공립학교, 경찰서, 관과 밀접한 관련을 맺고 있는 주요 기업체에 속한 인물들이 대부분이었는데, 특히 지방으로 갈수록 경찰관료 및 학교 교원의 비중이 컸다는 점이 주목된다. 조선인들을 '선도'해야 할 입장에 있는 경찰, 교사 집단이야말로 '관변적인' 조선역사의 보급과 관련하여 실질적인 이해관계를 가진다는 점에서 당연한 현상이었다. 지방회원들의 분포가 대체로 관청, 경찰서, 학교 등이 집결되어 있는 주요 도시에 집중되어 있는 것도 이러한 이유와 관련된다.

조선사학회의 재원은 12호 예정으로 간행된 『조선사강좌』의 구독료가 중심이 되었는데, 학회 고문으로 위촉된 기관들의 소속 직원들이 회

34　朝鮮史學會,「會報」,『朝鮮史講座』10, 近澤書店, 1924.6, pp.249~250.

원으로 대거 가입하고 있다는 사실도 흥미롭다. 최소한 공식적인 차원에서는 이들 '고문' 기관들은 조선사학회의 재정기반이 되는 구독료의 상당부분을 떠맡음으로써 학회의 활동을 지탱하고 있었던 것이다. 조선인들이 회원으로 가입하는 경우도 확인되지만, 대부분은 이런 총독부 및 중앙 관청의 소속원이거나 식민권력과 밀접한 연관을 가진 은행, 기업, 학교의 소속원인 경우가 많았기 때문에 회원의 민족적 분포는 큰 의미가 없어 보인다.

또 하나 흥미로운 것은 전체의 10.8%, 439명에 이르는 일본 본토의 회원들이다. 이들 중 직업을 밝히고 있는 대부분은 각급 학교의 교원들이었는데, 이들은 "문부수험文部受驗", 즉 보통문관시험의 수험 준비 등 실질적 필요성에 입각해서 조선사강좌의 발행을 적극적으로 환영하고 있었음을 확인할 수 있다.[35] 당시 조선과 일본에서 시행되고 있던 보통문관시험의 역사 과목에서는 한일관계사와 관련된 문제들이 종종 출제되고 있어서 일본 본토에서도 조선사에 대한 일정한 지식의 습득이 필요한 상황이었다.[36] 조선사학회의 『조선사강좌』는 하야시의 『조선사』등이 절판되어 마땅히 조선역사를 통사적으로 파악하기에 어려움이 많았던 일본 내지의 교육계에서도 유용한 참고 서적으로 인식되었던 것이다.

이처럼 조선사학회는 『조선사강좌』를 정기적으로 구독하는 회원을 4,000명 정도로 확보함으로써, 그 밖의 학회 활동도 비교적 안정적으로 추진할 수 있었던 것으로 보인다. 다만 학회활동은 10여 차례 개최

---

35 朝鮮史學會, 「會員通信」, 『朝鮮史講座』 2, 近澤書店, 1923.10.
36 조범성, 앞의 글, 101쪽.

된 강연회를 제외하고는 대체로는 출판 활동에 국한되었는데, 그런 의미에서 강의록을 출판하는 시기를 제외하고 조선사학회의 존재는 학회의 출판을 도맡았던 치카자와 서점近澤書店과 거의 분리되지 않는 양상을 보인다.

실제로 치카자와 서점은 『조선사강좌』를 발행한 1923년~1924년 무렵 『고등국어독본상해高等國語讀本詳解』, 『이과학습장理科學習帳』, 『신이과서의 연구와 교육지침新理科書の硏究と敎育指針』 등 교육 참고 서적 및 독학용 교육서를 출간하는 등 교육 보조교재 전문 출판사로서 위상을 확고히 했다. 『조선사강좌』가 3호 연장되어 15호로 완결되는 1924년 11월 무렵에는 지금까지 발행된 간행된 강좌를 강의별로 묶어 『일반사』, 『분류사』, 『특별강의』라는 제목으로 제본본을 발간했다.[37] 그리고 이것은 조선사학회가 사실상 활동이 중단된 이후에도 계속 발간되어 출판사의 계속적인 수입원이 되었다. 이마니시 류의 제자인 스에마쓰 야스카즈末松保和가 1941년 이마니시가 교감한 치카자와서점의 『삼국사기』 3판의 후기에서 "이미 유명무실해진" 조선사학회와 치카자와 서점과의 관계를 "어떤 의미에서 동체일신同體一身"이라고 평가한 것도[38] 조선사학회의 이러한 특징을 지적한 것이었다. 조선사학회의 이름이 1930년대 이후에도 계속 등장하게 된 이유가 여기에 있었던 것이다.

그렇다면 『조선사강좌』의 내용은 구체적으로 어떤 것이었을까. 앞서 언급한 『요항호』는 지금의 관점으로 보면 이른바 통신강좌의 수강

---

37 『朝鮮史講座』 11호에 수록된 「製本に就いて急報」를 참조. 현재 국립중앙도서관을 비롯한 도서관이 소장하고 있는 『朝鮮史講座』는 공식 출판물이 아닌 이 제본본인 경우가 많다. 페이지 수가 중복되는 이유도 이 때문이다.
38 朝鮮史學會, 「三版の後に記す」, 『三國史記』(三版), 近澤書店, 1941 참조.

<表 4> 『조선사강좌』 일반사 강의의 상세내역

조선사강좌 요항호		실제 발간된 조선사강좌		비고
강의명	강사명	강의명	강사명	
總序及序說		總序及序說	小田省吾	
朝鮮上古史	小田省吾	朝鮮上世史	小田省吾	'上古'에서 '上世'로 강의명이 변경
朝鮮中世史	荻山秀雄,	朝鮮中世史	荻山秀雄・瀨野馬熊	
朝鮮近世史	瀨野馬熊	朝鮮近世史	瀨野馬熊	
朝鮮最近世史	杉本正介	朝鮮最近世史	杉本正介・小田省吾	
		朝鮮歷史地理	大原利武	애초 계획에는 없었음. 제7호

편람에 해당되는 자료인데, 여기에 제시된 목록에 따르면 강좌는 크게는 세 가지 종류가 있었던 것으로 보인다. 첫째, '일반사 강의'는『조선사강의』가 15호까지 발행되는 동안 계속 연재되었는데, '조선반도의 연혁 및 조선 민족의 과정'을 통사적으로 검토하는 강의들이었다(〈표 4〉). 앞에서도 검토했지만 이 '일반사 강의'는 강사『조선반도사』편찬 사업을 직접적으로 계승한 것으로, 분량과 비중의 측면에서『조선사강좌』의 핵심을 이루고 있다.

다만 실제로 강의가 진행되는 과정에 예상치 못했던 여러 사정들이 있었던 것으로 보이는데, 최종적으로는 그 내용의 수정이 불가피해졌다. 원래「중세사」집필을 담당했던 오기야마 히데오가 1923년부터 조선총독부도서관장에 임명되면서 전반부만을 집필한 채 중단할 수밖에 없었고,「최근세사」의 담당자인 스기모토 쇼스케杉本正介가 도중에 사망하면서 강의록을 완결할 수 없었던 것이다. 학회의 응급 조치로「중세사」부분은「근세사」담당자 세노 우마쿠마瀨野馬熊가 투입되어 남은 부분을 집필하였고,「최근세사」부분은 회장인 오다 쇼고가 남은 부분을 맡게 되었다. 이처럼 예상치 못했던 '사고'가 일어나면서 강의내용의 부실화와 저술기간 연장이 불가피하게 되었는데, 줄어든 강의 내용에 대해서는 원래 계획에 없던 오하라의 원고, 즉『조선역사지리』를 추가하였고, 강좌의 연재 기간도 12호에서 15호로 연장하였다.

다음으로 '분류사 강의'가 있는데(〈표 5〉), '일반사 강의'에서 다루어지는 '통사=시대사'가 아무래도 정치사를 위주로 전개되기 때문에 충분히 다루어지지 않은 주제를 분류·선정해서 강의를 제공하려는 의도로 기획된 것으로 추정된다. 계획 단계에서는 17개의 주제가 '분류사 강의'로 발표될 예정이었지만, 「법제사」가 '강사 미정'이라는 것에서도 추측할 수 있듯이 조선사학회의 차원에서 주제를 미리 결정하고, 적임자가 마땅치 않은 경우에는 추후 섭외할 계획이었던 것으로 보인다. 참고로 미정이었던 「법제사」는 당시 경성복심범원 판사로 경성전수학교의 강사를 겸임했던 하나무라 미키花村美樹(1926년 경성제대 교수 취임)가 맡았다.

한편 세노가 맡기로 했던 「정쟁사政爭史」는 회장인 오다 쇼고가 「약사略史」라는 축소된 형태로 맡아서 저술했는데, '일반사 강의'에서 세노가 오기야마를 대신해서 「중세사」 강의에 투입되면서 부담이 가중되자 이를 분담한 것으로 보인다. 스기야마가 강의하기로 했던 「서교사西敎史」는 강사의 사망으로 결국 실현되지 않았다. 다카하시 도루는 애초「사회사」를 저술하기로 했지만, 무라야마 지준의 「사회제도사」와 상당부분 겹쳤기 때문에 이를 포기하는 대신에 '특수강의'로『조선유교대관』을 저술했으며, 「조선미술사」에서 도기 부분을 맡을 예정이었던 아유카이 후사노신鮎貝房之進은 세키노의 「미술사」가 도기에 관련해서도

<표 5> 『조선사강좌』 분류사 강의의 상세내역

조선사강의 요항호		실제 발간된 조선사강의		비고
강의명	강사명	강의명	강사명	
民族史	稻葉岩吉,	民族史	稻葉岩吉,	
財政史	麻生武龜	財政史	麻生武龜	
日鮮關係史	栢原昌三	日鮮關係史	栢原昌三	
滿鮮關係史	稻葉岩吉	滿鮮關係史	稻葉岩吉	
法制史	강사미정	法制史	花村美樹	요항호에서는 강사가 미정이었지만 경성재판소 판사인 花村가 맡게 됨. 이후 경성제대 교수로서 법제사 연구를 계속
中央並地方制度沿革史	麻生武龜	中央並地方制度沿革史	麻生武龜	
軍制史	麻生武龜	軍制史附警察制度史	麻生武龜	
教育制度史	小田省吾	教育制度史	小田省吾	
社會制度史	村山智順	社會制度史	村山智順	
社會史	高橋亨			개설되지 않음
政爭史	瀨野馬熊	李朝政爭略史	小田省吾	원래는 瀨野가 맡을 예정이었지만, 중세사도 담당하게 되면서 小田이 맡게 되었고 형태도 약사로 바뀜
學藝史	洪喜	學藝史	洪喜	원고는 조선어. 일본어를 후리카나로 덧붙임
佛敎史	李能和	佛敎史	李能和	원고는 조선어. 일본어를 후리카나로 덧붙임
西敎史	杉本正介			개설되지 않음. 杉本의 사망이 원인인 듯
美術史	關野貞	美術史	關野貞	이후 편집 제본 버전에서는 특별강의로 분류
美術史(書畵)	鮎貝房之進			개설되지 않음
語學史	小倉進平	語學史	小倉進平	

상당 부분 다루게 되자 따로 개설하지 않았다. 이 세키노의 「미술사」는 매월 배포된 『조선사강의』에서는 '분류사 강의'에 포함되어 있었지만 제본본에는 '특수강의'로 묶여 있다. 그 이유는 현재로서는 알 수 없다.

마지막으로 홍희와 이능화가 각각 저술한 「학예사」와 「불교사」는 원문이 국한문 혼용의 조선어로 국문부분에 일본어 후리가나가 달려있는 것이 특징이다. 애초 관변 조선사의 보급이 목적이었다면 일본어 원고는 조선어로, 조선어 원고는 일본어로 번역하여 같이 수록하는 것이 이상적이었을 것이다. 그러나 시간과 재원의 한계로 번역 출간은 이루어지지 않았던 것으로 보이는데, 조선사 보급에 역점을 두었다는 조선사학회의 '의도'와 결과적으로는 일본인을 대상으로 하고 말았다는 '현실' 사이의 모순을 엿볼 수 있는 대목이다.

마지막으로 '특별강의'는 일반사와 분류사에 포함되지 못한 비정규 강의들을 포괄했다(〈표 6〉). 8개 주제가 예고되었던 '특별강의'는 실제로는 25개의 강의가 저술되었다. 앞서 살펴본 것처럼, '일반사 강의' 및 '분류사 강의'에서 예기치 못했던 사고들이 생김에 따라 이를 메우기 위해 결과적으로 짧은 분량의 '특수강의'가 다수 포함되었는데, 조선사학회의 핵심들이었던 오다, 오하라, 카시와바라, 이나바 등의 활동이 두드러진다. 그리고 '특별강의'와 별도로 조선사를 이해하는 데 참조가 되는 정보를 묶은 부록이 있었다(〈표 7〉).

이상에서 알 수 있듯이, 전체적으로 본다면 조선사학회의 『조선사강좌』는 식민지의 통사를 다루는 일반사를 중심으로 이를 보완하는 분류사를 설정하고, 필요하다면 특별강의를 게재하는 형식으로 구성되어 있었다. 역시 『조선사강좌』에서 가장 중요했던 것은 '일반사 강의'였는데, 『조선반도사』의 집필 담당자를 거의 그대로 계승하고 있으며, 이후 내용을 일부 수정·보완하여 5권짜리 시리즈물인 『조선사대계』로 발전시키고 있기 때문이다. 그 편제는 〈표 8〉과 같다.

『조선사대계』의 「총서總序」의 내용은 『조선사강의』 '일반사 강의'

〈표 6〉『조선사강좌』 특수강의의 상세내역

조선사강의 요항호		실제 발간된 조선사강의		비고
강의명	강사명	강의명	강사명	
古蹟遺物	藤田亮策	朝鮮古蹟及遺物	藤田亮策	중간에 일의 번잡으로 강의 중단
慣習法	渡邊業志			
圖書解題	荻山秀雄	朝鮮史關係圖書解題 (第一回)	荻山秀雄	荻山의 이직에 의해 중단
金石文	葛城末治	朝鮮金石文	葛城末治	
國文, 吏吐, 俗證, 造字, 俗音, 借訓字	鮎貝房之進	國文, 吏吐, 俗證, 造字, 俗音, 借訓字	鮎貝房之進	
風水說	村山智順	風水に就て	村山智順	
高麗大藏經	菅野銀八	高麗板大藏經に就て	菅野銀八	
天道教	渡邊彰	權域思想	渡邊彰	동학을 비롯하여 조선인 민심의 사상, 동향을 분석
		海流と民族	大原利武	
		(新出土)漢の孝文廟銅 鐘銘識に就て	稻葉岩吉	
		朝鮮儒學大觀	高橋亨	애초에 분류사 강의로 조선사회사를 담당할 예정이았지만 준비 부족으로 특별강의로 대체.
		朝鮮陶磁器槪要	加藤灌覺	
		京城に於ける文祿役日 本軍諸將陣地の考證	小田省吾	
		蔚山城址と淺野丸	瀨野馬熊	
		上古史の硏究に就て	大原利武	
		三韓の歸化人	三浦周行	
		灣商	稻葉君山	稻葉岩吉과 동일인
		朝鮮に於ける高昌の俁 氏世系	稻葉君山	
		朝鮮及滿洲の國號體系 に就て	大原利武	
		震災と鮮滿史料の佚亡 に就て	稻葉君山	
		文成公安裕の影幀に就 て	栢原昌三	
		鳴洋峽の海戰と統制使 李舜臣	栢原昌三	
		高句麗の泉男生墓誌に 就て	稻葉君山	

<표 7> 『조선사강좌』 부록의 상세내역

조선사강의 要項號		실제 발간된 조선사강의		비고
강의명	강사명	강의명	강사명	
歷代王家系圖	大原利武	朝鮮歷代王家系圖	大原利武	조선시대로 한정
年表	菅野銀八			개설되지 않음
朝鮮史便覽	菅野銀八	朝鮮史便覽	菅野銀八	
		朝鮮舊社會事情	加藤灌覺	조선사강의에서는 분류사에 개체. 제본편집본에서는 부록으로 분류

<표 8> 『조선사대계』의 편제와 보완내용

권호	제목	저자	특기사항
1권	조선상세사	小田省吾	「강좌」 내용을 그대로 수록
2권	조선중세사	瀨野馬熊	전반부 荻山秀雄 집필분을 배제하고 다시 집필. 학술부문 보완
3권	조선근세사	瀨野馬熊	대외관계 및 학술문화부문 보완
4권	조선최근세사	杉本正介, 小田省吾	총독부정치부분을 부록의 형태로 수록. 小田省吾 집필
5권	연표	大原利武	

총서에서 '본강의本講義'를 '본서本書'라고 바꾼 것을 제외하고는 사실상
동일한데, 전체 취지를 다음과 같이 설명하고 있다.[39]

> 우리들은 항상 秉公持平의 마음을 가지고 신진학자의 새로운 연구를 씨
> 줄로 엮고 새로운 자료를 날줄로 묶어서 집필을 함과 동시에 종래 朝鮮史家
> 의 의견은 가급적 존중할 생각이다. 또 本史의 강의는 가급적 平易簡明하게
> 說述하고 번잡한 논증은 피하여 一般의 이해를 바꾸는데 있다고 생각한다.
> (…중략…) 심원한 연구를 발표하여 그 是非를 學界에 묻는 것과 같은 것은
> 결코 본 강의가 목표하는 바가 아니다.

---

39   朝鮮史學會, 「朝鮮一般史 總序」, 『朝鮮史講座』, 近澤書店, 1923.

여기에서도 조선사학회의 '일반사 강의'와 『조선사대계』는 철저하게 '통속역사通俗歷史'의 형식으로 식민사관의 보급을 강조하고 있음이 확인된다. 심지어 최신의 연구 및 발굴 자료에 대해서도 기본적으론 "쉽고 단순하게 쓰며, 번잡스런 논증을 피한다"라는 이유로 거리를 두려는 태도를 취하고 있는 것이다. 이것은 기존의 『조선반도사』 편찬 사업이 통치의 취지에 맞게 역사를 널리 보급한다는 취지와 식민지에 관한 학술적 엄밀성을 갖춘 역사를 연찬研鑽한다는 이중의 목표에 짓눌려 결국 미완과 차질蹉跌로 끝나고 말았던 것에 대한 반성이며, 결과적으로 조선사학회는 통사를 대신해서 '강좌', 특히 통속역사를 강술講述하는 '지상강의紙上講座'에 주력하는 양상이 나타났던 것이다.

그렇다면 조선사학회가 표방했던 '학회'라는 이름은 그저 허울에 불과했던 것일까. 우선 앞에서 검토했듯이 『조선사강좌』는 강좌 기획 단계에서 강좌의 주제가 먼저 정해지고 그 다음에 강사가 섭외된 것이 확실하다. 때문에 우리가 통상 생각하는 학회, 즉 새로운 전문적 연구가 토의된 후 공적인 형태인 논문으로 출간되는 형태를 기대하기는 어렵다.

하지만 일부 특별 강좌들의 경우에는 단순한 보급을 넘어서 전문적인 학술연구 논문의 형태를 취하고 있는 것을 확인할 수 있다. 오하라의 「조선 및 만주의 國號계통에 대해서」, 「고대사의 연구에 대해서」, 오다의 「경성에 있어서 文祿役 일본군諸將陣地의 고찰」, 이나바의 「漢의 孝文廟銅鐘銘識에 대해서」, 「震災와 선만자료의 佚亡에 대해서」, 「灣商」, 「조선에 있어서 고창 설씨 계보」, 「고구려의 泉男生墓地에 대해서」, 카시와바라의 「명량해협 해전과 통제사 이순신」, 「소수서원소장 文成公安裕의 영정에 대해서」, 세노의 「蔚山城地와 淺野丸」 등이 그것이다.

이들 강의의 수준은 대체로 '통속역사'와 '전문연구'의 중간 정도로 보이지만, 식민지 조선사회에 전문적인 학술지가 아직 출현하기 전이라는 점을 고려해 본다면, 이러한 일부 특수강좌는 보다 전문적인 학술연구를 지향해 나가는 식민사학의 제도화 흐름을 반영한다는 점에서 의미를 가질 수 있을 것이다.

5. 나가며 — 오다 쇼고와 식민사학의 제도화

앞서 살펴보았듯이 1923년 설립되어 1924년에 이르기까지 왕성한 활동을 전개했던 조선사학회는 식민사학의 제도화라는 큰 흐름 속에서 보았듯이 여러모로 전환기적 성격이 강했다.

조선사학회는 1916년 조선총독부가 의욕적으로 출범시켰던 『조선반도사』 편찬 사업이 실질적인 성과를 거두지 못한 채 사실상 중단된 이후, 1922년 조선사편집위원회가 설치되어 관변 역사 편찬의 새로운 전환을 모색할 무렵 설립되었다.[40] 이 시기에는 식민지 대학의 설립도 추진되어, 조선사에 관해 관심은 많지만 전문적으로 역사 수련을 받지 않은 '비전문적' 연구자들에 의존하거나 일본 본토의 조선사 관련 전문 연구자들을 '촉탁'의 형태로 불러다 쓸 수밖에 없었던 기존의 식민사학의 저변구조에 대해서서 새로운 전환이 모색되기도 했다.[41]

---

40 장신, 앞의 글 참조.

또한 1920년대 초반은 1919년의 '소요 사태' 이래 식민통치의 위기 속에서 식민통치자의 측면에서도 피통치자의 측면에서도 조선사에 대한 관심이 어느 때보다 높은 시기였다.[42] 조선인 연구자들 사이에는 "지금껏 돌아보지 않았던 조선사 연구는 선인鮮人들 사이에 일대조류를 이루었다"[43]라는 이나바의 평가처럼 조선사 저술의 국내 출간이 활발하게 이뤄지고 있었다. 그리고 3·1운동이라는 격변과 '문화통치'라는 통치방침의 전환 속에서 일본인들 사이에도 식민지 조선의 역사에 대한 관심이 고조되고 있었다.

이러한 전환기에서 조선사학회는 1910년대 『조선반도사』 편찬 사업이 가졌던 식민지 통사의 문제의식, 즉 조선이 식민지로 전락할 수밖에 없었던 이유를 역사적 사실에 입각해서 통시대적으로 서술한다는 지향을 계승하면서도 관변통사 자체가 가지는 자기모순, 즉 역사 연찬과 역사 보급 사이의 딜레마를 '지상강의紙上講座'라는 새로운 형식을 취해서 극복하려 했다. 다시 말해 통속역사를 지향함으로써 역사 연찬이 통치 의도와 충돌할 때 생기는 문제를 미연에 방지하면서 강의록 통신회원 제를 채택하여 효율적인 식민사관의 보급을 꾀한 것이다. 그리고 다양한 주제별 강의를 매개로 당시 조선에서 활동했던 일본인 조선사 연구자들을 집결시켰고, 당시 식민지에 아직 저명한 학회지가 드물었던 상황에서 일부 강사들은 특별강의의 형태로 보다 세밀한 주제·대상에 대한 전문적인(학술적) 글쓰기를 지향하기도 했다.

주지하다시피 식민사학은 1930년대 이후 '조선 사료의 수집과 편찬'

41　정준영, 「경성제국대학과 식민지 헤게모니」, 서울대 박사논문, 2009 참조.
42　정상우, 「조선총독부의 『조선사』 편찬 사업」, 서울대 박사논문, 2011 참조.
43　稻葉岩吉, 「朝鮮研究の課程」, 『世界史大系』 11, 平凡社, 1935, p.199.

을 독점했던 조선사편수회와, 수집된 자료에 대한 엄밀한 실증을 지향했던 청구학회의 관변 아카데미즘, 그리고 인적차원에서 '식민사학자'를 배양하고 지탱했던 경성제대, 이 세 축을 중심으로 제도화의 향방이 결정되었다. 조선사학회는 이처럼 '사료－교육－학술지'가 전문적인 성격을 띠면서 분화되기 이전, 조선사를 통한 식민사관의 보급에 식민사학의 역할을 두고 기존의 조선사 연구자들을 집결시킨 단체로 일단은 정리할 수 있을 것 같다.

하지만 이런 조선역사의 보급이 과연 실효를 거두었는가 하는 것은 여전히 문제가 있는 듯이 보인다. 실제 서술에서 『조선사강좌』가 과연 누구를 독자로 겨냥하고 있었는지가 불분명할 뿐 아니라, 과연 이런 통속 강좌로 조선인들에게 의도했던 바 의식의 개선이 당시에 이루어졌는지도 의문의 여지가 많기 때문이다.

마지막으로 조선사학회가 오다 쇼고가 역사학자로서 경력이 시작되는 실질적인 출발점이 되었다는 의미를 음미하며 이 장을 마치겠다. 오다는 1924년 경성제국대학 설립에 실질적인 산파 역할을 했고, 예과부장을 거쳐서 1926년 법문학부 사학과 교수로 부임해서 '조선사 제2강좌'를 맡게 된다. 그가 도쿄제대 사학과를 졸업했고, 조선총독부 학무국에서 교과서검열, 조선반도사 편찬, 고적조사 등의 실무를 맡으면서 조선의 역사와 문화에 관련해서 당시 재조일본인 누구에도 뒤지지 않는 식견을 갖춘 것도 사실이지만, 앞서 살펴보았듯이 그는 엄밀히 말하자면 '학자'라기보다는 '관료'로 보는 것이 적합한 인물이었다.

이러한 그의 특징은 경성제국대학 교수로 부임한 이후에도 크게 바뀌지 않았다. 같은 관료 출신이라고 하더라도 자기 연구영역을 확보해갔던 다카하시 도루, 오구라 신페이와는 달리, 오다는 교수가 된 이후에도 조선총독부의 『시정30년사』, 경성부의 『경성부사』, 이왕직의 『고종실록』·『순종실록』 등 역사 편찬사업에 지속적으로 관여했다. 또한 그는 조선사 연구를 위한 인적 조직을 구축하는데도 열심이었다. 청구학회와 경성제대사학회는 관료 시절 오다가 확보하고 있던 방대한 인적·물적 네트워크에 의존하는 바가 적지 않다. 그는 사료를 발굴하고 이를 기반으로 새로운 역사적 사실을 밝히는 연구 작업보다는 조선사에 관심을 가진 일본인 연구자들을 묶어 학술단체로 조직하거나, 식민통치의 관점에 입각하여 역사를 하나의 문화적 사업으로서 보급하는 데 주력하는 양상을 보였던 것이다.

이러한 오다 쇼고의 행보가 조선사학회의 취지와 활동의 연장선상에 놓이지 않는가 하는 추측은 지금까지의 논의를 통해 어렵지 않게 도출해낼 수 있을 것이다. '개척자' 이마니시 류와 '기획자' 오다 쇼고, 이 두 사람으로 출발했던 경성제국대학 사학과의 탄생 배후에는 이처럼 조선반도사 기획의 실패에서 조선사학회의 설립으로 이어지는 식민사학의 차질蹉跌과 제도화의 한 흐름이 가로놓여 있었던 것이다.

참고문헌

1. 자료

『東亞日報』
『每日申報』
朝鮮總督府, 「朝鮮半島史編成の要旨及順序」, 1916.
朝鮮總督府中樞院, 『朝鮮史編修事業概要』, 1938.
朝鮮總督府學務局, 「朝鮮史學會設立認可ニ関スル件」, 『學校設置關係書類』, 1923.(국가기록원
　　　소장자료 CJA0004692)
朝鮮史學會, 『朝鮮史講座』 1~15, 近澤書店, 1923~1924.
　　　　　, 『朝鮮史大系』 1~4, 近澤書店, 1927.
　　　　　, 『三國史記』(三版), 近澤書店, 1941.
　　　　　, 『三國遺事』, 近澤書店, 1928.
　　　　　, 『新增東國輿地勝覽』 1~4, 近澤書店, 1929.
史學會, 『史學雜誌』 35-1, 東京帝大史學會, 1924.
小田省吾, 「小田省吾略曆自記」, 『辛末洪景來亂の研究』, 小田先生頌壽記念會, 1934.
稻葉岩吉, 「朝鮮研究の課程」, 『世界史大系』 11, 平凡社, 1935.

2. 단행본

박걸순, 『植民地 시기의 歷史學과 역사인식』, 경인문화사, 2004.
이만열, 『한국근대역사학의 이해』, 문학과지성사, 1981.
나가하라 게이지, 하종문 역, 『20세기 일본의 역사학』, 삼천리, 2011.
디페시 차크라바르티, 김택현 외역, 『유럽을 지방화하기-포스트식민 사상과 역사적 차이』, 그린
　　　비, 2014.
라나지트 구하, 이광수 역, 『역사 없는 사람들』, 삼천리, 2011.
旗田巍, 이기동 역, 『일본인의 한국관』, 일조각, 1983.

3. 논문

김태웅, 「일제 강점 초기의 규장각도서 정리 작업」, 『규장각』 18, 서울대 규장각 한국학연구원, 1995.

미쯔이 다카시, 「'일선동조론'의 학문적 기반에 관한 시론」, 『한국문화』 33, 서울대 규장각 한국학연구원, 2004.

이성민, 「해제－일제의 조선역사 왜곡정책, 『조선반도사』의 실체와 조선사편찬」, 『친일반민족행위관계사료집』 V, 친일반민족진상규명위원회, 2008.

이승일, 「조선총독부의 '조선도서 및 고문서'의 수집·분류활동」, 『기록학연구』 4, 한국기록학회, 2001.

장신, 「조선총독부의 朝鮮半島史 편찬 사업 연구」, 『동북아역사논총』 23, 동북아역사재단, 2009.

정상우, 「조선총독부의 『조선사』 편찬 사업」, 서울대 박사논문, 2011.

_____, 「『朝鮮史』(조선사편수회 간행) 편찬사업 전후 일본인 연구자들의 갈등양상과 새로운 연구자의 등장」, 『사학연구』 116, 한국사학회, 2014.

정준영, 「경성제국대학과 식민지 헤게모니」, 서울대 박사논문, 2009.

조동걸, 「식민사학의 성립과정과 근대사 서술」, 『한국민족주의의 발전과 독립운동사 연구』, 지식산업사, 1993.

조범성, 「일제강점기 朝鮮史學會의 활동과 근대사 인식」, 『한국민족운동사연구』 84, 한국민족운동사학회, 2015.

일제강점기 나주 반남면 고분의 발굴과 야쓰이 세이이쓰[*]

정인성

1. 머리말

　일제강점기 일본인 연구자들의 '조선고적조사사업朝鮮古蹟調査事業'에 대한 연구가 활발해지면서 그 내용들이 점차 분명해지고 있다. 이러한 흐름은 국립박물관에 소장된 일제강점기 관련 자료들이 본격적으로 공개되기 시작한 것에 힘입은 바 크다. 지금까지 조선고적조사에 대한 연구는 크게 세 시기로 나누어서 설명하는 것이 일반적이었다. 19세기 말부터 1914년까지 이루어진 예비조사, 그리고 1915년의 보충조사 결과를 바탕으로 1916년부터 시작된 조선총독부 차원의 공식적이고 조직적인

---

　*　본고는 정인성, 「일제강점기 羅州潘南面古墳群의 발굴과 야쓰이 세이이쓰[谷井濟一]」 (『백산학보』 103, 백산학회, 2015) 등의 논고를 수정·보완한 것임을 밝힌다.

조사, 마지막으로 총독부의 지원이 줄어들면서 1931년에 설치된 '조선고적연구회朝鮮古蹟研究會' 주도의 조사가 이루어진 시기가 그것이다. 그런데 고적조사사업을 주도한 인물 중심으로 살피면 1921년을 기준으로 전후 양분된다. 전반은 세키노 다다시關野貞 조사단의 일원이었던 야쓰이 세이이쓰谷井濟一가 고적조사사업의 전체 업무를 담당하던 시기이고, 후반은 후지타 료사쿠藤田亮策가 야쓰이를 대신하여 사업을 관장하는 시기라고 할 수 있다.

〈그림 1〉 고적조사 중의 야쓰이 세이이쓰

야쓰이 세이이쓰는 1909년부터 시작된 세키노 다다시가 주도하는 예비 조사를 직접 현장에서 수행했던 인물로 1917년부터는 거처를 아예 경성으로 옮겨 1921년 부친의 병세를 이유로 조선을 떠날 때까지 고적조사사업을 실질적으로 총괄한 인물이다. 이 글에서 다루는 나주 반남면 고분군의 조사도 그가 주도하였다. 지금까지 세키노 다다시에 가려 제대로 드러나지 않았지만, 초창기 고적조사사업의 기획자임은 물론 핵심 실행자이기도 하다.

1921년 경주에서 금관총이 발견되기 직전에 야쓰이는 부친의 병세를 이유로 조선을 떠났는데, 이는 공교롭게도 그가 기획한 조선고적조사 5개년 계획이 거의 마무리되는 시점이기도 하였다. '조선고적조사사업朝鮮古蹟調查事業'에서 그가 확보한 지분은 친분이 두터웠던 우메하라 스에지梅原末治에게로 부분 계승되는데 이후 교토대학이 조선고적사업에서 두각을 나타내는 계기가 되었다.

반남면 고분군은 고적조사사업이 본격적으로 개시된 1916년의 이듬해에 해당하는 1917년에 실시되었다고 알려진다. 한반도에서 처음으로 금관이 출토되어 일약 주목을 모으는 유적이 되었다. 실제로 조사 책임자였던 야쓰이는 이를 '왜인의 무덤'이라 판단하여 주목하였다. 대형 옹관을 일본과 관련지었던 것이다. 결국 영산강 유역권의 전방후원분과 하니와를 둘러싼 논쟁은 이때부터 시작되었다고 볼 수 있다.

그런데 어찌된 일인지 정식 보고서는 작성되지 않았다. 광복 후에 국립광주박물관과[1] 문화재연구소[2]가 각각 관련 자료를 소개하고 재발굴 보고서를 작성하면서 일제강점기 반남면 고분군에 대한 조사내용과 경과의 일단도 대체로 알려졌다. 그리고 나주박물관이 개관하면서 신촌리 9호분 등이 복원되었고 출토유물도 전시되면서 관련 정보는 더 풍부해졌다.

그러나 나주 반남면 고분군이 1917년의 특별조사로 채택된 이유를 포함하여, 조사를 주도한 야쓰이 세이이쓰라는 인물의 성격, 나아가 발굴 자료의 일부를 조사에 참가하지 않았던 우메하라 스에지가 정리해서 『매원고고자료梅原考古資料』로 남긴 배경 등은 거의 알려져 있지 않다. 그렇기 때문에 여기서는 조사자 야쓰이를 중심으로 나주 반남면 고분군 발굴 당시의 상황과 경과를 살펴서 그간의 연구를 보충해 보고자 한다.

---

1   국립광주박물관, 『羅州潘南面古墳群』, 1988.
2   국립문화재연구소, 『羅州 新村里 9號墳』, 나주시, 2001.

2. 반남면 고분군의 조사경과

1) '조선고적조사사업'의 전반적인 흐름

반남면 고분군의 발굴조사는 1917년 말에 특별조사로 편성되어 이루어졌다. 그 내용을 들여다보기 전에 '조선고적조사사업'의 흐름에 대해서 살펴놓을 필요가 있다.

청일전쟁을 전후하여 야기 쇼자부로八木奘三郎와 같은 도쿄제국대학 교원들이 한반도로 파견되어 유적을 조사하고 관련 자료를 수집하기 시작한다. 이러한 움직임이 제국주의 침략정책과 관련이 있다는 사실은 이미 널리 알려졌기 때문에 여기서는 상론하지 않는다. 야기의 조사는 제대로 된 보고서가 작성되지 않았기 때문에 그 내용은 불분명하다.

1902년에 이루어진 세키노 다다시의 조사는 1904년에 『한국건축조사보고朝國建築調査報告』라는 책으로 발간되어 한국문화재가 다양한 분야의 관심을 받는 계기가 되었다. 그 후 공백기가 있었지만 1909년부터 세키노를 단장으로 하는 고적조사가 해마다 실시되었다. 이때의 조사를 '조선고적조사'를 위한 예비 조사라 평가하는데 당시 세키노는 도쿄제국대학 건축학연구실의 교원이었다. 도쿄대학을 졸업하고 교토대학 대학원에 적을 두었다가 도쿄제실박물관에서 열품정리를 하고 있던 야쓰이 세이이쓰는 구리야마 준이치栗山俊一와 함께 1909년부터 조사에 합류하였다.

그가 1909년 세키노 조사단에 선발된 이유는 원래 내정자였던 이마니시 류今西龍가 이미 다른 조사단에 배속되었다는 점, 일찍이 터득한 사진 촬영 기술, 좋은 체력 등이라고 한다. 이때부터 도쿄에 거주하던 야쓰이는 세키노와 함께 매년 한 차례씩 한반도로 건너와서 고적 조사를 수행하였다. 세키노가 조사단장이었고 야쓰이는 이를 보좌하며 사진 촬영과 고고자료의 역사적 해석을 담당했다.

이러한 세키노 조사단에는 나중에 건축기사 오가와 게이키치小川敬吉와 화가인 오바 쓰네키치小場恒吉, 노모리 켄野守健 등이 합류한다. 총독부가 1916년 7월에 '고적 및 유물보존규칙'을 제정하고 중추원에 고적조사위원회를 설치하면서 5개년에 걸친 '조선고적조사사업'이 본격적으로 시작되었다. 그리고 5개년 계획의 기초설계자는 반남면 고분군을 조사한 야쓰이 세이이쓰였다.

2) 1917년 반남면 고분군의 조사경과

(1) 1917년의 반남면 고분 발굴조사와 그 이전

야쓰이 일행의 1917년도 반남면 고분군 조사 내용과 경과에 대해서는 아리미쓰 교이치有光敎一가 1980년에 소개한 오가와 게이키치의 수기를 통해 그 대강을 파악할 수 있다.[3] 물론 이 자료는 이미 1988년의 국립광주박물관과 2001년 문화재연구소의 보고에도 소개된 바 있다.

---

3   有光敎一, 「羅州潘南面新村里第九號墳發掘調査記錄」, 『朝鮮學報』 第94輯, 朝鮮学会, 1980.

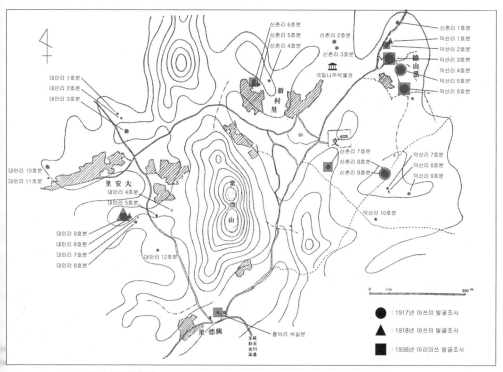

〈그림 2〉 반남면 고분군의 분포도와 일제강점기의 조사 내역

1917년(다이쇼 6년) 12월 17일(월요일)

나주군청을 방문하고 등옥여관에서 점심을 먹고 인력거를 타고 반남면으로 향했는데 눈보라가 심하고 길이 나빠 우회하여 부선장夫先場에 이름. 여기서 하차하여 걸어서 해질 무렵 반남면 사무소에 도착하였지만 숙소를 정하기가 어려워 면사무소 당직실에서 신세를 짐.

1917년 12월 18일(화요일)

쌓인 눈을 무릅쓰고 면직원의 안내로 고분군을 둘러 보았는데 신촌리와 덕산리 부근에 크고 작은 고분이 산재함.

1917년 12월 19일(수요일)

어제 선정한 신촌리 9호분의 외형을 실측하였는데 방분方墳임. 때때로 눈이 내림.

1917년 12월 20일(목요일)

신촌리 9호분의 발굴을 시작하였는데 연도가 있을 것으로 추정되는 남쪽부터 굴착하였으나 오후부터는 이를 변경하여 분구의 중앙을 굴착해서 대소 옹관 2개를 발견하였음. 구연부는 점토를 발라서 막아두었고 옹관의 한쪽을 둘러싸듯 7개의 항아리를 두었음. 안쪽 6개의 항아리는 옹 파편으로 뚜껑을 삼았는데 이를 을관이라 이름 붙였음. 날이 저물어 야경夜警을 두고 돌아옴.

1917년 12월 21일(금요일)

아침부터 눈이 내리고 그치기를 반복하는데 그 남쪽을 조사하여 갑분이라 함. 북쪽에서 또 하나의 옹관을 확인하여 이를 병관이라 이름 붙이고 그 배치 상황을 기록하고 마무리.

1917년 12월 22일(토요일)

눈이 많이 내림. 북쪽을 굴착하여 옹관 2개를 발견하고 이를 병관과 정관이라고 함.

1917년 12월 23일(일요일)

오바 쓰네키치의 도움을 받아 갑 옹관의 내부를 조사함. 항아리와 촉과 도자와 소옥 등일 출토됨. 이어서 을 옹관의 균열을 이용하여 옹관을 분리. 유해는 재로 바뀌었고 머리에서 금동관과 대도, 창, 촉 등이 출토됨, 목과 상반부에는 각종 옥류가 흩어져 있고 족부에는 소옥 및 금동신이 출토됨.

1917년 12월 24일(월요일)

병관과 정관을 개봉함. 정관에는 부식된 인골이 남아 있었음. 병관에는 파손된 대도가 남아 있었음. 두 옹관 모두에서 옹관 화살촉과 소옥이 남아있음.

1917년 12월 25일(화요일)

눈이 너무 많이 내려 짚으로 가림막을 하고 유물만 수습하고 철수.

1917년 12월 26일(수요일)

눈이 계속 내려 신촌리 9호분의 수습을 마무리하고 발굴 중지하고 부분 매몰을 하고 일단 마무리. 헌병과 면사무소에 감사의 말을 전하고 눈 속을 헤치고 오후 3시 반에 나주로 향함. 저녁 7시 30분경에 나주의 등옥여관에 도착함.

1917년 12월 27일(목요일)

나주에서 8시에 출발하는 기차를 타고 경성으로 향함. 밤 9시에 (경성에) 도착하여 조사를 마무리 함.

이상을 통해 보면 반남면 고분군에 대한 조사는 1917년 12월 17일부터 시작되었음을 알 수 있는데, 1917년도의 2차 조사이자 당해년의 마지막 조사였다. 원래 1917년의 조사는 대부분 일반 조사였는데 나주 반남면 고분군 조사만이 특별 조사 대상이었다. 앞에서도 언급했지만 이 조사를 기획한 것은 야쓰이 본인이었다. 참고로 필자가 최근 일본에서 입수한 '야쓰이 자료'[4]에는 그가 자필로 남긴 고적 조사 1·2차 조사계획서가 남아있다. 이를 세키노가 감수하여 활자화한 것이 1916년과 1917년도 고적조사 보고서에 실린 계획서이다.[5]

1917년 제2차 고적 조사의 기본 틀은 전년도 조사(한치군과 고구려)에서 미진했던 부분을 보충해서 마무리하고 새로 삼한, 가야, 백제 및 조

---

4   필자가 일본에서 입수한 야쓰이 관련 자료를 말한다. 1909년부터 1920년까지 '조선고적조사'에서 야쓰이가 생산한 유적 사진과 서간류, 조사 기록 등으로 방대한 양이다.

5   朝鮮總督府, 『大正五年度朝鮮古蹟調査報告』, 1919; 朝鮮總督府, 『大正六年度朝鮮古蹟調査報告』, 1920.

선시대(보고서에는 이씨 조선), 그리고 유사 이전의 유적과 유물을 조사하는 것이었다. 그리고 조사 지역은 황해도, 평안남도, 평안북도, 경기도, 충청남도, 전라북도, 경상남·북도였고 기간은 1917년 4월에서 7월까지 3개월로 계획되었다.[6]

전년도 조사의 계속사업으로 황해도와 평안남도의 조사가 1차로 마무리된 다음에 다시 삼한과 가야, 백제 유적을 중심으로 본 조사가 진행되었다. 즉 1917년의 조사는 전반기와 후반기로 나누어서 이루어졌으며 복명서와 이를 바탕한 보고서도 별건으로 처리되었다.

1917년의 특별사업은 나주 반남면고분과 경주 사천왕사지, 회령 오국성지, 개성 부근 고분, 강화도 고분 등도 조사 대상이었는데 실제로는 나주 반남면 고분군만이 제대로 조사되었다. 특별사업은 긴급을 요하는 사정이 있는 경우에 시행하는 것이라고 명기되었다. 실제로 조사된 유적들은 도굴의 피해가 극심한 경우가 대부분이다. 그러나 반남면의 경우에는 오가와의 수기를 들여다 보아도 그 긴급한 사정이 드러나지 않는다. 반남면에 도착한 조사원들이 긴급조사가 필요한 대상 고분을 먼저 수색한 정황이 인정되지 않기 때문이다. 조사단은 발굴 고분을 선정하기 위해 주변 고분군을 전체적으로 둘러보았으며, 그 중 규모가 큰 고분을 선정하여 굴착한 정황이 보이기 때문이다. 이는 사천왕사나 강화도, 개성의 고분 등이 당시 도굴 피해가 극심하여 특별 조사사업으로 선정되었던 것과는 분명 상황이 다르다.

그렇다면 나주 반남면 고분군이 특별조사된 이유는 무엇일까. 복명

---

6   위의 책, 1920.

서에 바탕하여 작성된 1917년도 고적 조사 보고서에는 이 조사가 당초 옹관을 묻은 고분 조사가 목적이었다고 밝히고 있다. 즉 조사 계획 입안 단계에서 이미 야쓰이가 일본 구주처럼 대형옹관을 이용한 장법이 반남면에 존재한다는 사실을 알고 있었을 가능성이 높다.

이와 관련하여 최근 국립중앙박물관이 공개한 총독부 문서[7] 중에는 대단히 흥미로운 자료가 있다. 바로 분류번호 F117-007-004인데, 이 서류에는 이미 1916년 3월 이전에 반남면에서 옹관고

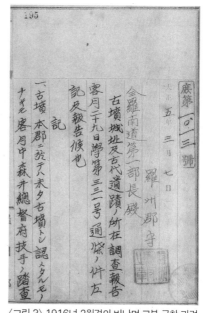

〈그림 3〉 1916년 2월경의 반남면 고분 굴착 관련 서류

분이 알려지고 굴착된 정황이 적시되어 있다. 새로 발견된 문서는 나주 군수가 전라남도 제1부장에게 보낸 것으로, '고분 성지 및 고대유적의 소재 조사보고'라는 제목이 붙은 것이다. 이를 통해 보면 '학제 331호'라는 문서번호로 나주 지역에 유적의 소재 여부를 조사하라는 공문이 전라남도를 통해 발송되었음을 알 수 있다.

여기에는 조선총독부의 모리이森井 기사가 나주 지역을 답사하여 반남에서 고분을 발견한 내용을 적고 있다. 여러 개의 고분 중에서 가장 작은 것을 굴착하였더니 커다란 항아리가 횡으로 누워있고 시신을 넣은 작은 토기가 큰 항아리 아가리 속에 끼워져 있었으며 연결 부위를 점토

---

7 조선총독부박물관이 소장했던, 고적조사와 관련된 각종 공문서를 의미한다.

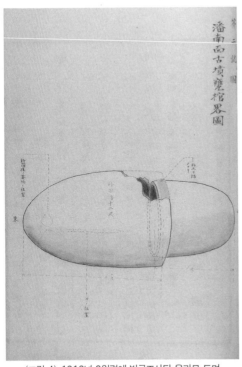

로 봉했다는 내용이 기술되어 있다.

이는 두 가지 측면에서 중요하다. 하나는 1916년의 고적조사 5개년 계획이 수립되는 과정에서 그간 조사가 미진했던 지역에 대한 기초 조사가 이루어졌을 가능성을 보여준다는 점, 또 하나는 나주 반남면 고분이 1916년에 수립된 1917년의 조사에서 긴급을 요하는 특별조사 대상으로 선정된 이유를 설명해 준다는 점이다.

그리고 반남면 고분의 발굴 결과, 매장주체부가 옹관이라는 사실과 내부에서 철검이 출토되었다는 사실이 기록되었다. 국립중앙박물관에 보관

〈그림 4〉 1916년 2월경에 발굴조사된 옹관묘 도면

된 총독부문서 중에는 이에 해당하는 도면 자료도 포함되어 있다. '반남면 고분 옹관 약도(제2호 도圖)'라는 제목의 도면인데, 대형 옹관에 작은 옹이 합구식으로 끼워져 점토로 연결부위가 밀봉된 상태의 옹관이 묘사되어 있다(〈그림 4〉 참조). 내부에 점선으로 표현된 철검이 보이고 그 옆에 토기부장이 확인된다. 이를 시라기야키新羅燒라 표기하였는데 이 문서의 전체 제목이 「신라소 요지와 반남면 고분」이다. 신라소, 즉 시라기야키란 현재 고고학계에서 사용하는 '도질토기'에 해당하는 용어이다. 앞의 문서가 1916년 3월자인 것을 보면 1916년 3월 이전에 이미 나주 반남면과 그 주위에서 삼국시대 토기요지와 옹관을 부장하는 고분을 총독부

기사가 발견했던 것이다.

이 도면을 앞의 문서와 연결시킬 수 있는 또 하나의 근거는 당시 고적 조사에 참가한 그 어떤 조사원과도 도면 작성법과 필체가 일치하지 않는 다는 점이다. 심지어 1938년에 반남면을 발굴한 아리미쓰 교이치와도 작도법이 다르다. 제3의 인물이 조사하고 도면을 남긴 것이다.

이러한 정황으로 보아 1916년 3월 이전에 이미 나주 반남면에 대형 옹관이 매장 주체로 사용된 고분이 있다는 정보가 공유되었을 가능성이 높다. 또 그것이 야쓰이가 1917년의 일반 조사를 수립한 이후였기 때문 에 특별조사로 편성하여 끼워넣었던 것으로 추정할 수 있다. 결국 반남 면 고분군의 첫 발굴조사는 알려진 것과는 달리 1917년이 아니라 그 이 전으로 거슬러 올라간다.

1917년의 조사는 원래 계획과는 달리 5월 7일부터 시작되었다. 이 듬해 1월 14일까지 지속된 조사에는 도쿄제국대학의 교원과 졸업생들 이 다수 참가했다. 1909년 당시 세키노 조사단의 보조원이었던 야쓰이 는 이때가 되면 이미 조사원이 되어 단독 조사도 수행하였다.

야쓰이는 1917년 5월 7일 경성을 출발하여 측량 제도원 3명과 먼저 황해도 봉산군에 가서 전실묘를 조사하였다. 6월 1일에 경성에 도착한 세키노가 평안도에 도착하자 그와 합류하여 압록강변의 고구려 유적을 공동으로 답사하였다. 즉 세키노가 없을 때는 단독으로, 그리고 세키노 가 조선에서 고적 조사를 시작하면 세키노 조사단의 일원이 되어 조사 를 수행한 정황이 드러난다. 물론 세키노가 1918년부터 유럽 유학을 시작하면서 세키노 조사단은 야쓰이 중심의 조사단으로 변모한다.

야쓰이 조사단이 1917년 본 조사를 개시한 것은 그 해 가을인 9월

21일이었는데 5월의 조사와 마찬가지로 세키노 조사단 단원인 오바 쓰네키치, 오가와 게이키치, 그리고 노모리 켄이 같이 했을 가능성이 높다. 이들은 경기도 광주에서 석촌리 고분, 가락리, 방이동 고분을 조사하고, 구리의 아차산성을 거쳐서 충청도로 순차 이동했다. 충청도에서 천안과 공주 부근의 유적을 조사하고 논산과 부여, 익산에서도 조사를 수행했다. 당시 조사에서 거둔 가장 큰 수확을 익산에서 조사한 무왕의 쌍릉이라고 밝히고 있다.[8]

익산에서의 조사를 마치고 난 후 특별히 기획된 반남면 고분군을 향해서 측량 제도원 2명과 나주로 향했다. 원래 3명이었는데 1명이 줄어든 것이다. 앞에서 살핀 것처럼 오가와가 현장에서 수기를 작성했고 그 내용에 오바가 나오는 것으로 미루어 짐작하면 노모리가 빠졌을 가능성이 높다. 실제로 필자가 소장한 '야쓰이 자료'에는 노모리가 경성의 박물관에서 유리건판을 보낸 우체국 증명이 남아 있다. 반면 국립중앙박물관 문서자료에는 노모리가 1918년도에 조사된 반남면 대안리 고분의 출토유물을 정리한 원고 뭉치가 남아 있다. 1918년에는 현장조사에 동참했음을 알 수 있다.

'오가와의 수기'[9]를 통해서 당시 반남면 고분군에서의 조사경과와 풍경을 살피면, 우선 나주 현지에 도착한 조사단은 곧바로 나주 군청에 신고하고 협조를 구하고 반남면으로 가서 조사에 착수했음을 알 수 있다. 숙소는 일본인이 경영하는 여관으로 정했는데 당시 일본인 조사자들은 가급적 일본식 여관에서 숙박하려고 했다.

---

8 朝鮮總督府, 『大正六年度朝鮮古蹟調查報告』, 1920.
9 일본 교토대학과 나고야성박물관에 소장된 오가와 게이키치의 조사일지를 말한다.

야쓰이와 세키노는 1909년 이래로 여행일기[10]에서 조선 여관이나 주막에서 묵을 때마다 벼룩과 빈대의 공격으로 잠을 이룰 수 없었음을 토로하고 있다.[11] 일본인이 경영하는 여관에서 머물 경우 숙식과 함께 마시는 차도 제공받았으며 조사지를 옮겨갈 때 일괄로 경비를 정산하였다. 반남면에서는 숙소를 구하지 못하고 면사무소에서 신세를 진 것도 조선인 가옥을 피하고 싶은 야쓰이의 마음이 작동한 결과일 것이다.

그리고 관할 헌병파견대에 들러서 협조를 요청하는 것도 잊지 않는다. 중요한 굴착 장비는 현지 행정기관의 협조를 통해서 조달하였다. '야쓰이 자료'를 살피면 삽과 곡괭이, 괭이 등의 도구를 현지에서 차용증을 써주고 빌렸다는 것을 알 수 있다.

사진 촬영을 위한 유리건판은 총독부 박물관에서 나주의 숙소로 부쳐 주었다. 우편 서비스는 숙소나 행정 관청을 매개로 전달되었으며 긴급을 요하는 일이 발생하면 전보를 친다. 개인 필기도구나 카메라, 그리고 간단한 측량 장비는 휴대하였다.

인부는 오롯이 현지 조선인을 고용하였으며 조사가 마무리될 즈음에 일괄로 임금을 지불하였다. 인부 관리는 오가와나 오바가 담당하였으나, 임금을 주고 전체 예산을 관리한 것은 야쓰이였다. 1917년 조사에서는 조사비가 소진되어 애를 먹었던 정황이 인지되며 이를 어렵게 빌려서 지불한 차용증과 서류가 '야쓰이 자료'에 남아 있다. 총독부에서 예산이 내려오는 즉시 갚는다는 내용이다.[12]

---

10 세키노의 여행일기는 도쿄대학 건축학연구실 소장, 야쓰이의 여행일기는 필자 소장.
11 關野貞研究會, 『關野貞日記』, 中央公論美術出版, 2009.
12 필자 소장 '야쓰이 자료'

1917년의 고적 조사에서 원거리의 이동은 기차와 자동차를 이용하기도 하지만, 근거리는 말을 빌려 타거나 인력거를 이용하였다. 도로 사정이 나쁜 경우에는 도보로 현장과 숙소를 오가는 것이 기본이었다. 현장에서 필요한 무거운 물건들은 지게꾼을 고용하여 옮겼는데, 파손 위험이 높은 유리건판이 중요한 화물이었다.

조사를 마친 후에 나주역에서 기차를 이용하였는데 당시 목포와 경성을 잇는 경목선은 이미 1914년에 개통되어 있었다. '야쓰이 자료'에는 나주 평야를 달리는 기차를 담은 엽서가 있는데, 이들이 경성으로 이동했을 때의 분위기를 읽을 수 있다.

(2) 반남면 옹관 고분 발굴조사 방법의 검토

반남면 고분군 중에서 발굴대상으로 선정한 것은 비교적 규모가 큰 신촌리 9호와 덕산리 4호였다. 선택된 신촌리 9호는 눈이 오는 속에 분구 외형측량을 먼저 실시하였는데 꼬박 하루가 걸렸다. 먼저 삼각측량으로 분구의 외형을 그렸다. 분구에 등고를 그려넣는 작업이었기 때문에 시간이 걸린 듯하다. 평양과 강서지역에서 고구려 고분이 조사되는 1913년 전후가 되면 이미 등고선이 들어간 분구 측량이 채용된다. 총독부 영선과나 측량요원들의 측량법을 고적 조사원들이 익힌 것인데, 당시 오바 쓰네키치나 오가와 게이키치 등도 평판측량이 가능했다.

신촌리 9호는 먼저 연도를 찾기 위해서 분구의 남쪽을 굴착하였다고 했다. 이는 당시 조사원들에게 신촌리 일대의 고분 내부 구조에 대한 정보가 충분하지 않았음을 시사한다. 비록 대형 옹관묘에 대한 정보는 있었겠지만 분구 내부의 전체 구조는 남쪽으로 연도를 낸 석실이라고 예측한 것이다.

당시 분구의 남쪽을 굴착하는 방법은 고구려나 낙랑고분의 발굴 경험을 거치면서 정착한 것이다. 석실묘이거나 전실묘인 경우 가장 효율적으로 무덤방 내부로 침투할 수 있는 방법이었다. 즉 연도를 찾아 연문을 개봉하거나 연도와 석실 천장 사이의 취약한 경계부를 파괴하면 더 이상의 분구 굴착이 없이도 석실 내부로 들어갈 수 있었다. 물론 당시에는 아직 분구 축조법이나 매장 주체와 분구의 상호관계 등은 조사 목적에 포함되지 않았다. 오로지 출토 유물의 확보를 통한 고분의 성격 파악이 목적이었다.

그렇지만 남쪽에서 연도의 흔적이 발견되지 않자 곧바로 조사 방법을 바꾸어 분구의 중앙을 파내려 갔다. 그 결과 을乙옹관이 먼저 드러났다. 이를 통해서 분구를 수평 삭토한 것이 아니라 옹관이 드러날 때까지 중앙을 파내려 간 것임을 알 수 있다. 을옹관이 드러나자 남쪽으로 굴착범위를 넓혀 갑甲옹관을 찾아내고 북으로 굴착 범위를 넓혀 가면서 병분과 정분을 찾아낸 것인데, 당시 을관과 병丙관 아래 옹관의 존재는 모르고 있었다. 을관이 발견된 이후부터는 수평을 유지하며 발굴구를 확장해 나갔음이 1917년에 촬영된 사진을 통해서 드러난다. 유물 수거가 이루어지지 않은 상황에서 저녁에는 야경을 새우고 숙소로 철수하는데 이는 황해도나 평안도 등지의 고분 조사에서 이미 성립된 발굴현장의 풍경이었다.

균열을 따라 옹관의 절반을 제거한 다음, 그 내부를 확인하는 순서로 진행되었다. 을관의 내부에서는 인골의 흔적은 물론 금동 보관과 신발 및 각종 금속유물이 출토되어 조사원들을 놀라게 하였다.

신촌리 9호는 수기를 보았을 때 오가와가 발굴했을 가능성이 높다. 중간에 오바의 도움을 받았다는 기록이 있기 때문이다. 당시 오바는 약간 떨어진 곳의 덕산리 4호분를 조사하고 있었을 것으로 추정된다. 일정이 한정된 상황에서 유물이 집중 출토된 신촌리 9호분에 조사력을 집중했음이 드러난다. 오가와와 오바에게 각각 고분 1기씩 맡겨서 굴착하게 하고 야쓰이가 총괄하며 사진 촬영 등을 전담했던 현장 풍경을 복원할 수 있다.

신촌리 9호분의 실조사 일수는 5일에 불과했는데 그마저도 매일처럼 눈이 내려 작업을 방해했다. 이러한 악조건 속에서도 을관 내부의 유물 노출상황을 세밀하게 묘사한 실측도면을 남겼는데, 당시 식민지 조선고고학에 참가했던 인물 중에서 가장 탁월한 도면 작성 능력을 발휘했던 오가와 게이키치가 있었기에 가능한 일이었다.

결국 폭설과 조사 비용 문제가 겹친 상황에서 조사는 도중에 중단할 수밖에 없었다.

(3) 발굴사진의 촬영과 야쓰이 세이이쓰

국립중앙박물관에는 1917년 12월에 반남면 고분군을 발굴하는 과정에서 찍은 사진의 유리건판이 남아있고 목록화된 상태이다.[13] 물론 이들 사진을 현장에서 촬영한 것은 야쓰이 본인이었다. 사진은 27장인

---

13 조선총독부박물관이 소장했던 유리건판 자료는 현재 데이터베이스화되어 검색이 가능하다. http://www.museum.go.kr/dryplate/main.do.

〈그림 5〉 야쓰이가 다이쇼 6년도(1917) 약보고서 출판을 위해 인쇄소에 제출한 사진
(왼쪽 상단부터 아래 방향으로 255번부터 261번)

데 덕산리 고분군 전경사진 1매, 덕산리 3호분 옹관 내부사진 1매, 그리고 덕산리 고분 제4호분 갑옹관 사진 등이 눈에 띈다. 그리고 나머지는 모두 신촌리 9호분의 사진이다.

신촌리 9호분과 관련해서는 압도적으로 을관 사진이 가장 많은데 당시 을관 출토 유물에 야쓰이가 얼마나 열광했는지를 시사하는 부분이다. 신촌리 9호와 관련된 사진은 모두 11장에 이르며 나머지는 갑관과 병관, 정관 등과의 상호관계를 나타내는 사진이 대부분이다. 이들 사진에는 공통적으로 조사 당시 많은 눈이 내린 정황이 드러난다.

1917년도 고적 조사보고에는 7장의 사진이 게재되었다. 보고서 사진 255(〈그림 5-1〉)는 눈 덮인 자미산의 원경을 찍은 것으로 '신촌리 9호분에서 남쪽에서 86° 서쪽을 바라봄'이라는 켑션이 달려 있다.

사진 256(〈그림 5-2〉)은 덕산리의 3~5호분을 찍은 원경사진으로 역시 일면 백설로 뒤덮힌 유적 전경이다. '전라남도 나주군 반남면 덕산리 3대 고분―바라보고 왼쪽에서 제3분, 제4분, 제5분'이라는 사진 설명이 적혀있다. 사진 257(〈그림 5-3〉)은 덕산리 4호분 갑옹관의 사진이고, 사진 258(〈그림 5-4〉)[14]은 신촌리 9호의 옹관 노출 상황이 찍힌 것으로 각 관들의 상호관계를 파악할 수 있는 중요한 자료이다. 사진설명은 '분墳 상층 도관陶棺―가까운 것에서부터 갑관, 을관, 병관, 정관, 무관: 북에서 34° 동쪽을 바라봄'이라고 되어 있다. 옹관의 주변으로 눈이 쌓인 것을 보면 1917년의 조사에서 분정 상층의 옹관 5기를 모두 한꺼번에 노출시킨 다음, 사진촬영과 도면 작성을 하고 옹관을 수평으로 절반

---

14 보고서에는 528이라고 되었으나 258의 오기일 것이다. 255번부터 261번까지의 일련번호는 야쓰이가 매긴 보고서 사진 번호이다.

씩 분리하여 내부를 조사하고 유물을 확인했음을 알려주는 자료이다.

사진 259(〈그림 5-5〉)에는 조사를 보조하던 조선 청년이 찍혔는데 머리에 두건을 쓰고 있다. 이는 당시 고적 조사 현장에서 고용된 인부를 증명하는 식별 장치인데 일반적으로 두건을 쓴 인부에게만 임금을 지불하였다.

사진 260(〈그림 5-6〉)은 신촌리 9호분 을관의 옹관 외부 부장 토기를 찍은 사진으로 옹관 파편으로 토기들의 아가리를 막아둔 정황이 드러난다. 이 역시 사진을 찍은 방향과 각도가 자세히 부기되었다.

復命書

氏名	谷井濟一	小場恒吉	小川敬吉	野守健
用務	古蹟調査	同上	同上	同上
出發日時	大正六年九月廿一日	同年十月廿七日	同年九月廿七日	同年九月廿一日
歸任日時	大正六年十二月廿七日	同上	同上	同年十一月廿二日
地方	京畿道、忠淸南道、全羅北道、全羅南道	忠淸南道、全羅北道、全羅南道	京畿道、忠淸南道、全羅北道、全羅南道	京畿道、忠淸南道

濟一・恒吉・敬吉及び健ハ、古蹟調査ノ爲メ出張ノ命ヲ受ケ、前表ノ如ク、主トシテ百濟ノ古地ニ

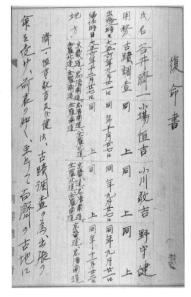

〈그림 6〉 1917년 고적 조사 복명서
(야쓰이 자필)

사진 261(〈그림 5-7〉)은 을관의 주옹을 수평으로 분리해서 연 다음, 노출된 출토유물을 찍은 사진인데 환두대도와 금동관은 물론 토기들의 출토 상황이 잘 드러난다.

이들 사진은 앞에서도 언급한 것처럼 조사 책임자인 야쓰이가 직접 촬영한 것이다. 캡션과 촬영 방향을 정확하게 기재할 수 있었던 것은 그가 현장에서 사진 촬영대장을 꼼꼼하게 작성해둔 덕분이었다. 야쓰이는 조사에서 촬영하는 사진의 순서, 유리건판 상자의 일련번호, 건판의 착장 방향, 사진을 찍는 방위와 대상을 비교적 소상하게 수첩에 기록하였다. 이를 바탕으로 건판을 선별하고 목록을 작성하고 정리하여 총독부박물관에 납품하였다. 필요에 따라서는 유리건판을 이용하여 사

진을 프린트해서 도쿄에 거주하는 세키노와 도쿄제실박물관의 다카하시 겐지高橋健自 등에게 제공하였다. '야쓰이 자료'에는 인측관측소의 와다 유지和田雄治나 교토대학의 우메하라 스에지에게도 사진이 제공된 정황이 담긴 서류가 있다. 뿐만 아니라 본인도 인화된 사진을 2, 3부씩 소지하였으며 이를 이용해서 보고서나 출판물의 도판으로 사용하고자 하였다. 뿐만 아니라 자신이 찍은 사진으로 엽서를 제작하기도 하였다. 이러한 사진 제공이 총독부 차원에서 공식적으로 이루어진 것인지 개인 자격으로 보낸 것인지는 앞으로 밝혀야 할 과제이다. 발굴조사가 끝난 뒤에는 야쓰이가 자필로 작성한 복명서가 제출되었다.

3) 1918년의 반남면 고분군 발굴조사

1918년의 반남면 고분군 조사는 전년도의 학습 결과를 바탕으로 눈 걱정이 없는 10월에 시작되었는데 조사내용은 역시 오가와의 수기[15]를 통해서 파악할 수 있다. 이 역시 이미 공개되어 번역도 되었지만 요약하면 다음과 같다.

(1) 조사의 경과와 내용

1918년 10월 16일
아침 10시에 말을 타고 나주읍을 출발. 오후 2시에 반남면 사무소에 도착.

---

15 일본 교토대학과 나고야성박물관 소장.

고분을 둘러보고 숙소를 알아보았으나 여관이 없어 면사무소 회의실에서 숙박하기로 함. 조사일행은 야쓰이 위원을 포함하여 4명.

1918년 10월 17일

신촌리 9호분 조사 재개.

1918년 10월 18일

무관과 기관을 조사함. 관 위의 봉토가 없어 파괴된 상태. 옹관 상반부는 결실되었고 유물도 토기 두세점을 제외하면 없음.

1918년 10월 19일

수평으로 배열된 옹관 아래 1척 정도의 깊이에서 새로운 옹관이 발견됨.

1918년 10월 20, 21일

을관 아래에서 신관을 발견하고 병관의 아래에서 또 다른 옹관이 노출됨.

1918년 10월 22일

서북부에서 임관을 발굴하고 그 좌측에서 또 다른 옹관을 발견하였는데 이를 계관이라고 함. 붉은 색의 원통 하니와가 출토됨.

1918년 10월 23, 24일

경, 신, 임, 계관의 외형 실측과 사진 촬영.

1918년 10월 25일

경관을 열어서 내부에서 많은 유물을 확인하고 수습.
신관은 상반부가 결실된 상태. 열었더니 내부에서 작은 옹과 파손된 고배가 출토됨. 이미 상부의 을관을 매장하기 이전에 파손된 것임.
임관은 소아용 옹관일 것임. 나머지 옹관은 모두 주옹관이 크고 보조 옹관이 작은데 임관만이 주옹관이 작음, 내부에서 소옥이 출토.

1918년 10월 26일

계관을 열어 보니 주옹관은 다른 것과 같으나 부옹관은 환저형태임. 내부에서 유해를 올려 놓았던 목판이 남아 있었고 그 위에 토기를 포함한 부장품들이 놓여 있었음.

1918년 10월 27일

옹관의 마무리 조사를 하고 9호분의 조사를 마침. 인부와 야경夜警은 연인원 140명 수준.

1918년 10월 28일

지적도에 고분군을 기입하고 다님, 11월 3일까지 자미산을 중심으로 유적분포도를 작성함.

(2) 1918년의 반남면 고분군 조사와 사진촬영

1918년에는 1917년에 마무리하지 못한 신촌리 9호 조사를 재개하는데 여전히 오가와에게 현장 조사를 맡겼다. 전년도와 달리 오가와를 포함하여 4명의 조사원이 모두 반남면 고분군의 조사에 참가하였다. 즉 노모리 켄이 더해진 것이다.

조사방법은 전년도와 크게 달라지지 않아 봉토조사는 의식하지 않았다. 다만 옹관의 상하관계는 자연스럽게 드러났고 이를 기록했다. 신촌리 9호의 하층에서 또 다른 옹관이 출토되었을 때는 적지않게 놀란듯하다.

옹관 배치도는 1918년도에 완성되었는데 평판측량을 이용하여 전년도에 그려진 도면에 새로 추가된 옹관을 보충해넣은 정황이 밝혀졌다. 물론 이때도 도면 작성은 오가와 게이키치의 손에 맡겨졌다. 즉 1980년에 아리미쓰 교이치가 공개한 도면은 원 작성자가 오가와이며 이를 우메하라가 정리해 둔 것인데, 아리미쓰가 『매원고고자료』의 집성을 돕는 과정에서 도면을 사용할 권리를 얻은 것으로 보인다.

1918년에는 대안리에서 가장 규모가 컸던 9호를 조사하였는데 이는 세키노의 친동생인 노모리가 발굴을 담당하였다. 출토유물 목록 작성도 노모리의 손으로 이루어진다. 신촌리 9호분에 대한 기본 조사를 마친 오가와가 여러 날을 소비하여 반남면 고분군의 전체 분포도를 작성한 정황도 드러난다. 즉 석촌동 고분군이나 낙랑고분군과 마찬가지로 반남면 고분 전체 분포도가 지적도를 바탕으로 작성되었을 가능성이 높다. 물론 이때에도 전체 유적과 개별 고분, 그리고 옹관과 출토 유물의 노출상황을 사진 촬영한 사람은 야쓰이 본인이었다.

오가와 게이키치는 1918년의 조사에서 신촌리 9호의 하니와埴輪 출토 사실을 분명히 기록하고 있다. 이미 일본에서 전방후원분의 조사경험이 있었고 하니와를 이해하던 야쓰이가 책임자였기에 가능한 일이었다. 즉 일본 하니와와의 유사성은 현장에서 공유되었을 것이다.

야쓰이가 10월 23일에 신촌리 9호분을 찍은 보고서 1918년도 고적조사 사진 7-81(〈그림 7-1〉)[16]을 보면, 1917년의 조사에서 드러났던 대부분의 옹관과 부장토기들이 수습되고 남아있지 않다. 1917년에 현장을 철수하면서 이미 경성으로 옮겼을 가능성이 높은 것이다. 사진의 뒷

---

16 조선총독부(현 국립중앙박물관)에 보관되었던 유리건판 사진 번호이다. 앞의 '7'은 '1918년(大正 7년)'의 의미이며, 뒤의 '81'은 일련번호이다.

면에는 위에서 세어서 제2층 전경이라는 설명이 있는데 층위와 매장순서를 의식한 대목이다. 그리고 사진 7-81, 7-85, 7-89(〈그림 7-1〉, 〈그림 7-3~4〉)에서 볼 수 있듯이, 발굴구 몇 군데에 측량용 폴대가 세워진 것을 보면 노출된 옹관에 대한 측량 조사가 있었음을 짐작할 수 있다.

특히 7-85(〈그림 7-3〉) 사진에는 원통형 하니와가 분구의 중앙 외연을 따라 돌아가는 현상이 관찰된다. 이 사진에는 신관과 경관의 노출 사진이 촬영되었는데 그 주위에 하니와가 노출되어 있다. 주목되는 것은 이 하니와가 동일한 높이가 아니라는 사실이다. 하층의 옹관 주위와 상층에 매납된 옹관 주위에도 층위를 달리하는 하니와가 배열된다. 이를 통해 신촌리 9호는 대형 옹관이 매납될 때마다 하니와를 별도로 나열했음을 알 수 있다. 이 사진의 뒷면에는 야쓰이가 이들 원통형토기들을 하니와라고 적어놓은 주기가 있다.

유리건판 사진 7-89(〈그림 7-4〉)는 신촌리 9호분 임관을 찍은 것인데 후속하는 사진 7-91, 7-92(〈그림 8〉)에는 임관 내부의 소형토기에서 출토되었다는 인골편이 보인다. 현장에서 이미 부장 토기의 내부까지 들여다보고 인골을 꺼낸 다음 사진을 찍은 것이 분명하다.

7-94(〈그림 7-5〉) 유리건판 사진은 신촌리 9호 계관의 노출상태를 촬영한 것이고 이어지는 사진은 그 내부에서 출토된 목판과 인골흔적이 찍혀 있는 것이다. 이를 통해 보면 목판 위에 올려 놓은 피장자를 옹형토기에 밀어 넣고 다른 하나의 옹으로 밀봉하는 순서로 매장이 이루어졌다.

사진 7-101(〈그림 7-6〉)은 덕산리 3호의 옹관 노출사진인데, 분구 표면에 드러난 토기의 흔적을 발견하고 그 주위만 노출시키고 촬영한 정황이

〈그림 7〉 야쓰이가 찍은 발굴 사진
(왼쪽 상단에서 아래 방향으로 유리건판 번호 7-81, 7-82, 7-85, 7-89, 7-94, 7-101, 불명)

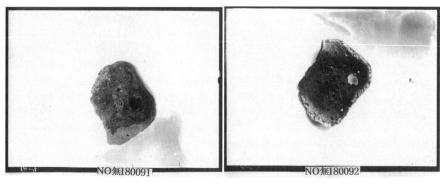

〈그림 8〉 야쓰이가 찍은 발굴사진. 유리건판 번호 7-91(왼쪽), 7-92(오른쪽)

드러난다.

  1918년의 조사에서 주목되는 것은 대안리에서 가장 대형이었던 9호를 노모리 즉 세키노 다다시의 친동생이 발굴했다는 사실이다. 그 중에서 〈그림 7-7〉은(건판 번호 불명) 대안리 9호를 발굴조사하던 풍경이 가장 잘 드러난다. 우선 굴착작업에 동원된 조선인 인부는 최소 14명이며 곡괭이와 삽을 이용하여 굴착하는 모습이 잘 포착되었다. 분구의 중앙에서 멀지 않은 곳에 측량과 실측겸용 평판이 설치되었고 그 주위에 폴대가 세워져 있는 것을 보면 옹관을 파내면서 도면 작성이 동시에 이루어졌다고 이해할 수 있다. 등고선이 들어간 분구도가 이미 작성되었기 때문에 그 기준점을 유지하면서 삭토를 진행했을 것이다.

  그 옆에는 출토된 토기들을 정리하고 흙을 제거하는 조선 소년이 관찰되며 지게의 모습도 찍혀있다. 평판을 이용해서 출토된 토기의 위치를 기록하고는 곧바로 수습하여 현장에서 세척하고 정리하는 것이다. 지게는 말할 필요도 없이 유물 운반용인데 출토 유물을 나주까지 옮기는데 지게가 이용되었을 가능성을 시사한다. 그런 다음 나주역에서 기차로 경성까지 운반했다고 판단해도 대차는 없을 것이다.

이로써 1917년에 이은 짧은 1918년 반남면 고분군의 발굴이 마무리된다.

3. 약보고의 작성과 야쓰이의 반남고분 인식

1917년에 이루어진 반남면 고분군에 대한 조사 보고는 1918년의 추가 조사가 끝난 뒤인 1920년 3월 자로 작성되었는데 주지하는 것처럼 이는 복명서를 그대로 활자화한 약보고에 지나지 않았다.

보고서는 조선총독부 고적 조사위원장 앞으로 제출된 것이며 책임자는 조선총독부 고적조사위원 야쓰이였다. 연명으로 이름을 올린 사람은 오바 쓰네키치와 오가와 게이키치, 그리고 노모리 켄이다.

보고서의 첫 페이지에는 아래와 같은 제출의 변이 적혀있다.

우리들은 다이쇼 6년(1917년) 9월 21일 경성을 떠나 경기도 광주, 고양, 양주, 충청남도 천안, 공주, 부여, 청양, 논산, 전라북도 익산 및 전라남도 나주의 10군에서 고적 조사를 수행하고 동년 12월 27일 귀청하였다. 그 개요를 보고하는데 그 중 중요한 마한, 왜와 백제의 유적에 대해서는 별도로 정세한 보고를 제출할 것이다.[17]

여기서 놀라운 것은 야쓰이가 나주 대형 옹관묘장이 발견된 반남면 일대를 '왜倭' 그 자체로 인식했다는 사실이다. 약보고의 본문에서 옹관묘를 매장 주체로 사용한 피장자를 왜인으로 판단한 사실은 알려져 있었으나 나주를 중심으로 한 영산강 유역을 '왜'라는 개념으로 인식한 사실은 학계에서도 그다지 주목받지 않았던 내용이다.

보고서의 내용은 아래에서 보는 것처럼 한 페이지를 다 채우지 못할 정도의 짧은 문서로 마무리 되었다.

반남면에 해당하는 자미산의 주위, 신촌리, 덕산리 및 대안리의 대지 위에는 수십 기의 고분이 산재하는데, 이들 고분의 외형은 원형과 방대형이고 봉토 내에 한 개 또는 수 개의 도제 옹관을 묻었다. 지금 조사 결과를 개설하면 먼저 지반 위에 성토하고 그 위에 도제 대형옹관을 옆으로 누인 다음, 그 안에 성장한 시신을 지금 반도에서 이루어지는 것처럼 포로 감싼 것을 판에 올려 머리부터 대옹 안으로 밀어 넣고 깨진 도편으로 옹관을 고정시키고 약간 작은 토기 옹을 이용하여 피장자의 다리를 막는다.

대소大小 옹의 접합부는 점토로 밀봉하고 옹관 외 다리 부분에는 토기를 놓고 흙으로 덮었다. 발견 유물은 금동관, 금동신발, 화살촉, 쇠톱 등으로 일일이 열거할 수 없을 정도이다. 이 고분들은 그 장법과 관계 유물로 추측하건데 아마도 왜인일 것이다. 자세한 내용은 다음에 「羅州 潘南의 倭人 遺蹟」이라는 제목의 특별 보고를 제출하려고 한다.[18]

---

17   朝鮮總督府, 『大正六年度朝鮮古蹟調査報告』, 1920.
18   위의 책.

그리고 문서에 붙여서 발굴 풍경과 옹관 노출 상태를 찍은 사진 6장을 추가해서 보고서는 마무리된다. 필자가 소장한 '야쓰이 자료'를 살펴보면 야쓰이가 1917년도의 전체 유리건판과 본인이 정리한 목록을 바탕으로 보고용 사진을 골라낸 다음, 이를 황색 대지에 순서대로 붙여서 복명서에 기초한 원고와 함께 출판사에 보냈음을 알 수 있다. 이때에는 사진 번호만 있을 뿐, 개별사진에 대한 설명도 없었으며 사진의 전체 일련번호도 붙어 있지 않았다.

그리고 국립중앙박물관의 총독부 문서에는 야쓰이에게 돌아온 출판사의 1차 교정지가 있다. 교정지에는 캡션이 없이 돌아온 도판에 사진 설명과 사진 촬영시의 조건 등을 야쓰이 자신이 새롭게 써넣었음을 알 수 있다. 이때 보고서 사진의 전체 일련번호도 그가 적은 것이다. 사진에 자세한 촬영정보를 적을 수 있었던 것은 앞에서도 살폈듯이 현장에서 작성한 촬영노트 덕분이었다. 노트에는 국립중앙박물관이 보관 중인 사진 카드, 그리고 발표자가 입수한 사진 목록에도 기록되지 않은 촬영 당시의 정보가 빼곡히 적혀 있다. 현장에서 사진을 촬영하는 경우 특히 열과 성을 다했던 야쓰이였다.

그런데 조선총독부의 1917년 고적조사 보고[19]를 살피면 앞에서 소개한 여러 조사원의 보고가 실렸는데 유독 야쓰이의 보고가 가장 소략하고 성의가 없다. 이는 반남면 뿐만이 아니라 다른 지역 유적에 대한 조사 보고도 마찬가지이다. 아무리 약보고라고 하지만 그 이유가 궁금하다. 위에서 살핀 것처럼 이미 현장에서 확보된 오가와, 노모리, 오바

---

19 위의 책.

등 당대 최고의 화가이자 측량가능자가 작성한 도면이 있었고, 야쓰이 본인이 촬영해 놓은 훌륭한 사진도 있었다. 또한 이미 1909년 이래로 세키노와 함께 많은 고적 조사를 수행하였으며, 1915년부터 간행되기 시작한 저 유명한『조선고적도보朝鮮古蹟圖譜』시리즈의 편집을 경험한 야쓰이였다. 사학과 출신이지만 나름 세키노를 보조하면서 유적과 유구의 도면 작성법도 익혔었기 때문에, 나주 반남면 고분군을 포함한 1917년도 조사분에 대한 보고 태만은 이해하기 어려운 측면이 있다.

동기부여와 관련해서도 보고서의 첫머리에 나주 일원을 왜로 판단한 부분에서 이미 차고 넘쳤음을 짐작할 수 있다. 나주 반남면의 대형 옹관 고분의 피장자를 왜인으로 규정했다는 것은, 그가 1909년에 조선 고적조사를 시작한 이래로 그토록 찾아 헤매던 '신공황후 삼한정벌설神功皇后 三韓征伐說'이나 '임나일본부任那日本府'와 관련된 고고자료로 주목했음을 시사하는 대목이기도 하다.

『나주 반남의 왜인 유적』이란 제목으로 특별 보고를 작성하겠다고 한 것은 세키노 다다시가 주도하고 야쓰이가 보조하여 간행한『낙랑군 시대의 유적』,『고구려시대의 유적』등의 출판 경험과 성공 사례가 영향을 주었을 것으로 추측된다.

한편 1918년도의 조사와 관련해서는 아예 약보고도 제출하지 않았다. 정상적이라면 1921년도 즈음에 제출되었어야 했을 것이다. 이는 알려진 것처럼 1921년에 야쓰이가 아버지의 병환을 이유로 고향으로 떠나는 상황과 관련이 있다.

그런데 우메하라의 증언을 참고하면 보고서를 제대로 작성하지 못한 부담과 총독부 안팎의 시선도 그러한 결정에 큰 영향을 주었던 것으로

〈그림 9〉 오가와 게이키치　　　〈그림 10〉 오바 쓰네키치　　　〈그림 11〉 노모리 켄

보인다. 그렇지만 조선고적조사 위원이라는 자격을 유지한 채 고향으로 돌아갔으며, 고향에서 『조선고적도보』 제8권의 편집에도 관여했다.

그가 고향으로 가져간 '야쓰이 자료'에는 1909년 이래로 그가 촬영한 사진 프린트가 복수로 남아있다. 귀향한 이후에도 그가 반남을 포함하여 책임조사한 조선고적에 대한 지분 의식이 있었음을 알 수 있다. 봉산의 양동리, 창녕 교동 등과 함께 유독 야쓰이가 조사한 고적의 보고서가 작성되지 못했던 것은 이러한 지분의식과 관련이 있을 수 있다.

즉 언젠가는 자신이 제대로 된 보고서를 낼 것이라 공언했지만 현실적으로 불가능한 상황이 전개되었고, 후배들도 야쓰이의 그러한 의지가 부담스러워 대신 정리하기가 어려웠을 것으로 추정된다. 실제로 우메하라의 증언에 의하면 야쓰이는 고향으로 돌아간 뒤에도 경성을 찾아 반남면 고분군의 출토유물의 정리를 시도하였다고 한다.

한편, 최근 공개된 조선총독부 문서에는 1917년과 1918년에 조사된 「나주 반남면 고분군의 출토유물 목록」이 있다. 그 필적을 대조하니 신촌리 9호는 오가와가 작성하였고 덕산리 4호는 오바가, 그리고 대안리 9호는 노모리가 작성했음을 알 수 있었다. 부분적으로 삽도가 추가

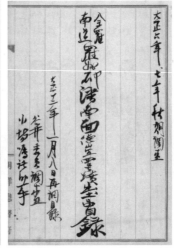

〈그림 12〉 오가와 작성　　　　〈그림 13〉 오바 작성　　　　〈그림 14〉 노모리 작성

되었으며 총독부로 옮겨진 거의 대부분의 유물을 망라해서 개별 고분, 개별 옹관을 단위로 유물 목록이 작성되었다. 이 중 오바가 작성한 문서에는 이 작업이 이루어진 시기를 1923년이라고 명시해 놓았다. 세키노 조사단 소속이었지만 이들이 반남면 자료를 전반적으로 도맡아 정리할 수 있었던 것은 야쓰이가 경성을 떠난 2년 뒤였다는 것을 알려주는 대목이다.

출토 유물에 대한 주기도 이때 이루어졌을 가능성이 높다. 유물에 남은 필적을 살피면 신촌리 9호의 경우 오가와의 것이 많고, 간혹 야쓰이의 필적이 섞인다. 야쓰이의 주기는 옹관의 이름만 대략 적은 것이고, 오가와는 유적명과 유구명을 정성 들여 써넣은 것이다. 현장에서 야쓰이가 간략하게 적은 것을 경성으로 옮긴 다음 오가와 등 개별 조사원들이 새로 주기를 추가했을 가능성이 있다.

한편 발굴 조사 직후에 야쓰이는 교토대학의 우메하라를 불러서 유물들의 도면과 탁본을 부탁한 바 있다. 발굴에 참가하지 않았지만 중학생 시절부터 관계를 맺어온 탁본과 도면 작성에 재능을 보인 우메하라의 도움을 받아 특별 보고를 작성해 볼 요량이었던 것이다. 물론 이 시도는 성공할 수가 없었다. 김해패총 발굴과 1918년도 하마다 고사쿠濱田耕作 주도의 조사 보고서 작성 및 금관총 발굴 유물 정리 등의 주역으로 부상한 우메하라에게 야쓰이의 작업을 도울 여력은 한정적이었다. 그리고 총독부박물관에는 야쓰이의 후임으로 도쿄제국대학의 후지타 료사쿠가 부임한 상황에서 야쓰이가 그의 지분을 오래 주장하기도 어려웠다.

4. 식민사관의 이해와 '야쓰이 자료' 재검토의 의미

위에서 살핀 것처럼 고적조사 5개년 계획이 마무리되는 1921년경에 돌연 귀향한 야쓰이였기에 세키노와 우메하라와는 달리 그와 관련된 정보는 한정적이었다. 그런데 앞서 말한 것처럼 최근 필자는 그의 일생과 조선 고적 조사에서의 역할을 복원할 수 있는 '야쓰이 자료'를 일본에서 확보하였다. 그 내용의 일부를 소개하여 반남면 고분군 발굴 책임자의 인물상에 접근해 보기로 한다.

최근 일본에서는 반남면 고분군을 책임조사했던 야쓰이 소장의 골동이 대단한 금액으로 매각되었다는 소문이 돌았다. 확인한 결과 이는 사실이었으며 같이 유출된 문서와 사진자료가 고서점과 경매에 나온 상태였다.

이들 자료를 모두 입수하여 예비 분석한 결과, 야쓰이라는 인물이 세키노 다다시의 단순 보조원이 아님을 알게 되었다. 세키노 조사단이 중심이 되어 실시한 1909년부터의 조사에서는 보조 역할을 수행하였지만 1913년 무렵부터는 몇몇 중요한 유적을 단독으로 발견하는 성과를 올렸고 차츰 세키노와 마찬가지로 고적조사위원의 자격을 얻어 조사를 수행하기도 하였다.

가장 중요한 것은 야쓰이가 1916년부터 실시된 고적조사 5개년 사업의 실제 설계자이자 실행의 중심이라는 점이 드러났다는 사실이다. 확보된 자료에는 그가 한반도에서 고적 조사를 시작하기 전부터 1921년 돌연 고향으로 돌아간 이후까지의 행적을 소상하게 들여다 볼 수 있는 서류와 사진이 포함되어 있다. 국립중앙박물관에 남은 조선총독부의 공적 문서와 야쓰이의 사적 문서를 비교한다면 '조선고적조사사업'은 보다 선명하게 그 모습을 드러낼 것이다.

〈표 1〉은 조선 고적 조사에서 야쓰이가 관여한 낙랑 관련 유적의 조사 목록이다. 이를 보면 1909년부터 시작된 세키노 조사단의 고적 조사는 물론, 고적조사 5개년 계획이 실시된 첫 해(1916)와 둘째 해(1917)에 실시된 거의 모든 낙랑 관련 유적 조사에 야쓰이가 관여했음을 알 수 있다. 뿐만 아니라 초창기부터 신라 유적 조사를 주도하였으며 가야 유적의 조사에도 열을 올렸다. 창녕 교동고분, 보문리 부부총, 서악리 석침총, 진주의 수정봉과 옥봉 등의 조사도 야쓰이가 조사의 핵심이었다.

그가 세키노를 도와 낙랑과 대방군 관련 유적의 조사에 열을 올리고, 신라 고분과 가야 유적의 조사에 열성이었던 이유는 세키노를 따라 처

<表 1> 야쓰이가 발굴한 낙랑 관련 유적 목록

조사 일시	조사 대상	조사자	참고문헌
1909 (明42)	石巖洞 古墳	關野, 谷井, 栗山, 今泉	朝鮮總督府, 『朝鮮古蹟圖譜』 一, 1915
	大同江面古墳 甲墳	關野, 谷井, 栗山, 今泉	위의 책
	大同江面古墳 乙墳	萩野, 今西, 今泉	위의 책
	大同江面古墳 丙墳	關野, 谷井, 栗山, 今泉	위의 책; 今西龍, 「朝鮮平壤郡大同江面南の古墳」, 『東京人類學會雜誌』 25-293, 1910
1910	大同江面 東墳	關野, 谷井, 栗山, 今泉	朝鮮總督府, 『朝鮮古蹟圖譜』 一, 1915
	大同江面 西墳	關野, 谷井, 栗山, 今泉	위의 책
1911 (明44)	於乙洞土城	關野 外	關野 外, 「樂浪郡時代の遺蹟」, 『古蹟調査特別報告』 第四冊, 1927
	鳳山 張撫夷墓 1次	谷井	위의 책
1912 (大1)	鳳山 張撫夷 2次	關野, 谷井	위의 책
1913	梧野里古墳	深田, 關野, 谷井	朝鮮總督府, 『朝鮮古蹟圖譜』 一, 1915
1914	城菜洞古墳	谷井, 今西	
1916 (大5)	貞栢里 1號(1號)	關野, 谷井, 栗山, 小場	關野貞 外, 「樂浪郡時代の遺蹟」, 『古蹟調査特別報告』 第四冊, 1927
	貞栢里 2號(2號)	關野, 谷井, 栗山, 小場	위의 책
	貞栢里 3號(3號)	關野, 谷井, 栗山, 小場	위의 책
	貞栢里 4號(151號)	關野, 谷井, 栗山	위의 책
	貞栢里 5號(153號)	關野, 谷井, 栗山	위의 책
	石巖里 6號(6號)	關野, 谷井, 栗山	위의 책
	石巖里 7號(99號)	關野, 谷井, 栗山	위의 책
	石巖里 8號(120號)	關野, 谷井, 栗山	위의 책
	石巖里 9號(9號)	關野, 谷井, 栗山	위의 책
	石巖里 10號(253號)	關野, 谷井, 栗山, 小場	위의 책
	葛城里 甲墳	關野, 谷井, 栗山	위의 책
	葛峴里 古墳	關野, 谷井, 栗山	위의 책
	美林里包含層	鳥居龍藏	梅原末治·藤田亮策, 『朝鮮古文化綜鑑』 第一, 1946
1917	鳳山 張撫夷墓	谷井 外	谷井 外, 「黃海道鳳山郡·平安南道 順川郡 및 平安北道雲山郡古蹟調査略報告」, 『大正六年度古蹟調査略報告』, 朝鮮總督府, 1920
	鳳山 古唐城 北墳	谷井 外	위의 책

조사 일시	조사 대상	조사자	참고문헌
	鳳山 立峰里 9號	谷井 外	위의 책
	鳳山 柳亭里 3號	谷井 外	위의 책
	鳳山 養洞里 3號	谷井 外	國立中央博物館, 『鳳山養洞里塼室墓』, 2001
	鳳山 養洞里 5號	谷井 外	谷井 外, 「黃海道鳳山郡・平安南道 順川郡 및 平安北道雲山郡古蹟調査略報告」, 『大正六年度古蹟調査略報告』, 朝鮮總督府, 1920; 위의 책

음 고적 조사를 수행했던 1909년에 발표한 '상세에서 일한의 관계'라는 강연 내용에서 극명하게 드러난다.[20]

여기서 야쓰이는 일본과 한국이 유사有史 이전부터 친밀한 관계라고 규정하였다. 일본서기의 기사를 역사적 사실로 인식하고 상세에 일한은 일역一域이며 신라는 신공황후가 정복한 공간이었는데, 신라가 당의 세력을 빌려서 반도를 통일하는 과정에서 자신들(일본)의 손에서 떨어져 나간 존재라고 규정하였다. 그리고 메이지 성세에 이르러서야 마침내 그 관계가 회복된 것이라고 역설하였다. 즉 '신공황후 삼한정벌설'과 '임나일본부설'을 완전히 신봉하고 이를 메이지의 상황과 오버랩시키는 역사관의 소유자였다.

이러한 역사관은 그가 조선에서 고적 조사를 시작하기 전인 1908년에 발표한 원고에서도 적나라하게 드러난다.[21] 즉 백제는 대대로 일본에 조공을 바치는 존재였으며, 왕위 계승과 같은 국가 대사에도 일본의 간섭이 대대로 있었다는 인식이다. 신라왕 석씨 탈해도 일본 사람 호공

---

20 정인성, 『1909년 「朝鮮古蹟調査」의 기억』(국립문화재연구소, 2016)에 번역이 수록되어 있다.
21 谷井濟一, 「百濟王腆支卽位の事情」, 『朝鮮』 1-2, 日韓書房, 1908.

〈그림 15〉 신공황후 삼한정벌설을 묘사한 상상화

이고 일본 이즈모 지방과 츠쿠시 북부, 그리고 신라는 국초부터 일역이
라고 주장하였다. 그리고 숭신천황의 말년에 한남韓南의 가라加羅 연방
(임나)은 신라가 압박해 오자, 군사 지원을 요청하여 수인천황이 장군을
파견하였고, 결국 야마토 조정이 한韓과 연결되며 이것이 종국에는 임
나일본부의 설치로 완성되었다고 서술하였다.

　메이지유신 이래 대륙 진출을 꾀하던 일본에게 그 정당성을 떠받치는
역사상 만들기가 얼마나 절실하고 중요한 과제였고, 그 과정에서 도쿄제
국대학 출신의 엘리트들에게 요구된 역할이 무엇이었는가 알 수 있는 대
목이다. '야쓰이 자료'에는 그가 학부 수업에서 제출한 리포트류가 포함
되어 있는데, 임나일본부와 신공황후와 관련된 내용으로 점철되어 있다.
메이지유신 이래 일본 지식인 계층의 역사인식 구축을 위하여 학생 교육
에 얼마나 많은 공을 들였는지가 드러난다. 〈그림 15〉는 당시 일본에서
유행하던 '신공황후 삼한정벌설'을 묘사한 그림이다. 이를 통해 보면 세
키노와 야쓰이를 포함하는 관학자들이 고적 조사에서 확보한 컨텐츠가

대륙 진출을 위한 역사 이미지 창조에 유효하게 사용되었음이 드러낸다.

1910년 세키노와 경주를 찾았을 때, 세키노가 양산을 거쳐 부산으로 간 뒤에도 홀로 경주에 남아 경주 고분을 발굴하고 대표적인 가야 유적을 악착같이 조사했던 이유 역시 야쓰이의 조선관을 통해서 이해할 수 있다. 나주 반남면 고분군의 발굴 역시 그 연장선에 있었던 것이다.

보고서 미간과 아버지의 병환을 이유로 일찍 고향으로 돌아갔지만 곳곳에서 그의 역사관을 가감없이 드러냈던 야쓰이가 반남면 특별 보고서는 물론 금관총 수습조사 등을 주도했더라면 어떤 상황이 전개되었을지를 추정하는 것은 그리 어렵지 않다. 여기서는 참고로 야쓰이의 자필 이력서[22]를 번역해서 공개하려고 한다.

履 歷 書

· 원적 : 和歌山縣 海草郡 雜賀村 大字 關戶 438번지

· 주소 : 東京 本鄕區 龍岡町 15번지

· 이름 : 谷井濟一 (야쓰이 세이이쓰)

· 생년 : 메이지 13년(1881) 9월 15일생

1. 메이지 19년(1887) 10월 村立 關戶小學校에 입학, 재학 3년 반. 메이지 23년 3월 졸업.

2. 메이지 23년(1891) 4월 시립 와카야마和歌山고등소학교 남자부에 입학, 4년간 수학 후 메이지 27년 3월 졸업.

3. 메이지 27년 4월 사립 와카야마 尋常中學校에 가입학하여 1년 수학, 메이지 28년 사립 와카야마 제1중학교 1학년에 편입, 5년간 수학.

---

22 필자 소장 '야쓰이 자료'에 포함된 자료이다.

메이지 33년 5월 31일 졸업.

4. 메이지 33년(1901) 9월 11일 제3고등학교 대학예과 제1부 문과에 입학. 메이지 36년 7월 1일 졸업.

5. 메이지 36년(1903) 7월 1일 동경제국대학 문과대학 사학과에 입학. 4년간 수학. 메이지 40년(1907) 7월 11일 문과대학 사학과(국사학전공(입학)) 졸업.

6. 메이지 40년 10월 경도대학 대학원에 고대사 연구를 위해 입학. 1년간 수학하고 메이지 41년(1908) 9월에 퇴학.

7. 메이지 42년(1909) 9월 한국 탁지부에서 고건축물 조사를 촉탁 받음(42일간 조사). 이후 조선총독부에서 고적 조사를 의뢰받아 90일간 조사한 후에 귀국함(1910?).

위의 자필 이력서는 메이지 43년(1910)에 이루어진 고적 조사를 마무리한 직후에 작성되었을 가능성이 높다. 이것이 다음 해의 조선 고적 조사를 위해서 작성된 것인지, 아니면 일본 내지에서의 취직을 염두에 둔 이력서인지는 분명하지 않다.

5. 남은 이야기 — 야쓰이와 우메하라 스에지

야쓰이는 반남면 발굴 조사와 관련이 없는 우메하라를 불러 유물 정리와 도면 작성을 부탁한 바 있다. 그 배경을 이해하기 위해서는 두 사람의 접점을 살펴볼 필요가 있다. 주지하는 것처럼 우메하라는 대학에 입학하지도 않은 상태에서 교토대학 열품실 정리원이 되었다가 교수가 된 사람이고 야쓰이는 도쿄대학 사학과 출신이었다.

1969년에 작성된 우메하라의 회고록을 참고하면 그 접점의 일단을 이해할 수 있다.[23] 그가 조선 고적 조사에 참여하게 된 것은 1918년부터 이지만 한반도에 관심을 가지게 된 것은 1910년 강제병합 무렵이라고 한다. 회고에는 당시 출간된『역사지리歷史地理』의 조선 특집이 한반도에 대한 해상도를 높이는 계기가 되었다고 회상했지만, 직접적 계기가 된 것은 1911년 7월 말에 이루어진 도쿄제국대학 출신 연구자들과의 만남이었다. 당시 도쿄에서 세키노 다다시, 키다 사다키치喜田貞吉, 다카하시 겐지, 야쓰이 세이이쓰가 3일간의 일정으로 가와치河內 지역을 답사했는데, 고고학 소년이었던 우메하라가 이들의 유적 안내를 맡았다고 한다. 야쓰이와 우메하라의 운명적인 만남이 시작된 것이다.

특히 1912년 메이지 천황의 사망은 결과적으로 두 사람의 관계를 보다 친밀하게 만들었다. 천황의 사망으로 모든 일정을 취소한 야쓰이가 고향인 와카야마和歌山에서 여름휴가를 보내면서 당시 중학생이던 우메하라를 불러 자택에서 재워주고 10일간 유적 답사를 같이 했기 때문이다. 이때 야쓰이가 유적 조사방법과 기록법을 지도하고 한반도에서 가져온 유물의 일부를 보여준 것이 우메하라가 조선 고적에 관심을 가지는 계기가 되었다.

이듬해인 1913년 초여름에 우메하라는 도쿄로 상경하여 키다 교수

23　梅原末治,「日韓併合の期間に行われた半島の古蹟調査と保存事業たずさわった一考古學徒の回想」,『朝鮮学報』51, 朝鮮学会, 1969.

집에서 신세를 지면서 다카하시 겐지의 배려로 도쿄제실박물관에 드나들면서 박물관 유물을 자유롭게 관찰할 기회를 얻었다. 그리고 마침 도쿄대학 근처에 살던 야쓰이의 집을 찾아 한국에서 가져온 유물들을 보았다. 그 중에서 청동 거울의 탁본을 작성했는데 이를 모아서 집성한 것이 바로 2권 1책으로 나온 『조선고경도집朝鮮古鏡圖集』이다. 거울 한 점을 선물받아 나중에 교토대학에 기증했다고 하였다. '야쓰이 자료'에는 이때 촬영한 것으로 짐작되는 청동 거울들의 사진도 포함되어 있다.

1913년 7월에 하마다 고사쿠가 유럽 유학을 떠난 사이 우메하라는 교토대학 문과대학에 고용되어 열품실 정리를 담당했는데 이 무렵 교토대학에 고구려 관련 벽돌과 야쓰이가 보내준 한국 관련 사진이 도착하였다고 한다. 당시 야쓰이가 교토대학에 조선 고적 조사에서 확보한 각종 자료를 기증했음을 알 수 있는 중요한 증언이다. 야쓰이는 조사과정에서 확보한 자료 일부를 이외에도 도쿄제실박물관, 도쿄제국대학 등에 기증하였으며 개인적으로도 많은 고고유물을 소장했다.

그리고 1916년부터 본인이 설계한 총독부박물관 주도의 '조선고적조사사업'이 시작되고 낙랑 유적 조사로 대성공을 거두면서 야쓰이는 경성으로 이사해서 사업을 전담하였다. 사업 초기에 이마니시 류와 야쓰이 세이이쓰를 포함하는 도쿄제국대학 사학과 출신의 연구자들은 한반도에서 신공황후 삼한정벌설과 임나일본부와 관련된 고고자료를 찾기 위해 노력하였다. 1917년에 출토된 직호문 시문의 녹각제 칼 장식을 근거로 임나일본부가 암시되고, 위에서 살핀 것처럼 반남면의 원통형 토제품과 대형 옹관묘 축조 세력을 왜인이라 규정하기도 하였다.

1918년 가을에 임시로 촉탁되어 우메하라가 경성에 도착하자 야쓰이는 새벽에 정류장에 마중나오는 성의를 보이고, 집으로 데려가 갓 재혼한 상태였음에도 불구하고 1달간이나 재워주기도 하였다.

야쓰이는 이때 1917년도의 고적 조사에서 출토된 수많은 유물을 우메하라가 관찰할 수 있게 하고 도면 작성을 부탁했다. 당시 일취월장한 우메하라의 유구·유물의 도면화 능력은 1922년에 간행된『대정 7년도 고적 조사 보고서』를 통해서 확인할 수 있다.[24] 짧은 기간 내에 석실의 도면을 그려내고 출토 유물의 실측도도 양산했다. 문양이 있는 토기들은 탁본으로 정보를 표현했다.

결국 1921년에 야쓰이가 고향으로 돌아가지 않았더라면 야쓰이와 우메하라 연명으로 나주 반남면 고분군의 보고서가 작성되었을 가능성도 있는 것이다.

1920년 이후 총독이 사이토 마코토斎藤實로 바뀌고 우메하라가 하마다의 조수 자격으로 조선에서 조사 여행을 지속할 수 있게 해 준 것도 야쓰이의 배려였다. 이 무렵 김해패총과 그 주변에서 임나 관련 유적을 조사하던 두 사람은 세키노와 같이 동숙하면서 공동 조사를 실시하기도 하였다. 당시 아직 현장 경험이 부족하던 우메하라는 이때 세키노와 야쓰이의 현장 조사 방법을 집중적으로 학습했다고 밝히고 있다.

1921년 고향으로 돌아간 야쓰이는 조선 고적 조사와는 거리를 두지만 두 사람의 관계는 지속된다. '야쓰이 자료'에는 그 관계를 살필 수 있는 우메하라 발신 서간류가 다수 포함되어 있다. 야쓰이가 경성에 있을 때에는 교토에서의 일상을 적은 우메하라의 편지가 많으며, 간간이

---

24   朝鮮總督府,『大正七年度古蹟調査報告』, 1922.

조선 특산물을 우메하라에게 보내준 것에 감사한다는 편지도 있다. 야쓰이의 배려로 고적 조사를 보조하게 되면 그 때마다 그 동선을 편지로 전했다.

위에서 언급한 것처럼 원래 1918년에 우메하라를 조선으로 부른 것은 보조로 삼아서 1916년부터 폭발적으로 늘어난 조사 유적의 보고서 작성에 도움을 받을 심산이었다. 이미 고고자료의 탁본, 도면화와 정리 및 원고 작성에서 그 능력을 인정받은 우메하라였기 때문이다. 그러나 우메하라가 야쓰이를 돕는 것에는 한계가 있었고, 오히려 1920년에 있었던 김해패총의 발굴 보고서를 하마다 고사쿠와 연명으로 출간하면서 조선 고적 조사의 주역으로 부상하였다. 이미 1922년에 제출된 『대정 7년도 고적 조사 보고서』[25]에서 우메하라는 하마다 조사분을 수준 높게 정리해서 게재하였다. 그러한 업적이 있었기에 1921년 야쓰이가 귀향하고 발견된 금관총의 수습 유물 정리도 우메하라가 맡게 되었던 것이다. 단기간에 하마다 고사쿠와 연명으로 수준 높은 보고서를 출판하면서 우메하라와 야쓰이는 조선 고적조사 사업에서의 역할과 비중이 역전되었다.

한편 야쓰이는 귀향하여 아버지가 닦아놓은 지역 기반과 재력을 바탕으로 국회위원 선거에 출마했다가 낙선한 뒤 영영 조선 고적 조사의 세계로 돌아오지 못했다. 그 후 우메하라는 자주 야쓰이에게 관련자료의 제공을 요청하였고 야쓰이는 이를 들어 주었다. 특히 사진 자료의 요구가 많았는데 그것은 야쓰이가 귀국하면서 1909년 이래로 그가 촬

---

25 위의 책.

영한 사진을 거의 대부분 프린트하여 가져갔기 때문이다.

　나중에 우메하라는 야쓰이에게 입은 은혜를 갚기 위해서 그 아들에게 고고학 공부를 시켜서 아버지가 발간하지 못한 중요 보고서를 작성하려고 하였으나 이마저 미완의 꿈이 되고 말았다. 결국 그 원자료는 국립중앙박물관에 유리건판과 유물, 그리고 조사 복명서의 형태로 남았고, 야쓰이의 개인 자료는 본인이 소지한 가운데 부분적으로 우메하라에게 제공되었다. 그가 작성한 도면 이외에 야쓰이 등에게 제공받은 다양한 자료를 사용하여 각종 저술 행위에 사용하였고, 『조선고문화종감』[26]이나 『우메하라 고고자료』[27]로 남게된 것이다.

26　梅原末治・藤田亮策, 『朝鮮古文化綜鑑』 第二, 養德社, 1947.
27　동양문고 소장.

참고문헌

1. 자료

국립경주박물관, 『경주 보문동합장묘』, 2011.

국립공주박물관, 『근대박물관의 태동 公州와 博物館』, 2009.

국립광주박물관, 『羅州潘南面古墳群』, 1988.

국립김해박물관, 『김해 회현리패총』, 2014.

국립문화재연구소, 『羅州 新村里 9號墳』, 나주시, 2001.

국립중앙박물관 소장 총독부문서자료

국립중앙박물관, 『慶州 路東里 4號墳』, 2000.

_____, 『鳳山養洞里 塼室墓』, 2001.

_____, 『유리원판 목록집』 I , 1997.

_____, 『유리원판 목록집』 II, 1998.

_____, 『유리원판 목록집』 IV, 2001.

朝鮮總督府, 『朝鮮古蹟圖譜』 一, 1915

_____, 『大正五年度朝鮮古蹟調査報告』, 1919.

_____, 『大正六年度朝鮮古蹟調査報告』, 1920.

_____, 『大正七年度朝鮮古蹟調査報告』, 1922.

東京帝國工科大學, 『韓國建築調査報告』, 1904.

동양문고 소장 '우메하라 고고자료'

정인성 소장 '야쓰이자료'

今西龍, 「朝鮮平壤郡大同江面南の古墳」, 『東京人類學會雜誌』 293, 1910.

谷井濟一, 「百濟王牒支卽位の事情」, 『朝鮮』 1-2, 日韓書房, 1908.

_____, 「上世に於ける日韓の關係」, 『韓紅葉』, 度支部建築所, 1909.

_____ 外, 「黃海道鳳山郡·平安南道 順川郡及平安北道雲山郡古蹟調査略報告」, 『大正六年度古蹟調査略報告』, 朝鮮總督府, 1920.

梅原末治·藤田亮策, 『朝鮮古文化綜鑑』 第一, 養德社, 1946.

_____, 『朝鮮古文化綜鑑』 第二, 養德社, 1947.

關野貞 外, 「樂浪郡時代の遺蹟」, 『古蹟調査特別報告』 第四冊, 朝鮮總督府, 1927.

2. 단행본

국립중앙박물관·한국박물관협회, 『한국 박물관 100년사』, 사회평론, 2009.

영남고고학회, 『일제강점기 영남지역에서의 고적조사』, 학연문화사, 2013.

이성시, 『만들어진 고대』, 삼인, 2001.

이순자, 『일제강점기 고적조사사업 연구』, 경인문화사, 2009.

정인성, 『1909년 「朝鮮古蹟調査」의 기억』, 국립문화재연구소, 2016.

富加見泰彦·藤森寬志, 「谷井コレションに残る古寫眞群」, 『紀伊風土記の丘研究紀要』 2, 和歌山
　　　県立紀伊風土記の丘, 2015.

朴辰一·沈秀娟, 『慶州瑞鳳冢(遺物篇)』, 국립중앙박물관, 2014.

八木奬三郎, 『滿洲考古學─增補』, 荻原星文館, 1944.

梅原末治, 『考古學六十年』, 東京: 平凡社, 1973.

藤井惠介, 『關野貞 아시아 踏査』, 東京大學總合研究博物館, 2005.

關野貞研究會, 『關野貞日記』, 中央公論美術出版, 2009.

3. 논문

李基星, 「朝鮮總督府의 古蹟調査委員會와 古蹟及遺物保存規則」, 『嶺南考古學』 51, 2009.

정인성, 「關野貞의 낙랑유적 조사·연구 재검토─일제강점기 '古蹟調査'의 기억 1」, 『湖南考古學
　　　報』 24, 2006.

＿＿＿, 「일제강점기 고구려 유적 조사 연구 재검토─1913년까지 평양을 중심으로 이루어진 조사
　　　를 중심으로」, 『일본 소재 고구려유물』 1, 동북아역사재단, 2008.

＿＿＿, 「일제강점기 고구려유적조사·연구재검토─鳥居龍藏과 關野貞의 集安지역 조사를 중심으
　　　로」, 『일본 소재 고구려유물』 2, 동북아역사재단, 2009.

차순철, 「일제강점기의 신라고분조사연구에 대한 검토」, 『文化財』 39, 국립문화재연구소, 2006.

西川宏, 「帝國主義下의 朝鮮考古學」, 『朝鮮研究』 7, 日本朝鮮研究所, 1968.

＿＿＿, 「日本帝國主義下における朝鮮考古學の形成」, 『朝鮮史研究會論文集』 7, 朝鮮史研究會, 1970.

穴澤和光·馬目順一, 「羅州潘南面古墳群」, 『古代學研究』, 第70號, 古代學會, 1974.

有光敎一, 「羅州潘南面新村里第九號墳發掘調査記錄」, 『朝鮮學報』 第94輯, 朝鮮学会, 1980.

內田好昭, 「日本統治의 朝鮮半島에서 考古學的 發掘調査」, 『考古學史研究』 9, 東京木曜クラブ,
　　　2001.

高橋潔, 「關野貞を中心とした朝鮮古蹟調査行程」, 『考古學史研究』 9, 東京木曜クラブ, 2001.

梅原末治, 『羅州潘南面의 寶冠』, 『朝鮮學報』 14, 朝鮮学会, 1959.

＿＿＿＿, 「日韓併合の期間に行われた半島の古蹟調査と保存事業たずさわった一考古學徒の回
　　　想」, 『朝鮮学報』 51, 朝鮮学会, 1969.

이마니시 류의 조선사, 혹은 식민지 고대사에서 종속성 발견하기[*]

정준영

1. 들어가며 – 식민사학을 어떻게 읽을 것인가

'식민사학'의 비판과 극복이란 과제가 해방 이후 한국사를 하나의 학문 분야로 정립해가는 과정에서 사실상의 출발점에 해당된다는 것은, 역사학계에 몸 담고 있거나 혹은 역사학에 관심을 가지고 있는 사람들에게는 두말할 필요도 없는 '역사적 사실'일 것이다.[1] 그런데 해방

이 장은『사회와 역사』115집(2017. 12)에 발표된 같은 제목의 논문을 수정, 보완한 것이다.

[1] 최근 들어 한국 역사학의 제도적 탄생 및 성장과 관련해서 주목할 만한 연구 성과들이 많이 나오고 있는데, 한국사의 '현대적' 출발을 1960년대 이기백과 김용섭 등에 의해 제기되었던 '식민사관의 극복'이라는 과제설정에서 찾는다는 점에서는 일치하고 있다. 신주백,『한국역사학의 기원』, 휴머니스트, 2016; 윤해동 편,『식민주의 역사학과 제국 – 탈식민지 역사학연구를 위하여』, 책과함께, 2016; 김정인, 「식민사관 비판론의 등장과 내재적 발전론의 형성」,『사학연구』125, 한국사학회, 2017 등 참조.

된 지 70년, 역사학계에서 식민사학의 폐해가 본격적으로 제기된 지도
벌써 50년 가까이 지났건만, 이 문제는 여전히 해결되어야 할 과제로
남아 있는 듯 보인다.

일제시기 일본인 사학자들에 의해 이루어진 역사학의 개별 작업들과
관련하여, 이것이 식민통치의 정당화라는 이데올로기적 '의도'에 바탕
을 두고 있었음을 폭로하는 시도가 일찍부터 있어왔다. 그리고 식민사
학자들의 작업에서 고증 및 해석의 오류를 찾아내서 이를 의도적인 '왜
곡'이란 차원에서 포착하려는 작업들도 체계적으로 전개되었다. 이런
방식의 식민사학 비판은 역사적 사실 관계의 오류를 바로잡고 사태에 대
한 새로운 시각을 제공하는 등 실제로 상당한 성과를 거두기도 했다.[2] 하
지만 정작 이런 '의도'와 '왜곡'의 프레임frame을 뚫고 그 배후에까지 들
어가, 식민사학이란 것이 처음부터 근대사학을 표방했으며, 실제로도
엄격한 실증적 역사방법론을 견지했다는 사실과 정면으로 마주하려는
시도는 비교적 최근에야 이루어졌으며 아직은 문제 제기 수준에 머물러
있는 것도 엄연한 사실이다.[3]

---

[2] 실제로도 일제시기에 활동했던 일본인 연구자들의 조선연구에 대한 비판은 1960년대
이래 한국학 각 분야에서 다각적으로 이루어져왔으며, 사실의 오류 및 해석의 편견을
입증하고 극복하려는 이러한 과정을 통해서 역사학을 비롯한 한국학 각 분야가 실질적으
로 풍성해져왔음은 더 말할 나위가 없는 사실이다.

[3] 임지현 · 이성시 편, 『국사의 신화를 넘어서』, 휴머니스트, 2004; 도면회 · 윤해동 편,
『역사학의 세기－20세기 한국과 일본의 역사학』, 휴머니스트, 2009; 윤해동 편, 앞의
책 등 참조. 하지만 2000년대 들어 한국사학의 구축이라는 과제 속에서 식민사학을 '근대
사학 혹은 민족사학의 안티테제'로만 간주하던 그동안의 경향에서 벗어나, 식민사학의
존재를 염두에 두고 일제시기 민족사학의 형성과정을 분석하거나(신주백, 「1930년대
초중반 조선학학술장의 재구성과 관련된 시론적 탐색」, 『역사문제연구』 15-2, 역사문제
연구소, 2011; 김종준, 『식민사학과 민족사학의 관학아카데미즘』, 소명출판, 2013; 정병
준, 「식민지 관제역사학과 근대학문으로서 한국 역사학의 태동－진단학회를 중심으로」,
『사회와 역사』 110, 한국사회사학회, 2016 등), 식민사학과 근대사학의 모호한 경계선

잘 알려져 있듯이, '과학적 역사학'의 기치를 내걸었던 실증사학의 등장은 제도적 차원에서 근대 역사학의 출발을 알리는 사건이었다.[4] 랑케로 상징되는 실증사학은 엄밀한 방법론을 채택하여 역사학을 하나의 '경험과학'으로 정립하는데 결정적인 역할을 했다. 뿐만 아니라, 역사적 정당성의 구축이 절실했던 국민국가의 전폭적인 지원을 받음으로써 역사학이 '인문학의 중심'으로 자리매김하는데 견인차가 되었다.

해방 이후 분과학문의 정립과 민족국가에의 기여라는 마찬가지의 과제를 안고 있었던 한국의 역사학계에서도 이와 같은 '과학적 역사학'의 정립은 절실히 요청되는 상황이었다. 식민사학을 이데올로기라고 선험적으로 전제했기 때문에, 과학으로서의 실증사학이 식민사학과 무관하거나 오용·악용된 것에 불과한 것으로 간주하려는 경향이 존재했던 것도, 이러한 맥락에서 볼 때 이해 못할 일은 아니다.

에 주목하면서 식민사학자의 연구를 추적하는 괄목할만한 시도들이 나타나고 있다(심희찬, 「근대역사학과 식민주의 역사학의 거리-이마니시 류가 구축한 조선의 歷史像」, 『韓國史學史學報』 28, 2013; 정상우, 「『朝鮮史』(조선사편수회 간행) 편찬사업 전후 일본인 연구자들의 갈등양상과 새로운 연구자의 등장」, 『사학연구』 116, 한국사학회, 2014; 정상우, 「일제하 일본인 학자들의 한국사에 대한 통사적 이해」, 『역사와 현실』 104, 한국역사연구회, 2017 등). 하지만 '식민사학 대 근대사학' 혹은 '식민사학 대 민족사학'이라는 미리 설정된 경계선 자체에 대한 문제의식을 구체적인 분석의 차원까지 끌고 들어가는 연구는 아직 많지 않은 것도 사실이다.

4 랑케로 대표되는 실증사학이 근대역사학의 제도화, 특히 근대적 분과학문으로서의 정립에 미친 영향에 대해서는 Georg. G. Iggers·Edward Wang, *A Global History of Modern Historiography*, Routledge, 2008, ch.3; Macintyre·Maiguashca·Pók eds., "The Intellectual Foundations of Nineteenth-Century 'Scientific' History : The German Model", *The Oxford History of Historical Writing, Vol.4 : 1800-1945*, Oxford University Press, 2011; Gabriele Lingelbach, MacIntyre·Maiguashca·Pók eds., "The Institutionalization and Professionalization of History in Europe and the United States", 위의 책; 김백영·정준영, 「유럽사회사의 흐름」, 『사회사/역사사회학』, 다산출판사, 2016 등을 참고할 수 있다.

하지만 식민사학이란 것이, 일본의 입장에서는 일본 근대역사학의 형성과정이었다는 사실이 드러난 만큼,[5] 실증사학의 문제가 결락된 식민사학 비판은 치명적인 한계가 있다는 사실도 분명해졌다. 모든 것을 이데올로기적 의도 또는 음모의 소산으로 돌리다보니, 식민사학은 그 자체에 대한 냉정한 판단과 충분한 분석이 이루어지기 이전에 이미 구축과 배제의 대상으로 정해지기 마련이었고, 식민사학의 유산과 관련되는 껄끄러운 질문들은 성급한 분노 속에서 외면받기 일쑤였던 것이다. 역사적 사실에 대한 악의적인 왜곡을 밝혀냄으로써 식민사학을 극복될 수 있으리라 믿었지만, 사실관계의 세밀한 검토가 진행될수록 의도적인 왜곡과 개별적 오류 사이의 경계는 도리어 자의적이고 모호하게 변한다.

이처럼 식민사학을 비판하는 방법론적 잣대가 실은 식민사학의 그것과 다르지 않다는 역설에는 '식민주의적 의도'에 대한 판에 박은 듯 비판적 구호와는 별도로, 이 문제를 극도로 세세한 '역사적 진실'을 둘러싸고 전개되는 전문가들 사이의 '그들만의 전쟁'으로 몰고 가버렸던 측면도 존재했던 것은 아닐까. 근래 10여 년 사이에 재야사학자들 사이에는, 식민사학과 강단사학 사이의 관계에 대해 음모론적인 관점에

---

5 초기 식민사학의 토대를 형성한 일본인 역사가들이 대부분 일본사학사의 관점에서 본다면 근대역사학의 이론 및 방법을 일본학계에 뿌리내리게 했던 대표적인 역사학자들이었던 만큼, 이러한 접근은 일본학계에서 시도되었다(李成市, 「コロニアリズムと近代歷史學－植民地統治下の朝鮮史編修と古蹟調査を中心に」, 『植民地主義と歷史學』, 刀水書房, 2004; 永島廣紀, 「日本統治期の朝鮮における〈史學〉と〈史料〉の位相」, 『歷史學研究』 795, 2004; 箱石大, 「近代日本史料學と朝鮮總督府の朝鮮史編纂事業」, 『前近代の日本列島と朝鮮半島』, 山川出版社, 2007 등). 다만 이 경우에는 일부 연구에서 나타나는 현상이지만, 근대사학의 특징에 치우친 나머지 식민주의적 특성을 과소평가할 위험성도 있기에 주의를 요한다.

서 의혹을 던지면서 그들만의 진실게임 속에 은폐된 커다란 '진실' — 실은 편집증적인 '신화' — 를 폭로하는 역사학, 이른바 '사이비 역사학'[6]이 나타나 뜻밖의 대중적 지지를 얻고 있는데, 이 또한 식민사학과 그 비판이 실증사학과의 무반성적 결합이라는 점에서는 하나의 카르텔에 불과한 것이 아니냐는 의심과 무관하지 않아 보인다.

그렇다면 식민사학을 어떻게 읽어낼 것인가. 물론 정도正道는 현재적 욕망을 투영하여 역사를 '미몽迷夢'으로 만드는 안팎의 불온한 시도들에 대해서, 현재 시점에서 인정되는 역사적 근거를 기반으로 최대한 합리적 해석을 추구하여 이에 적극적으로 대응하는 것이어야 할 것이다. 하지만 이런 '진실'을 둘러싼 공방과는 별도로 왜 식민사학을 둘러싼 작금의 사태가 귀머거리들의 대화처럼 되고 말았는지에 대해서도 진지하고도 냉정한 고찰이 필요하지 않을까.

푸코의 문제의식[7]을 빌어서 말하자면 무엇이 역사적 '진리'이냐가 아니라, 무엇이 우리가 그것을 역사적 '진리'로서 받아들이게 만드는가의 문제에 대해서도 관심을 기울일 필요가 있는 것이다. 이런 질문은 '왜 아무리 사실의 오류를 논박해도 식민사학은 여전히 위력적으로 보이는가?'라는 당면한 문제 뿐 아니라, '우리는 어떤 조건에서 특정한 역사학적 논증을 '사실=진리'로 받아들이는가 — 다시 말해 우리는 왜 실증사학으로부터 좀처럼 벗어날 수 없는가?'의 문제에 대해서도 실마

---

6 사이비 역사학의 문제점에 대해서는 최근 『역사비평』을 중심으로 체계적인 비판이 제기되고 있으며, 그 성과 중 일부는 젊은역사학자모임, 『한국고대사와 사이비역사학』(역사비평사, 2017)으로 출간되었다.

7 이에 대해서는 Michel Foucault, C. Gordon ed., *Power / Knowledge : Selected interviews and Other writings*, Pantheon Books, 1980 참조.

리를 줄 수 있기 때문이다.

그런 의미에서 이 장은 식민사학의 문제를 '진실 / 오류'의 규명이 아닌 다른 차원에서 접근하려는 탐색적인 시도이다. 식민사학이 얼마나 오류로 가득 차있는지를 규명하는 것이 아니라, 그런 오류에도 불구하고 식민사학은 어쩌면 그렇게 당당하게 자신을 객관적이고도 과학적인 '진리'라고 주장하며 또 독자들에게 그것을 믿도록 만드는가의 문제, 다시 말해 푸코적인 의미에서 '진리 효과'를 개략적이나마 따져보자는 것이다.

이를 위해 여기서는 식민사학자들의 역사서술, 즉 그들이 구축한 조선에 대한 '역사—이야기'에 초점을 맞춘다. 그리고 다음과 같은 질문을 던져보고자 한다. 구체적으로는 그들이 타자로서 조선인의 '역사—이야기'를 구축하기 위해서 어떤 방식으로 근대역사학의 이론 및 방법론을 활용하고 있는가? 그리고 이렇게 짜여진 '역사—이야기'에서 식민지 사회의 종속성은 어떻게 도출되는가? 이것은 식민사학자의 작업을 식민지에서 특정한 '진리효과'를 창출하고자 했던 '지知의 기획'으로 간주하고, 그 내부로부터 식민사학의 해체와 극복의 계기를 발견하려는 전략적 시도와도 관련이 있다.

이 장이 식민사학자 중에서 이마니시 류今西龍(1875~1932)를 사례로 삼는 이유도 여기에 있다. 이마니시는 일본의 관학아카데미즘 속에서 '조선사'를 자신의 전공으로 표방한 첫 역사학자로, 실제 학문의 인생에서도 "조선사로 시작해서, 조선사로 끝난" "조선사학의 개척자"로 평가된다.[8] 특히 조선고대사 분야에서 그는 일본 본토의 학계에서도 "다이쇼大正·쇼와昭和 시기를 통틀어 거의 독보적인 존재"[9]로 군림했으며,

식민지에서는 조선총독부의 각종 고적 조사, 『조선반도사』 편찬 사업, 조선사편수회 등에 주도적으로 참여하면서 식민사학의 제도적 기틀과 내용적 골간을 마련하는데 중추적인 역할을 했다.

그는 "극단적"이란 평을 들을 정도로 근대 사학에 기초하는 엄격한 사료 비판과 사실 고증을 평생 고수했던 걸로 유명했지만,[10] 동시에 고대사를 중심으로 식민지 역사 전체를 관통하는 통사通史 서술을 꿈꾸고 지향했던 인물이기도 하다.[11] 그에 대한 한국학계의 평가도 엇갈려서, "한국 고대사의 말살과 왜곡의 기초를 다진 자"[12]라는 혹독한 비판과 "박사라는 호칭이 붙여져 불릴 만큼 지대한 영향력을 발휘"하는 "드문 학자"[13]라는 호평이 지금까지도 공존한다. 이 글에서는 식민사학자로 그가 지향했던 '지의 기획'이 특유의 '역사―이야기' 속에서 어떻게 구현되었으며 그 결과 이렇게 극단적으로 갈리는 그에 대한 평가가 공존

8　小田省吾, 「故今西龍博士の學問と事業に就て」, 『京城帝國大學史學會會報』第3號, 1933, p.16.
9　內藤湖南, 「序」, 今西龍, 『百濟史硏究』, 近澤書店, 1934, p.5.
10　이마니시의 사후 그가 남긴 원고는 그의 경성제대 조선사강좌를 계승한 후지타[藤田亮策]와 스에마스[末松保和], 그리고 경성제대 시절의 애제자 다가와[田川孝三]에 의해 수습되어 1945년 이전까지 4권의 책―『신라사연구』(1933), 『백제사연구』(1934), 『조선사의 길잡이[栞]』(1935), 『조선고사연구』(1937) ― 이 출간되었다. 그런데 원고를 수습・정리한 후배와 제자에 따르면, 이마니시의 원고는 그가 문헌 조사 및 발굴 성과를 반영하여 끊임없이 원고를 고쳤기 때문에 미완성된 것이 많으며, 심지어 발표된 논문들에서도 끊임없이 고치고 증보한 흔적을 발견해서 "선생의 학문에 대한 열정과 성실함에 경탄"(今西龍, 이부오・하시모토 시게루 역, 『신라사연구』, 서경문화사, 2008년, 502쪽)을 금치 못했다고 한다. 근대적 문헌 고증과 고고학조사 양 방면에서 극도로 엄격했던 그의 면모를 볼 수 있는 대목이다.
11　심희찬, 앞의 글, 288~293쪽.
12　최재석, 「今西龍의 韓國古代史論批判」, 『한국학보』 13-1, 일지사, 1987, 3쪽.
13　박성봉, 「今西龍의 韓國 古史硏究와 그 功過」, 『한국학』 12, 영신아카데미한국학연구소, 1976, 37쪽.

할 수 있게 되었는지를 '식민주의 역사학'이라는 시좌視座 속에서 살펴보도록 하겠다.

2. 권력의 서사로서 식민사학의 딜레마

식민사학의 문제를 '진실 / 오류'의 규명이 아닌 다른 차원에서 접근하는 것은 어떻게 가능한가. 식민사학이 얼마나 오류로 가득 차 있는지를 규명하는 것이 아니라, 그런 오류에도 불구하고, 식민사학은 어쩌면 그렇게 당당하게 자신을 객관적이고도 과학적인 '진리'라고 주장하고 있으며 또 독자들에게 그것을 믿도록 만드는가. 이를 위해서는 그런 서사를 만들어낸 식민사학자들의 의도를 살피는 것을 넘어서, 그런 의도와 기획project이 투영되어 구축된 식민사학의 실제 서사에 대해서도 관심을 기울여야 한다. 다시 말해 그들의 의도와 기획이 타자인 조선의 '역사—이야기' 속에서 어떻게 투영되고 있으며, 때로는 다른 욕망들과 충돌하면서 어떻게 이야기 그 자체를 균열시키고 완성을 지연시키는지 포착할 필요가 있는 것이다.

이러한 과제와 관련해서 참고가 되는 논의 중 하나는 아마도 미국의 역사학자 헤이든 화이트Hayden White의 '메타역사론'일 것이다.[14] 앞에서

---

14   메타역사론 분석의 상세한 사례는 다음의 주요 저작에서 확인할 수 있다. Hayden White, *Meta-history The Historical Imagination in Nineteenth-Century Europe*, The Johns Hopkins

도 언급했지만 텍스트(사료)와 콘텍스트(역사적 실제) 사이의 관계가 우리가 가정하는 만큼 명료한 것이 아니라고 한다면, 역사 연구라는 것은 실은 우리가 그것을 '역사적 진리'라고 믿게 만드는 일종의 서사 구조가 아닌가 하는, 지극히 도발적인 문제를 그가 제기하고 있기 때문이다.

화이트에 따르면 역사 서술historiography이란 "상당량의 자료들의 결합, 이 자료들을 설명하기 위한 이론적 개념들과, 과거에 일어났다고 생각되는 일련의 사건들에 대한 도상icon으로서 자료를 제시하는 서술구조와의 결합"[15]이다. 다시 말해 개별 사실을 엮어서 전체적으로 하나의 이야기story를 구성하는 것이 역사이며, 이런 독특한 '역사적' 설명을 무비판적으로 받아들이게끔 만드는 것이 역사연구의 배후에 있는 서사 장치의 효과라는 것이다. 이렇게 본다면 "과거를 있는 그대로 보여준다wie es eigentlich gewesen"라는 것을 철칙으로 삼는 실증사학이란 것도 실은 19세기 과학서사의 기법을 정밀하게 동원하여 '진리 효과'를 극대화하고, 새롭게 출현한 국민국가의 형식 속에 민족의 자기서사를 구축하여 독자들의 '역사적 상상력'을 충족시키는 서사 전략일 뿐이다.

실증사학으로 무장한 일본의 역사학자들이 식민지에 도입하고자 했던 것도 이런 실증사학의 파생물로서 식민사학이라는 서사 장치였다. 식민사학은 일본의 식민통치를 정당화시켜 식민지인들의 정신적 동화를 달성한다는 노골적인 정치적 의도를 가진다는 점에서 '권력의 서사'라고 하겠지만, 이를 단순히 강요하는 데 그치는 것이 아니라 신뢰할

University Press, 1973; Hayden White, *The Content of the Form, Narrative Discourse and Historical Representation*, The Johns Hopkins University Press, 1987.

15   Hayden White, Ibid., 1973, p.34.

만한 사실과 엄밀한 방법론을 바탕으로 누구나 납득할 만한 역사서술의 완성을 지향한다는 점에서는 실증사학 특유의 '객관주의와 리얼리즘'의 서사이기도 했기 때문이다.

그리고 식민권력의 전폭적인 지원 속에서 이런 실증사학의 서사전략을 노골적으로 드러내는 계기가 된 것이 1916년부터 조선총독부가 본격적으로 추진한 『조선반도사』 편찬 사업이었다. 기존 연구들이 적절하게 지적하고 있듯이,[16] 이 사업은 1910년부터 시작된 식민통치가 어느 정도 정착하기 시작했다는 자신감과, 박은식의 『韓國痛史』로 대표되는, 권력의 입장에 볼 때 지극히 '불온한' 역사서가 조선인 대중들 사이에서 암암리에 유통되는 현실에 대한 우려 등이 교차하는 가운데 이루어진 것으로, 식민권력의 공인 아래 식민지 조선에 대한 공식적인 통사서술을 구축하겠다는 야심찬 포부를 표방했다. 일본 본토에서조차 사실상 포기했던 정사正史 통사서술을 지향했던 것이다.[17]

편찬 업무에는 조선사와 관련해서 일본 국내학계에서도 유력한 권위자들이 위촉되었는데, 일본 국사학계에서도 2세대를 대표하면서 국사학의 영역확장을 꾀했던 도쿄제대 국사학과의 구로이다 가츠미黑板勝美, 전공은 일본중세사이지만 미토학파水戶學派의 후계자로서 '일선동

---

16 장신, 「조선총독부의 조선반도사 편찬사업 연구」, 『동북아역사논총』 23, 동북아역사재단, 2009; 정준영, 「식민사관의 차질(蹉跌) – 조선사학회와 1920년대 식민사학의 제도화」, 『韓國史學史學報』 34, 한국사학사학회, 2016 등을 참조.

17 메이지유신 직후부터 일본정부는 『日本書紀』에서 『日本三代實錄』까지의 『六國史』의 뒤를 잇는 국사 통사서술을 추진했지만 뚜렷한 진전을 보지 못하고 사실상 포기하게 된다. 대신에 도쿄제국대학 문과대학에 사료편찬괘를 설치한 후, 이를 중심으로 1901년부터 『대일본사료』라는 편년체 스타일의 사료집 혹은 색인집을 간행하기 시작했다. 일본의 정사(正史) 국사편찬 사업에 대해서는 미야지마 히로시, 『일본의 역사관을 비판한다』, 창비, 2000 참조.

조'의 기틀을 마련하고자 했던 교토제대 국사학과의 미우라 히로유키
三浦周行, 그리고 이 글의 주인공이자 일본 아카데미 역사학계에서도 조
선고대사 연구로 독보적인 위상을 구축하고 있던 '동양사학자' 이마니
시 류가 바로 그들이다. 일본 국사학의 확장으로서 조선사라는 원칙,
일선동조론의 식민지에의 이식, 그리고 고고학적 성과에 입각한 실증
적 방법이라는 사업의 숨은 원칙이 여실히 드러나는 구성이었다. 이들
에 의해 『조선반도사』의 취지와 편찬 원칙, 그리고 구체적인 편찬의 방
식과 순서가 결정되었다. 그런데 이중에서 편찬 원칙은 '권력의 서사'
로서 식민사학이 갖추어야 할 최소한의 조건이 무엇인지를 명확히 드
러내고 있다는 점에서 특히 눈길을 끈다.

第一, 日鮮人이 同族인 사실을 밝힐 것.
第二, 上古에서 李朝에 이르기까지 群雄의 興亡起伏과 歷代의 易姓革命으
　　　로 인해 民衆이 점차 疲弊해지고 貧弱에 빠진 實況을 서술하여 今代
　　　에 이르러 聖世의 惠澤으로 비로소 人間의 幸福을 다할 수 있다는
　　　事實을 詳述할 것.
第三, 編成은 모두 信賴할만한 事實을 기초로 할 것.[18]

　나중에 식민사학의 특징으로 알려지는, 윤해동의 표현으로는 '왜곡
의 지표'들은 이미 여기에서 명확하게 실체를 드러나고 있었던 것이
다.[19] 잘 알려져 있듯이, 식민사학의 특징이라고 하면 보통 일선동조론

18　朝鮮總督府, 「朝鮮半島史編成の要旨及順序」, 1916.(친일반민족진상위원회, 『친일반민
　　족행위관계자료집』 V, 2008, 32쪽에서 재인용)

日鮮同祖論, 타율성론他律性論, 정체성론停滯性論, 사대주의론事大主義論, 당파성론黨派性論, 반도적 성격론이 거론된다.[20] 이런 특징은 이 글의 문제의식에 입각해서 말하자면 식민사학의 서사구조를 완성하는 구체적인 플롯 구성에 해당되는데, 이 플롯들은 서로 얽히면서 '왜 조선은 일본의 식민지가 될 수밖에 없었는가?'라는 의문에 답하는, 식민사학의 큰 이야기 즉 일종의 거대서사를 엮어낸다. 사대주의론은 타율성론의 구체적인 내용에 해당되며, 당파성론은 정체성론의 원인을 암시하며, 반도적 성격이란 성격들이 배양되었던 지정학적 배경으로 설정된다.

그리고 이 지점에서 일선동조론이 호출되는데, 일본이 타율적이고 정체된 조선을 '합병'할 수 있게 되는 그 '필연적 이유'를 구성한다. 그리고 일본인과 조선인은 '동족同族'이며, 그렇기 때문에 조선은 일본에 합병되었지만 그래도 식민지가 아니라는 일견 모순되는 주장이 비로소 완성된다. 이런 서사의 얼개는 앞서 예를 든 편찬 원칙에서도 확연히 드러난다. 일선동조론은 '제일第一'에, 타율성과 정체성은 '제이第二'에 해당하기 때문이다.

그런데 식민사학의 이런 서사구조가 하나의 역사적 '진리'로서 조선인들을 수긍시키기 위해서는 앞선 플롯과는 별개의 '진리 효과'를 일으키는 장치가 필요하게 되는데, 바로 '제삼第三'에 해당하는 "신뢰할 만한 사실에 기초'해야 한다"라는 원칙이다. 사료로서 신뢰할 수 있는 정보를 축적해야 하고, 이런 축적된 역사적 정보를 최대한 객관적으로 시

---

19 윤해동, 「식민주의 역사학 연구시론」, 윤해동 편, 앞의 책, 21~60쪽 참조.
20 이하의 조선반도사 편찬사업을 사례로 식민사학의 특징을 분석하는 작업은 오다 쇼고와 조선사학회를 다룬 이 책의 2부 3장에서 시도한 바가 있다. 중복을 피하고자 여기서는 식민사학의 서사구조가 가진 특징에 초점을 맞춘다.

간의 흐름에 따라 구성해내서 "사事의 본말本末"[21]을 밝히는 새로운 역사학적 방법론이 요청된다는 것이다.

통감부 이래 구관 조사 사업의 명목으로 구축된 방대한 고문헌 데이터베이스의 정리 작업이 일단 완료되는 단계에서 조선총독부가 『조선반도사』 편찬 사업을 출범시켰던 것은,[22] 그리고 『조선반도사』의 편찬 주임으로 당시 일본 아카데미 역사학의 흐름 속에서 조선 사적史籍의 현황과 관련, 고고학적 발굴성과에 대해 누구보다 잘 알았던 '조선사' 전문가 이마니시를 포함시켰던 것은 이런 '제삼'의 요건을 충족시키기 위한 시도로 이해할 수 있다. 식민사학의 내용이 되는 '제일'과 '제이' 가 한갓 '이데올로기'로 치부되지 않고 실제로 역사의 보급을 통해 '진리 효과'를 가지기 위해서도 '제삼'은 식민사학이라는 하나의 서사 구조를 완성시키는 필수적인 요건이 되었던 것이다.

그런데 이후 전개된 『조선반도사』의 편찬과정은 발족 당시 편찬 사업의 책임자 및 실무자들이 가졌던 '낙관적 전망'에도 불구하고, 실제로는 좌충우돌 하는 가운데 좌초하고 만다. 애초 1918년 12월, 3년의

---

21 니시하라 게이지, 하종문 역, 『20세기 일본의 역사학』, 삼천리, 2011, 120쪽.
22 통감부에서는 취조국, 총독부에서는 참사관실이 주도했던 구관조사 사업은 "조선에서 각반(各般)의 제도와 일절의 구관(舊慣)을 조사"하는 것을 목적으로 하였는데, 사료편찬과 관련해서 실지조사와 전적(典籍)조사, 고도서의 수집·해제·발췌 등과 같은 작업도 병행되었다. 특히 강점 직전 대한정부의 궁내성은 홍문관, 규장각, 강구원을 비롯하여 서고의 장서와 이왕가 역대기록, 기타 기록 140,804책을 모았는데, 이후 총독부 참사관실은 이것을 인계받아 대대적인 정리 작업을 진행하는 한편, 민간의 고도서 수집·정리 작업도 추진했다. 이러한 작업은 『조선반도사』 편찬이 시작될 무렵, 도서별 카드 및 카드대장의 작성을 완료해서 일단락되어 있는 상태였다. 이승일, 「조선총독부의 '조선도서 및 고문서'의 수집·분류활동」, 『기록학연구』 4, 한국기록학회, 2001, 105~112쪽; 김태웅, 「일제 강점 초기의 규장각도서 정리 작업」, 『규장각』 18, 서울대 규장각 한국학연구원, 1995, 176~190쪽 참조.

기간 안에 끝낼 계획이었던 사업은 한 차례 기한을 연장했고, 결국에는 『조선반도사』을 완성하지 못한 채 중단돼 버린 것이다.[23] 이후 조선총독부는 새롭게 조선사편찬위원회(1922)를 구성하여 식민지 통사 편찬의 새로운 전환을 모색하기도 했지만 실제로 실현된 것은 1926년 출범한 조선사편수회가 1932년부터 1938년까지 35권으로 묶어낸 『조선사』였다. 이것은 통사서술이 아니라, 수집된 사료를 기반으로 연도순으로 사건을 배치하고 이에 대한 강문綱文과 전거典據를 수록한 일종의 색인집이었다.[24]

이와 같은 차질蹉跌에서도 알 수 있듯이, 얼핏 강고해 보이는 식민사학이라는 '권력의 서사'라는 것도 실상은 해결되지 않는 각종 모순과 결함을 안고 있는, 원칙대로는 완성이 불가능한 '이야기'에 가깝다는 사실이 이 지점에서 이미 폭로되고 만다. 가령 전술했던 바와 같이 식민사학자들은 조선인들에 의해 이루어진 기존의 사서 편찬이 객관성과 실증성이 부족하기 때문에 반도사 편찬을 통해 "신뢰할 만한 사실에 기초한" "공명적확公明的確한 사서史書"를 지향한다고 표방했다.

이것은 관학아카데미즘의 실증사학이 조선인들의 민족사학을 압도할 만한 과학적 · 문명적 성격을 가지고 있다고 자신했기 때문에 나올 수 있는 발상이었다. 오류와 신화가 뒤섞인 식민지의 옛 자료들을 실증사학이라는 근대적인 잣대로 엄밀하게 신문訊問하여 분류 · 체계화하는 한편, 일본 · 중국 등 주변 국가들의 '신뢰 가능한' 역사적 자료와 비교하는 과정을 거쳐서 비로소 '일선동조'와 '내선동화'의 정황은 객관적

---

23   朝鮮總督府 朝鮮史編修會, 『朝鮮史編修會事業槪要』, 1938, 7쪽.
24   정준영, 앞의 글, 252쪽.

으로 파악될 수 있다는 것이다. 그리고 이것은 "신뢰할 만한 사실事實"들의 방대하고 체계적인 축적을 통해서만 가능하다.

그런데 아무리 찾아도 '신뢰할 만한' 사료가 거의 남아 있지 않을 때에는 어떻게 할 것인가. 한때 조선의 문헌 기록과 사적史籍은 『일본서기』와 『고사기』로 대표되는 일본의 사적史籍에 의존해왔던 일본 고대사의 서사 구조를 비판하고 해체하는 주요한 도구였다. 그런데 총독부가 주도했던 고고학적 발굴의 결과는 조선의 사적史籍들이 생각보다 신뢰하기 어렵다는 사실을 드러내고 말았다.[25] 이마니시의 작업이 잘 보여주듯이, 조선 문헌의 모순과 오류를 '記 · 紀'로 대표되는 일본의 사적史籍으로 보정해야할 필요성마저 생겨났다. 당시 일본학계의 고고학 발굴조사가 초보적인 단계에 머물고 있다는 사정을 감안했을 때,[26] 새로운 사실의 발굴을 섣불리 예측하기도 어렵다. 『조선반도사』 편찬이 직면했던 문제 중에서 하나는 이러한 난관과 관련이 깊었다.[27]

또한 편찬 사업 자체는 고대부터 지금에 이르기까지 식민지 조선의 역사 전체를 관통하는 통사 서술을 지향하고 있었지만, 실제 집필을 추진해보니 고대사에 지나치게 편중되는 양상으로 나타난다는 문제도 있었다. 최종적으로 『조선반도사』는 모두 6편의 편제로 집필 작업이 진행되었는데, 그 중 3편이(제1편 상고삼한, 제2편 삼국시대, 제3편 통일신라) 고대사에 해당될 정도로 시대적 편중이 크게 나타났다(제4편 고려시대, 제5편 이조시대, 제6편 최근세시대). 물론 고대사는 전문가인 이마니시가 맡

---

25 今西龍, 『百濟史研究』, 近澤書店, p.4.
26 제국주의 시대의 고고학적 발굴조사가 가진 특징에 관해서는 이성주, 「제국주의시대 고고학과 그 잔영」, 『고문화』 47, 한국대학박물관협회, 1995 참조.
27 정준영, 앞의 글, 250쪽.

은 반면 고려시대 이하의 집필자는 비전문가였다는 사정은 감안해야할 것이다. 그마저도 "직원의 전출과 사망 등이 있었고, 그 후임을 쉽게 구하지 못"하고 있었다.[28]

그렇다고는 해도 고대사가 사료가 제일 부족한 분야인 것을 감안하면 이런 편중은 대단히 아이러니한 상황이었다. 『조선반도사』는 '식민통치에의 효용'이라는 취지에 적극적으로 부응하기 위해서 "일선인日鮮人이 동족인 사실"을 밝히는데 초점을 맞추었고, 그 결과 고대사의 비중이 커졌다고 할 수도 있겠다. 하지만 식민사학의 서사구조에서 일선동조 만큼이나 중요한 것이 식민통치의 필연성을 밝히는 것이었고, 이러한 과제는 조선시대사 및 최근세사의 영역에서 "민중民衆이 점차 피폐해지고 빈양貧弱에 빠"지게 된 이유를 체계적으로 설명하고, 이것을 식민통치 이후 조선인들이 "인생의 행복을 완성하게 된 사실"과 선명하게 대조하는 작업과 밀접한 연관을 가진다. 그런데 총독부가 추진하는 식민지의 통사적 '역사─이야기'에서 또 하나의 중심축을 이루어야 할 '정체停滯'의 서사는 『조선반도사』에서는 지극히 부실한 상태에 머물러 있었던 것이다.

왜 이러한 문제가 생겨났을까. 결론부터 미리 말하자면 이런 편중은 사실 근대 역사학의 훈련을 받은 일본인 연구자들 중에서 조선의 중세사와 근세사를 제대로 다룰 수 있는 전문가가 전혀 없었던 탓이 크다. 사실 1910년대까지는 '조선사'라는 분야 자체가 일본 아카데미즘 내부에 하나의 연구 분야로 정착하기 이전으로 이마니시 류, 이케우치 히로시池內宏 등은 1922년이 되어서야 비로소 조선사 분야로 박사 학위를

---

28 朝鮮總督府朝鮮史編修會, 앞의 책, 7쪽.

취득할 수 있었다. 이들이 조선사학에서 독보적인 존재로 상당 기간 군림할 수 있었던 것은 연구자로서 그들의 뛰어난 역량에서 기인하는 측면도 있지만, 차세대 연구자들이 조선사에 그다지 관심을 두지 않았다는 탓도 있었던 것이다.

그리고 그들이 조선사에 관심을 두지 않는 이유도 어찌 보면 당연했다. 가령 반도사 편찬 사업의 경우처럼 '일선동조'의 원칙을 강하게 관철시키게 되면 조선사는 일본사, 다시 말해 국사國史의 일부가 될 수밖에 없는데, 이 경우 독립된 연구 분야로서 조선사의 정체성이 무너져버릴 위험이 커진다. 조선사 연구 자체가 어디까지나 일본의 역사적 기원을 해명한다는 더 큰 과제의 일부가 될 뿐이기 때문이다. 결국 조선의 역사는 민족국가 일본이 '문명'의 중심이라 할 수 있는 중국의 영향력 속에서도 독자적인 문화를 구축할 수 있었고, 따라서 진보의 동력을 가지고 있었다는 '자기 서사'를 완성하는데 필요한 만큼만 의미가 있었던 것이다.[29]

이러한 이유로 고대사, 그리고 한일 관계사의 영역을 제외하고 일본인 학자들이 조선 역사에 관심을 가지는 경우는 드물 수밖에 없었다. 이들에게 조선인은 어디까지나 '대상'일 뿐 '주체'가 될 수 없으며, 조선사라는 식민사학의 서사 또한 근대역사학의 방법론에 입각하여 구축된 '국사國史'의 파생물에 불과할 뿐, 완결된 자기서사란 애초부터 쉽지 않았던 것이다.

---

[29] 스테판 다나카, 박영재 역, 『일본 동양학의 구조』, 문학과지성사, 2004, 4장 참조.

3. 조선 속의 중국―문화의 전파와 고대 한일관계

그런 의미에서 조선고대사에 등장하는 한사군, 그 중에서 낙랑군의 존재는 '권력의 서사'로서 식민사학이 처해 있는 복잡한 정황을 여실히 보여주는 단적인 사례였다. 식민사학으로서 조선사가 조선 민족의 기원을 일선동조의 차원에서 밝히는 것이라면, 당시로서는 중국 민족의 나라로 간주되고 있던 한사군의 역사를 조선사에 포함시키는 것은 그 자체로 문제가 될 소지가 많았기 때문이다.

이마니시 류가 집필한 것으로 추정되는 『조선반도사』1편 원고도 이런 문제를 의식했는지, 이 문제에 대해서 다음과 같이 언급하고 있다. "조선 민족의 역사는 그 선조인 한민족韓民族의 역사와 이어져 있으며, 한사군의 역사는 정확히 말하면 조선의 역사에서 생략해야 하겠지만, 이들의 역사는 한민족 그 자체와 밀접하게 관련되어 있어서 이를 설명하지 않고서는 그 역사를 풀어갈 수 없다."[30]

근대적인 서술방법에 입각해서 쓴 최초의 조선역사 전문서로 평가받는 하야시 다이스케林泰輔의 『朝鮮史』(1892) 이래 일본 학계의 조선사 통사서술은 대체로 조선반도에 존재했던 정치체政治體, 즉 국가의 등장과 소멸을 중심으로 구성되었다. 당시 일본인 지식인의 입장에서 조선은 일본의 국가적 이익과 관련해서 가장 중요한 대상 중 하나였지만, 그래도 어디까지나 외국이었기 때문이다. 조선의 역사를 이해한다는

---

30 친일반민족행위진상규명위원회, 『친일반민족행위관계사자료집』 V, 2008, 138쪽.(『조선반도사』 1편 원고 중 상고 부분)

것은 현재의 정황까지를 포함하여 일본의 이익이 관철되어야 할 외국의 정세를 정확히 파악해야 한다는 관심에 입각해 있었던 것이다. 따라서 조선과 조선 민족을 어떻게 규정할 것인가의 문제는, 일본의 내부통합을 위해 타자인 카라비토韓人를 설정하는 것을 둘러싼 여러 논의들을 별도로 한다면 기본적으로는 부차적인 문제였다.

하지만 조선을 병탄하고 그 병탄의 이유로 '동화'를 내세운 1910년 이후에는 상황이 달라졌다. 일본인화의 대상, 혹은 지배의 대상으로서 조선인이란 누구인지, 그리고 이런 일본인화의 장애가 되는 역사적 배경이 무엇인지를 포착하는 것이 중요한 과제로 부각되었기 때문이다. 병탄 초기의 갈등과 저항을 어느 정도 수습했다고 판단한 식민권력이 지배의 대상인 조선 민족에 대한 관변 통사를 구축하려고 했던 이유도 여기에 있었다.

그런데 이런 관변 통사의 기획이 조선 민족에 대한 통사 서술을 지향하는 이상, 명백히 조선 민족이 아닌 한족漢族이 지배했던 한사군의 존재를 통사 서술의 서사 구조 속에 어떻게 포함시킬 것인가 하는 문제는 생각보다 복잡해진다. 특히 당시 식민사학자들은 조선 민족의 원류를 한종족韓種族으로 좁게 설정하고 부여를 중심으로 하는 예족濊族과 맥족貊族, 즉 퉁구스족을 한종족韓種族과는 무관하게 보았기 때문에 역사적으로 한반도에서 활동했던 이민족들, 즉 예맥과 한족을 어떻게 보아야 할지, 그리고 이들이 조선 민족의 원류인 한종족, 더 나아가 현재 일본 민족의 원류가 되는 왜倭와 어떠한 연관을 맺는 것인지에 대한 문제도 설명하기 어려워진 것이다.

이것은 『조선반도사』 편찬 사업의 취지를 사실상 계승하고 있는 조선사학회 『조선사강좌』에서도 마찬가지로 확인된다. 오다 쇼고小田省吾는 자신이 집필했던 「조선일반사」 강의의 목적을 말하면서, "조선반도의 연혁 및 조선 민족의 과정을 가장 온건한 태도를 가지고 가능한 한 정확하게 연구"해야 한다고 강조했다.[31]

조선사는 이제 조선 민족의 역사가 아닌 조선반도의 역사, 다시 말해 조선이라는 식민통치의 권역圈域에 대한 역사로 전환된다. 토착 민족인 한종족韓種族이 발달된 외래종족, 즉 한漢, 예맥, 왜 등의 지배를 받으면서 점차 조선 민족으로 만들어져가는 일련의 과정이 펼쳐졌던 역사적 무대였던 조선반도가 조선사의 대상으로 부상했던 것이다. 『조선반도사』에서 이마니시가 대체로 한종족韓種族을 중심으로 삼국이 형성되기까지의 역사적 경위를 서술한 반면, 『조선사강좌』에서 오다는 조선반도에서 활동했던 각 종족을 일별한 후, 지역적으로 북선北鮮과 남선南鮮을 명확히 구별하여 삼국시대 이전의 역사를 기술하는 방식으로 서사구조를 바꾼 이유도 여기에 있었다. '북선'의 역사는 다시 중국 통치를 기준점으로 그 이전에는 '기자조선'과 위만조선, 이후에는 한사군을 다루는 방식으로 재배치된다.

그런데 이처럼 조선사의 통사적 구성에서 한사군의 존재가 문제로 부상하는 것과 별도로, 당시 일본 본토의 학계에서는 나카 미치요那珂通世의 「조선낙랑현도대방고朝鮮樂浪玄菟帶方考」(1894)를 시작으로 이미 1910년대에 시라토리 구라키치白鳥庫吉의 「한漢의 조선사군강역고漢の朝鮮四郡疆域考」(1912), 이나바 이와키치稲葉岩吉의 「진번군의 위치眞番郡の位置」

---

31   朝鮮史學會, 『朝鮮史大系』1, 近澤書店, 1927, p.5.

(1914) 등 한사군의 공간적 범위를 확인하는 연구들이 연이어 발표되고 있는 상황이었다. 이들은 대체로 동양사를 학문적 기반으로 하는 연구자로서, 만주 일대와 조선반도에 미친 중국의 영향, 중국의 식민지colony로서 한사군과 중국 본토와의 관계 등에 대해서 전문가적 식견을 발언할 수 있는 위치에 있었다. 그리고 이러한 작업은 조선 민족이 기록물이 남겨진 '역사시대' 이전부터 중국의 지배를 받아왔다는 사실을 확정하는 것이기도 하기 때문에, 조선인의 열등성과 종속성을 '자연화naturalize'하는 데서 오는 식민주의적 효과도 만만치 않았다.

더욱이 이들의 한사군 연구는 일본제국의 판도版圖 안에 들어온 한반도 내부에 역사적으로 실재했던 '지나=중국'을 다룬다는 점에서 '타자'가 아닌 '나=일본'의 문제에도 동양사학자가 관여할 수 있음을 증명하는 시도이기도 했다. 다시 말해 일본의 타자인 동양을 다루는 동양학자들이 한사군의 역사를 통해 명백히 중국에 비해 문화적으로 열위에 있었던 일본이 어떻게 조선 민족처럼 중화 문명에 흡수되거나 종속되는 운명을 피할 수 있었는지, 나아가 문화의 주체적인 수용을 통해 오늘날 이들을 앞질러 갈 수 있게 되었는가 발언할 수 있게 된 것이다.

그런데 일본에서 '동양사학'은 '국사학'과는 비단 연구대상만 다른 게 아니라, 학문의 관점과 발생적 계통의 차원에서도 상이한 측면이 있었다. 동양사학이 서양에서 수입했던 근대역사학을 기반으로 그 이론과 방법론을 일본이 포함된 비백인·구문명, 즉 아시아 세계에 적용하려는 시도 속에서 성장한 학문이라면, 국사학은 새로운 국가건설에 부응하여 일본의 정사正史를 구축하려는 전통적인 시도와 밀접한 관련 속에서 등장했다. 다시 말해 처음부터 천황을 정점으로 하는 일본국체의 고유한 역사적 연원을 규명하려는 목적 속에서 성장한 학문이었던 것이다. 제도적으로 보아도 제국대학의 국사학과가 고증학에 정통한 '한학자漢學者'들이 주도하는 사료 편찬소와의 관련 속에서 확립된 반면, 동양사학과는 사학과, 즉 서양사의 계보를 이으면서 여기서 분리되어 나온 학문분과였다. 대상의 차이와 더불어 이들 둘 사이의 학문적 전통과 역사적 접근방식의 차이는 생각보다 뿌리가 깊었던 것이다.

하지만 사실 '동양'이라고 설정된 세계가 이익선利益線으로서 일본이라는 역사적 주체의 공간적 확장 가능성을 염두에 둔 대상이라는 점을 감안한다면 일본 민족의 자기 서사라는 관점에서 국사학과 동양사학이 서로의 이해를 합치시킬 가능성은 적지 않았고, 실제로도 일본의 제국주의적 팽창이 본격화되는 과정에서는 서로 긴밀하게 결합하는 양상도 보였다. 스테판 다나카의 연구에서 잘 드러나듯이, 일본의 동양사학은 보편적 문명으로서 '중국中國'을 역사적인 실체를 가진 '지나支那'로 상대화하는 동시에, 이런 지나支那의 영향을 받으면서도 독자적인 문화를 가진 일본 민족이 출현할 수 있는 역사적인 자리를 마련해 줌으로써 결과적으로 일본의 국사학國史學을 보완하는 역할을 했던 것이다.[32]

그런 의미에서 일본의 역사 서술, 그 중에서도 고대사 서사에 있어서 '중국中國'이 가지는 의미는 대단히 미묘했다. 왜냐하면 역사의 주체 자리에 서 있는 일본의 입장에서 '중국·지나'는 주체로 정립되기 위해 반드시 받아들여야 할 발달된 문화이자 보편적 문명임과 동시에, 주체로써 자율성을 담지하기 위해 반드시 구축驅逐하고 극복해야 할 역사적

---

32 스테판 다나카, 앞의 책, 5장.

실체이기 때문이다. 시라토리나 나이토 코난內藤湖南 같은 일본의 동양
사학자들이 한편으로 일본이 얼마나 중국 문화의 정수精髓를 잘 전수
받았는지를 강조하면서도 다른 한편으로 일본 안에 남아있는 중국의
흔적을 어떻게든 감추고 지우려고 애썼던 것은, 중국에 대해 일본이 가
진 양가적인ambivalent 입장을 여실히 보여주는 에피소드라 하겠다.[33]
그리고 이것은 고대아시아의 세계질서 속에서 일본이 중국의 문화적
세례로부터 멀리 떨어져 있었다는 역사적 사실을 어떻게 해석해야 할
것인가 하는 쟁점과도 직결된다.

　게다가 여기에는 성가신 문제가 또 하나 도사리고 있다. 한반도에 살
고 있는 조선인, 즉 조선 민족의 존재가 그것이다. 일본이 한반도를 통
해 중국의 문화적 세례를 받았다면, 한반도의 조선인은 문화의 전수자
역할을 하는 것은 당연한 것 아닌가? 또 그렇다고 한다면 최소한 고대
세계에서 조선인은 일본인들에 비해 문화적으로 앞서 있었다고 해석해
야 하는 것은 아닌가? 그래서 당시 일본인 역사학자들 사이에는 조선
인의 역할을 부정하고 일본과 중국의 직접 교류를 강조하는 경향이 나
타나기도 했다. 하지만 당시의 정치적 상황과 기술적 수준(항해·운송기
술)을 고려한다면 왜 한반도를 경유하는 쉬운 길을 두고 바다를 건너는
모험을 감행했는지 납득시키는 것은 쉽지 않았다. 한반도와 일본 사이
의 교류를 증명하는 수많은 역사적 자료들을 무시하기도 어렵고, 그렇
다고 근대일본의 자국사 구축 프로젝트와 관련하여 주변 동양 세계에
대한 일본의 주체성 주장도 포기하기 어려운 딜레마에 빠진 것이다. 이

33　위의 책, 248~249쪽.

지점에서 돌파구가 되었던 것이 낙랑군을 중심으로 하는 한사군 연구였다.

일본 학계의 한사군 연구는 1909년부터 본격적으로 전개되었던 낙랑 유적 조사를 기점으로 새로운 전기를 마련한다.[34] 도쿄제대 공학부 교수 세키노 다다시關野貞의 석암동 고분 발굴, 하기노 유지萩野由之의 대동강 남면의 전실분 조사를 비롯하여 다양한 낙랑 유적이 1914년까지 조선총독부의 후원 속에서 발굴되었다. 대동강 일대가 과거 낙랑군이라는 것이 '기정사실'로 받아들여지기 시작했고, 여기에 문헌비판을 통한 실증이 더해져서 '한사군 한반도설'이 당시로서는 확실한 학설로서 자리매김하게 된다.

더욱이 여기서 출토된 유물의 수준은 예상과 달리 상당한 높아서 낙랑으로 대표되는 한반도의 중국문화는 중국 본토에 비한다면 보잘 것 없는 수준이었으며, 따라서 일본의 중국문화 수용은 현재까지 일본에 남겨진 문화적 흔적들을 감안하면 역시 중국 본토와의 직접 교류 밖에 없었을 것이라는 기존의 통설은 수정이 불가피해졌다. 이것은 일본 자국사의 서사에서나 식민사의 서사 모두에서 중요한 함의를 가지는데, 왜냐하면 한사군의 존재를 통해서 한반도를 경유하는 중국 문화의 전파 과정에서 조선인을 배제할 수 있는 여지가 생기기 때문이다. 한사군 중에서도 낙랑군이 학계 안팎의 관심 대상으로 급부상했다.

당시 연구에 따르면, 낙랑군은 중국이 한반도에 설치한 다른 군현들과는 달리 무려 400년간(B.C. 108~A.D. 313)이나 유지되었는데, 그 이유

---

34 낙랑 유적 조사의 상세한 내용은 정인성, 「일제강점기의 낙랑고고학」, 『한국상고사학보』 71, 한국상고사학회, 2011 참조.

는 낙랑군이 설치된 평양 대동강 부근이 위만조선이 있던 지역이었기 때문이다. 이마니시를 비롯해서 당시 대부분의 일본인 역사학자들은 단군조선의 실체는 부정하는 반면, '기자조선'은 중국과의 직접 접촉을 통해 발달된 문화를 가지게 된 한종족韓種族의 국가로 생각하고 있었다. 반면에 위만조선은 한족漢族 유민들에 의해 세워진 나라로 보았다.

위만조선에 패한 '기자조선'의 지배 집단은 남쪽으로 몸을 피해 진번眞番 등의 국가와 연계되었으나 그 밖의 한종족韓種族은 대동강 유역에 잔류하여 위만조선의 피지배 집단이 된다. 그리고 위만조선의 지배 집단이었던 한족漢族 집단은 '원주민'인 한종족韓種族 위에 군림한다. 물론 이들 한족漢族은 숫자적으로는 소수이며, 유민 집단의 특성상 여성이 부족한 상태로 보이기 때문에 시간이 지날수록 혈연적으로는 한종족韓種族과 섞였을 것이라는 추론이 가능하다. 인종적으로는 '조선화', 문화적으로는 '한화漢化' 과정이 진행되었던 것이다.

그런데 한무제에 의한 위만조선의 몰락으로 지배 집단이었던 한족漢族들은 낙랑군의 지배하에서는 이제 피지배 집단으로 전락한다. 따라서 원주민들이 한종족漢種族이었던 다른 중국군현들과는 달리, 낙랑군은 지배 집단도 한족漢族, 피지배 집단도 한족漢族 ─ 혹은 한화漢化된 한종족 ─ 으로 구성되어 마치 이주 식민지와 같은 모습을 띠게 된다. 낙랑군이 중국 중심부의 정치 세력들이 부침을 거듭하는 상황 속에서도 오래 명맥을 유지할 수 있었던 것은, 역설적이게도 낙랑이 주변 지역과는 민족적으로 거의 단절된, 완전한 '콜로니colony'였기 때문이라는 것이다.

더불어 고대 한반도에서 일어났던 일련의 역사적 발전 또한 모두 낙랑군과 관련해서 설명할 여지도 여기서 생겨났다. 위만조선의 등장 이후 삼한시대를 거쳐 삼국시대가 확립되는 일련의 역사적 과정에서, 낙랑군은 '반도 속의 중국'으로서 주변 종족이 고대국가로 성장하는 것을 제약하는 강력한 외부 정치세력이면서, 동시에 성장을 촉진하는 선진 문물의 창구로서 지속적이고도 강력한 영향력을 행사한 존재로 부각될 수 있기 때문이다.

이처럼 식민사학자들은 낙랑군을 마치 야만적인 지역에 설치된 이주식민지처럼, 그리고 한종족韓種族은 미개한 원주민처럼 묘사하고 있는데, 문화전파에 있어서 조선인에 비해 불리한 위치에 있는 일본인이 도리어 조선인들에 비해 선진적이고 우월한 문화를 가진다는 서사구조는 이 지점에서 설득력을 가지게 된다. 문화의 교류와 전파는 중국본토에서 낙랑군으로, 그리고 다시 일본으로 이어지는 "교통交通", 즉 점과 점을 연결 짓는 선 위에서 이루어지며, 그 사이에 있는 한인韓人 집단은 양쪽 점에 위치한 중국과 일본에 의해 교화되어야 할 대상에 불과했다는 서사구조는 이렇게 완성되었던 것이다. 이런 식민지 서사구조가 통사수준에서 본격적으로 체계를 갖추기 시작한 것이 『조선반도사』의 상고사 서술이라고 하겠는데, 이를 집필했던 이가 앞서 언급했듯이 이마니시 류였다.

4. 이마니시의 낙랑 서술—조선 민족에 있어서 '중국적인 것'

1932년 5월 17일 밤, 조선사 강의를 위해 교토에 머물던 이마니시 류는 뇌출혈로 쓰러져 대학병원으로 이송되었고, 이틀 뒤 숨을 거둔다. 향년 57세였다. 세간에서도 "조선사학의 이마니시 씨인가, 아니면 이마니시 씨의 조선사학인가"[35]라고 평할 정도로 자타 공히 조선사학을 대표했던 연구자의 너무나도 갑작스런 죽음이었다.

경성제대사학회가 발행하는 『경성제대사학회회보』 3호(1932.9.20)는 "수성守成의 업이 아니라 창업의 난관을 돌파"[36]하는 삶을 살았던 고인에게 헌정되었다. 조선총독부 학무 관료 출신인 오다小田省吾와 더불어 경성제대 '조선사학강좌'를 담당했던 그였기에 당연한 예우였다. 사실 경성제대에 조선사학강좌 2개가 천황의 칙령으로 설치되었다는 것 자체가 종전까지 제국대학 중심의 관학아카데미즘 속에서 주변적인 분야에 불과했던 식민지의 역사가 제국 학문의 일원으로써 어깨를 나란히 하게 되었음을 상징하는 사건이었다.

따라서 그의 조선사 강좌 초대교수 취임이 의미하는 바는 적지 않다. 그는 1901년 도쿄제대 사학과를 졸업하고 대학원에 진학할 당시부터 시종일관 조선사 연구자를 표방하면서, 교수로 취임할 당시에는 60편에 가까운[37] 조선사 논문을 학술적 성격이 강한 잡지에 투고하고 있었

---

35 이마니시에 대한 세간의 평가에 대해서는 春秋子, 「城大敎授物語(四) : 今西敎授」, 『朝鮮及滿洲』, 1931.4 참조.

36 小田省吾, 「故今西龍博士の學問と事業に就て」, 『京城帝國大學史學會會報』 第3號. 1933, p.16.

다. 이미 1920년대 그는 일본학계에서 조선사, 그 중에서도 조선고대
사 연구에서 독보적인 존재였던 것이다. 경성제대 교수 취임은 그의 이
러한 활동이 관학아카데미즘 내부에서 '공인'되었음을 상징한다. 세간
의 평가처럼, 당시 일본 학계에서 이마니시는 조선사학의 또 다른 이름
이었던 것이다.

그렇다면 조선사 연구자로서의 그는 어떤 인물이었을까. 역사가로
서의 그의 삶과 저작의 전반적인 특징에 대해서는 많지는 않지만 그래
도 선행연구들이 있기 때문에 여기서 다시 반복하지 않겠다.[38] 다만 여
기서는 그의 역사서사의 특징적인 측면들을 낳게 되는 배경들 몇 가지
를 확인하는 데 초점을 맞춘다.

우선 그는 동양사학자로서 학문적 경력을 시작했고, 기본적으로는
동양사의 일부로서 조선사를 이해하고 있었다. 이마니시는 1899년 도
쿄제대 문과대학 사학과를 입학했는데, 당시 도쿄제대에는 이미 국사
과國史科(1889년 개설)가 설치되어 있는 상태라 사학과에서는 주로 서양
사와 동양사를 전공하려는 학생들이 진학하고 있었다. 이마니시는 대
학시절 쓰보이 구메조坪井九馬三, 나카 미치요의 동양사 강의를 들으면
서 조선사에 관심을 가졌다고 하는데, 1903년 대학원에 진학할 때부터
는 조선사를 전공으로 삼았다. 하지만 일본의 관학아카데미즘에는 아

37　이것은『京城帝大史學會會報』3호에 수록된「故文學博士今西龍著作表」에 따른 것이다.
　　이 표는 이마니시의 유고를 수습한 제자 타가와[田川孝三]가 작성한 것인데, 잡지에 투
　　고되지 않은 것들이나 시평 등의 잡글까지 포함하면 그 수는 2배 가까이 늘어난다.

38　이마니시의 생애에 관련해서는 다음의 연구들을 참조할 수 있다. 심희찬, 앞의 글; 박성
　　봉, 앞의 글; 林直樹,「今西龍と朝鮮考古學」,『靑丘學術論集』14, 1999; 江上波夫編,『東
　　洋学の系譜』第2集, 大修館書店, 1994; 今西春秋,「今西龍小傳」,『(復刊本)朝鮮史の栞』,
　　國書刊行會, 1970.

직 조선사학이 독립된 분과로 확립되지 않은 상태이기 때문에, 이마니시의 학문적 경력은 대체로 동양사학의 학문 분과 속에서 이루어졌다.[39] 실제로 그는 역사서술 속에서는 중국 본토의 정치적 변동을 예의 주시하면서 조선 내의 민족과 국가의 움직임을 설명하는 한편 강연에서는 '왕국주의王國主義'의 조선과 대비하여 '제국주의帝國主義'의 중국과 일본이라는 관점을 제시하곤 했는데,[40] 이는 기본적으로는 동양사, 특히 중국사에 대한 해박한 식견을 기반으로 한 것이다.

둘째, 이마니시는 엄밀한 문헌고증사학에 정통했을 뿐 아니라 고고학, 인류학, 금석학 등에도 조예가 상당했다. 한편 그를 조선사 연구로 인도한 지도 교관인 쓰보이 구메조는 독일에서 랑케의 실증사학을 배운 바 있는, 문헌고증사학에 정통한 역사학자였다. 그에게 배웠던 이마니시도 매우 엄격한 문헌고증을 고수하며, 증거할 자료가 없을 경우에는 해석을 자제했고 새로운 증거가 나올 때마다 수정을 추가했다. 사망 이후 그의 유고 중 상당 부분이 수정 중인 원고였을 뿐만 아니라, 이미 발표된 원고도 여러 차례 개고를 거듭한 상태였다는 에피소드는 문헌고증과 관련된 그의 엄격한 자세를 단적으로 드러낸다.

다만 학문적 경력의 초창기에 이마니시는 오히려 고고학 발굴 작업으로 더 알려졌는데, 이는 연구자로서의 전망이 불확실한 가운데 생계의 유지를 위해 택했던 불가피한 선택의 측면도 없지 않았다.[41] 물론 그

---

39 그는 1916년부터 1926년까지 교토제대에서 조교수로 있었고, 1926년 경성제대 교수로 취임하지 교토제대에서도 교수로 겸임 발령을 받았다. 그는 식민지 경성제대에서는 사학과 조선사 전공의 교수였지만, 교토제대에서는 동양사학과 교수였다.

40 今西龍, 「支那の帝國主義が及ばせる日韓の關係」, 『朝鮮及滿洲』 9月號, 1932; 今西龍, 『朝鮮史の栞』, 近澤書店, 1935 참조.

41 林直樹, 앞의 글, p.84.

는 학부시절부터 인류학과 고고학에 관심이 깊어 이과대학 인류학 교실에 드나들었고, 이런 관심과 이력은 이후 그의 연구에 있어서 중요한 자양분이 되었으나 대가도 만만치 않았다.

이마니시의 역사서술 스타일은 대체로 조선총독부가 주도했던 발굴조사 사업의 고고학적 성과를 바탕으로 문헌기록자료 내에서 발견되는 모순이나 오류를 교정한 후 새로운 해석을 제시하는 방식이었는데, 이는 인류학, 고고학, 역사학을 넘나들던 그의 궤적과도 무관하지 않았다. 그런데 이러한 서술방식은 문헌고증의 대가로 알려진 그의 스승 쓰보이 구메조나 1904년 도쿄제대 사학과에 부임해서 본격적으로 일본 동양사의 기틀을 마련하고 있었던 시라토리 구라키치의 문헌 중심의 역사서술과는 거리가 있으며 심지어 스승들과 충돌할 여지도 다분했다. 문헌고증의 중심성을 부정하고 있기 때문이다. 이마니시가 문헌 중심의 도쿄 사학계를 떠나, 실증을 강조하는 나이토 코난과 그가 주도했던 교토제대로 옮겨갔던 것도 이러한 사정 때문이었다.

셋째, 그의 주된 관심은 경력의 초기에는 주로 고대사, 그 중에서도 신라사에 집중되었지만, 총독부의 조사 사업 등과 맞물려 한사군, 고구려, 부여, 가야 등에 대해서도 연구를 발표하는 등 고대사 전체에 걸쳐져 있었다. 특히 조선총독부의『조선반도사』편찬 사업에 참여한 이후에는 식민지 전체사를 아우르는 통사 서술도 모색하고 있었던 것으로 보인다.

이마니시가 전문 연구와는 별도로 이처럼 통사 서술에 관심을 가졌던 것은, 당시 일본의 강단 아카데믹 역사학 내부에서 조선사를 전공하는 사람이 그와 몇 사람을 제외하면 거의 없다시피 했고, 따라서 고등

교육기관에서 관련된 조선사 강의를 불가피하게 도맡아야 했던 사정과 관련이 있는 듯하다. 실제로 특정 시대를 '통속적 문체'로 서술했던 첫 시도는 역시 『조선반도사』 편찬 사업 당시로 보이는데, 그는 1921년 『조선반도사』의 고대사 부분에 해당하는 첫 3편의 원고를 집필하여 1921년 11월 조선총독부에 제출한 것으로 추정된다.[42] 강의록도 향후 고대사 통사 출간을 염두에 두고 틈틈이 수정·보완 작업을 진행한 듯하다. 1919년 8월 4일부터 9일까지 교토제대에서 12시간에 걸쳐 강연했던 조선사 강의 원고는 그의 사후 유고로 묶여서 『조선사 길라잡이朝鮮史の栞』(1935)로 출간되었고, 1915년과 1918년 교토제대에서 강의한 「신라사」 원고는 제자들에 의해 편집되어 「신라사통설」이라는 이름으로 사후 『신라사연구』(1933)에 수록되었다. 백제사의 경우, 이마니시가 사망 직전까지 애정을 가지고 진행한 최후의 작업인데, 미완성본인 「백제사강화」와 「백제약사」는 사후 『백제사연구』(1934)에 수록되었다. 이마니시는 현재 조선 민족의 원류는 한종족韓種族의 삼한이라고 보았기 때문에, 고구려사에 대해서는 통사적 서술을 시도하지 않았다.

그는 한사군과 낙랑의 경우 기본적으로는 조선 민족의 역사에 해당되지는 않는다고 보았는데, 앞서 설명했던 것처럼 고고학적 발굴 작업에 관여했던 이마니시는 다른 식민사학자들과는 달리 당시 고고학의 중심 과제였던 '전파주의'를 조선 고대 사회의 형성과 전개를 설명하는 중심 논리 중 하나로 활용하고 있었다. 따라서 그는 선진 문물, 그 중에서도 중국 문물이 전파되는 거점으로서 낙랑에 특별히 관심이 많았다. 그는

---

[42] 京城帝大史學會, 『京城帝國大學史學會會報』 第3號. 1933, p.9.

당시 한창 진행되고 있었던 낙랑 고분 발굴 작업에도 참여하고 있었기 때문에 이를 기반으로 하는 논문을 발표하기도 했는데, 특히 1912년 『동양학보東洋學報』 2집에 발표한 「대동강 남쪽의 고분과 낙랑왕씨의 관계大同江南の古墳と樂浪王氏との關係」는 종전까지 고구려 고분으로 믿어온 전실분이 사실은 낙랑 고분이었다는 것을 입증하는 논문으로 당시 학계에서 센세이션을 일으키기도 했다. 낙랑을 비롯한 한사군에 대해서는 몇 개의 짧은 대중적 글 이외에 많지는 않지만, 그가 남긴 통사 및 강연 원고 대부분에는 조선고대사에서 낙랑군이 차지하는 독특한 위치에 관련한 설명이 빠지지 않는다.

그렇다면 이마니시는 낙랑군을 어떻게 보았을까. 그는 조선고대사의 전개과정에서 중국 선진문화의 전파를 중요한 동인動因으로 생각했는데, 고고학 특유의 전파주의라는 맥락에서 특히 주목했던 것이 한반도에 장기간 존속했던 중국인 '콜로니'로서의 낙랑군이었다.

그런데 그가 한반도에 오랜 기간 존속했던 '중국'으로서 낙랑군을 어떻게 서술하고 있는지를 알기 위해서, 우선 그가 조선인을 무엇으로 규정하고 "일선日鮮의 동족"이 의미하는 바가 무엇인지를 살펴 볼 필요가 있을 것 같다. 그는 "오늘날 조선인이 전반도에 걸쳐 홀로 존재한 것처럼 생각하지만, 그렇게 된 것은 겨우 500년 남짓 되었을 뿐"이라고 보면서 "조선반도에는 오늘날 조선 민족의 본간을 이루는 한종족韓種族뿐 아니라, 예맥족, 일본족, 그리고 중국민족도 살고 있었"고, "현재의 조선인은 한족韓族이 예족을 융합하여 부여족 일부와 일본족, 그리고 한족漢族 일부가 섞여 이루어 진" 것으로 설명한다. 따라서 조선사는 최종적으로는(최소 500년 전부터) 조선민족사가 되겠지만, 그 이전까지는 여러 종족들이 살고 있는 조선반도의 역사인 것이다. 그래서 그는 한사군의 역사라는 것도 기본적으로는 한민족의 역사가 아닐 수 있지만, 결국 "한민족 그 자체와 밀접하게 관련되어 있어서 이를 설명하지 않고서는 그 역사를 풀어갈 수 없다"라고 주장하게 되는 것이다.[43]

그러한 점에서 이마니시의 『조선반도사』 원고는 비슷한 의도로 작성된 조선사학회의 『조선사강좌』와는 달리, "한漢 영토시대"를 독립된 장章으로 명확히 구분할 뿐 아니라, 이 시기에는 한사군의 명멸과 조선반도의 한인漢人 문화를 절節로 나누어 설명한다. 이마니시는 현존 조선인이 기본적으로 중국인을 포함한 여러 민족들의 "소하소류小河小流"를 담아낸 것으로 간주한 것이다. 반면 "일선동족日鮮同族"의 문제에 대해서는 종족적 관점에서 조선인과 일본인은 '동종同種'이라고 할 수 있지만, 최소한 유사 이래에는 조선인과 일본인은 별개의 민족이 되었다고 보았다. 일본과 조선이 고대에는 동역同域했다는 이른바 일선동역론日鮮同域論에 대해서는 명백히 거리를 둔 것이다.[44] 다시 말해 이마니시는 조선인과 일본인은 과거 언제인지는 몰라도 분명 하나의 민족이었음은 분명하지만, 하나는 조선반도에 다른 하나는 일본 열도에 정주하여 많은 시간이 흐른 상태이고, 분기 이전에 대해서는 이를 증거하는 사료가 없기 때문에 이를 역사학으로 입증할 수 없다는 태도를 취한다.

다른 한편 이마니시는 낙랑군의 한족漢族에 대해서도 기본적으로는 현재 조선 민족에 합류한 일부의 흐름으로 간주한다.[45] 더욱이 고대사

---

43 친일반민족행위진상규명위원회, 앞의 책, 137~138쪽.
44 위의 책, 145쪽.
45 위의 책, 150~154쪽.

의 시기에는 중국의 행동과 영향력이 한반도 내에 있던 고대국가의 전개와 변화를 이끌어낸다고 파악한다. 일찍이 중국문화의 영향을 받은 한종족韓種族이 중심이 되어 최초로 부족국가 단계를 넘어선 조선이 중국의 성인인 '기자'를 선진문화의 상징으로 내세웠던 것도 결국 중국의 문화가 그러한 발전의 동력이 되었음을 보여주는 하나의 에피소드라는 것이다. 조선반도에는 여러 '부족적部落的 소국'이 있어 왔겠지만, 이 중 중국 문화의 영향이 강했던 조선반도의 서북부, 대동강을 중심으로 국가가 커지는데 이것이 '기자조선'이었다.

기자조선은 중국에서 들어온 유민들에 의해 멸망하는데, 이들 중국계 유민들이 세운 나라가 바로 '위만조선'이었다. 한무제는 이 위만조선을 멸망시키고 그 땅에 한사군을 설치하는데, 그중 위만조선의 본령이라 할 대동강 유역에 설치된 것이 낙랑군이라는 식의 서사구조다. 여기서 역사적 변화를 이끄는 것은 역시 중국의 발달된 문명이었는데, 이를 먼저 받아들인 외래집단이 선주민들이 세운 정치체政治體를 멸망시키면 선주민들은 피지배층으로 남거나 남쪽으로 밀려가는 과정이 반복된다는 것이다. 그리고 이런 와중에 중국의 문화는 한족漢族에서 부여족으로, 그리고 한종족 및 예족으로 전파되는 등 조선반도 전역으로 퍼져나간다.

낙랑군이 세워진 이후에도 이마니시의 설명은 기본적으로 동일하다. 낙랑군은 중국 본토의 정치 세력이 번성했을 때는 예속되거나 남쪽으로 밀려났다가, 본토에 분란이 일어나 약해지면 다시 독립성을 회복하는 과정이 반복되었으며 최종적으로는 예족濊族의 나라로 출발하여 낙랑의 영향 속에 성장한 이후 중국과의 직접 관계 속에서 비약적으로 발전한 고구려에 의해 멸망한다. 이후 낙랑군의 유민은 중국 본토로 돌아가거나 남하하여 한족韓族들과 섞이게 된다. 이런 상황에서 삼한에 해당되는 조선 남부의 한족韓族들은 지정학적 위치상 가장 낙후된 종족일 수밖에 없었는데, 북방의 정치적 변이에 따라 유민의 형태로 문화적으로 앞선 종족, 즉 한족漢族이나 한화漢化된 한족韓族 · 예족이 남하하는 과정에서 비로소 문명의 혜택을 받기 시작한다. 하지만 삼한시기를 통틀어 한종족韓種族은 북으로는 낙랑이나 고구려, 남으로는 일본에 이중으로 예속되는 상태를 벗어나지 못했다고 보았다.[46]

다만 삼한 중에서 가장 늦게 성립된 신라는 고구려와의 영향 속에서 선진 문화를 빨리 받아들여 일본의 예속에서 벗어날 수 있었다. 특히 진흥왕 때는 한강 일대를 장악하여 중국과의 직접 교류를 확보하였고, 더욱이 고구려 · 백제 · 일본의 압박이 거세지는 가운데 '문명의 중심부'인 당제국과 동맹을 맺음으로써 문화적으로 비약적인 성장이 가능했다. 반면에 백제는 부여에서 낙랑으로 흘러들어온 예족 계통의 유민들이 한화漢化된 후 다시 남하해서 성립된 국가로 주변의 강대국에 이중, 삼중으로 예속되는 상황을 좀처럼 벗어나지 못했다.[47]

요컨대 이마니시는 철저하게 '문명 · 문화의 낙차'와 이 때문에 일어나는 문화전파라는 관점에서 조선고대사를 바라보았으며, 조선의 역사적 발달은 중국과의 접촉에 의해 촉발되는 것으로 서술한다. 결국 중국의 영향은 단순히 외압에 머무는 것이 아니다. 그의 입장에서 조선고대

---

46 今西龍, 앞의 책, 1935, pp.77~83; 친일반민족행위진상규명위원회, 앞의 책, 153~154쪽.
47 이에 대한 상세한 서사내용은 사후 출간된 그의 저서, 『新羅史硏究』(近澤書店, 1933)와 『百濟史硏究』(近澤書店, 1934)에 수록된 개설부분에서 확인할 수 있다. 今西龍, 「新羅史通說」, 京都帝國大學講義案, 1918; 今西龍, 「通俗百濟略史」, 平壤敎育會講演, 1930.

사란 조선반도 내에 중국이 자리잡게 되면서 이를 내면화하는 과정이다. 따라서 중국의 문명과 문화에 깊이 탐복하여 복종하는 대신에 그 반대로 중국으로부터 자치를 부여받는 특유의 제국주의적 질서는, 이마니시에 따르면 이미 상고시대, 즉 고대사의 시대에 조선 민족의 역사에 확고하게 자리잡았다는 것이다.

그런 의미에서 이마니시는 현재의 중국인이 서양의 제국주의를 비난하고 있지만 실은 자신들의 나라 이외에 어떤 나라도 동등하게 인정하지 않는 중국이야말로 제국주의 그 자체라고 신랄하게 비판한다.[48] 조선 민족은 신라의 역사가 보여주듯이 당나라를 끌어들였지만 고구려와 백제가 멸망한 이후 다시 이를 구축驅逐해내는 데 성공한다. 최소한 신라시대까지는 조선 민족은 중국의 제국주의에 대해 표면적인 종속에 머무르는 것이 가능했다. 하지만 그에 따르면 조선 민족은 고려시대부터는 이러한 중국의 제국주의를 내면화하고 종속을 당연시함으로써 실질적인 종속에 빠지게 된다.

이는 고대 일본이 중국 및 주변 국가와의 관계를 대등한 국가들 사이의 소통으로 간주하여 중국의 제국주의화 경향에 대항했던 것과 날카롭게 대립된다. 이마니시는 중국인들이 숭상했던 왕도王道의 역사적 실례를, 말로만 왕도를 외쳤지 항상 패도覇道를 걸었던 중국도, 그리고 이런 중국에 부화뇌동附和雷同해서 살아남았던 조선도 아닌 일본에서 발견했던 것이다. 말년의 이마니시가 백제사에 몰입해서 이를 조선고대사 완

---

48   그의 중국관은 다음과 같은 글에 단적으로 드러난다. 今西龍, 「支那の帝國主義が及ぼせる日韓の關係」, 『朝鮮及滿洲』 9月號, 1932; 今西龍, 「朝鮮の文化」, 『朝鮮史の栞』, 近澤書店, 1935.

성의 마지막 단추로 여겼던 것도 이와 무관하지 않았다. 그는 백제사를 통해 일본이 당시 추구했지만 실현하지는 못했던 길, 따라서 지금의 제국 일본이 앞으로 실현해야 할 길을 발견했다고 믿었던 것이다.

사실 그의 관점에서 백제라는 나라는 애증의 대상 그 자체였다. 「통속백제약사通俗百濟略史」에서 묘사되는 백제란 항상 위기상황에는 일본의 도움을 갈망하다가, 위기를 간신히 벗어나면 이번에는 이利를 취하여 일본을 배신하기를 패망할 때까지 반복하고 있기 때문이다. 그리고 이런 백제에 대해서 때로는 징벌하고 때로는 다독이며 신의로 대했던 국가가 일본이었다.

반도 내의 중국이자 일본에 선진문물을 전달하는 창구가 되었던 낙랑은 붕괴했고, 이를 차지함으로써 국력을 키운 고구려는 남하하기 시작했다. 대륙의 중국 또한 내부의 혼란이 잠잠해질 때마다 반도의 정세에 개입하여 자신들의 패권을 강화하려 들었다. 이런 상황 속에서도 한반도 남쪽의 약소국들이 버틸 수 있게 했던 동력이 일본의 보호였다. 비록 낙랑이란 창구를 잃고, 또 내부의 실정도 있어서 쇠약해졌지만 일본은 이들 국가들과 호혜적으로 연대하며 중국 혹은 중국화된 패권에 저항했기 때문이다.[49]

이마니시는 일본의 보호가 절정에 달한 것이 바로 백제 패망 직후 이를 구하기 위해 감행한 군사적 원조라고 보았다. 당시 일본은 명백한

---

[49] 이런 점에서 이마니시는 일본사적에 대한 신뢰를 기반으로 '임나일본부설'을 지지하고 있다. 하지만 그의 역사관은 후기로 갈수록 당시 동아시아 국제사회에서 일본이 국가 간의 호혜와 신의를 강조했다는 입장이 두드러졌기 때문에, 임나일본부라는 것이 무엇인가에 대한 대답 또한 미묘하게 달라진다. 일본이 패도가 아니라 왕도를 추구했다는 입장을 강하게 견지하면 할수록, 임나일본부를 점령과 지배로 보는 통념과는 충돌하고 모순될 여지가 커지기 때문이다. 이 문제에 대해서는 향후 세밀할 고찰이 필요할 것이다.

열세에도 불구하고 국세가 기우는 것을 무릅쓰고서라도 백제를 구하려 했기 때문이다. 이마니시는 이러한 당시 일본의 자세에서 '왕도'의 실현을 발견했던 모양이다. 그리고 이는 그에게 새로운 제국주의의 시대, 패도가 만연한 시대에 일본이 나아가야 할 새로운 길로 비춰졌음은 물론이다.

5. 나가며 – 이마니시 조선사의 귀결

이상에서 살펴보았듯이, 이마니시는 조선고대사를 전파주의의 관점에서 중국에 실질적으로 종속되어가는 조선 민족이 형성되어가는 과정으로 그려낸다. 그에게서 조선사란 조선 민족의 역사이며, 동시에 중국 제국주의에 실질적으로 종속되어가는 역사다. 그리고 '한반도 속의 중국'이라 할 수 있는 낙랑은 이러한 조선 민족의 '역사 – 이야기'에서 종속화의 출발점을 보여주는 지점이었다. 고고학의 전파주의 이론과 실증사학의 문헌 고증, 그리고 민족들 사이의 교통을 주목하는 역사지리학적 서술은 이러한 '역사 – 이야기'에 진실 효과를 부여하는 장치로 기능했다.

그는 문화의 전파가 야기하는 양면적 효과, 즉 문화의 발전과 사회의 종속의 딜레마적 관계를 예리하게 포착했고, 이에 기반하여 문화의 우위를 곧바로 민족의 우위로 상정하는 제국주의적 시각과 일정한 거리를 둘 수 있었다. 나아가 고대 중국의 역사적 움직임 속에서 오늘날 '제국주의'의 속성을 읽어내면서 서구의 제국주의, 중국의 제국주의와는 다른 '제국의 길'의 가능성을 조선고대사, 그리고 고대 한일관계사 속에서 발견하기를 원했다.

그는 고대 일본이 기본적으로 중국과는 달리 타국과의 대등한 관계와 호혜적 협조를 추구하고 있었음을 주장하였는데, 이것은 임나일본부를 인정하면서도 그것을 조선에 대한 지배의 증거로 제시하지 않는 독특한 역사상으로 구체화되었다. 자기 서사의 원칙에 따르면, 일본과 임나와의 관계도 기본적으로는 지배-종속이 아니라 상호 호혜로 규정할 수 있기 때문이다.

결국 그는 조선 민족의 종속을 '중국화'에서 찾고, "조선이 오늘날 우리 제국의 일부분이 되었고 영원히 떨어지지 않"으려면 중국화를 걷어내야 한다고 보았던 것 같다. 하지만 '중국을 걷어낸다는 것'이 이마니시의 생각과 달리 왕도의 복원을 의미하지 않을 수도 있다는 점은 주의해야 한다. 그의 사후 10년도 채 되지 않아 식민권력은 아래와 같은 발언을 통해 황국신민 연성을 강제했기 때문이다. 조선인에게 '지나화'를 벗겨내면 일본인이 될 수 있다는 발상은 곧바로 강제로 '지나화'를 벗기는 폭력적 행위를 유발했던 것이다.

內鮮融合은 理想이 아니다. 理想은 鮮人의 日本化이다. 그런데, 鮮人의 일본화는 가능한가라는 물음이 제기된다면, 가능성이 있다고 대답하고 싶다. 그 논거는 골격, 혈액형 등의 인류학, 의학上의 點에서, 기질의 點에서, 또 언어上 우랄 알타이계에 속하고, 종교上 샤머니즘에 속한다는 것에서, 한마

디로 말하면 일본인을 支那化한 것이 조선인이기 때문에, 그 支那化를 벗겨 원래의 일본인으로 만드는 것이다. 이처럼 일본화는 가능하다. 때문에 일본인으로 만드는 교육을 하겠다. 따라서 교육을 확장하지 않으면 안 된다.[50]

50　伊藤猷典, 『鮮滿の興亞敎育』, 東京 : 目黑書店, 1942, 3~4쪽.

참고문헌

1. 자료

今西龍, 「美濃の國損斐郡片山附近の古墳」, 『東京人類學雜誌』 196, 1902.

———, 「新羅舊都に入る記」, 1906.(미간행 원고. 『新羅史研究』, 近澤書店, 1933 수록)

———, 「新羅舊都慶州の地勢と其遺物」, 東洋協會講演, 1909.

———, 「日本上代の文化と其關係とに就て」, 『朝鮮』 31~32號, 日韓書房, 1910.

———, 「檀君の傳說につきて」, 『歷史地理 朝鮮號』, 日本歷史地理學會, 1911.

———, 「大同江南の古蹟と樂浪王氏との關係」, 『東洋學報』 2, 1912.

———, 「朝鮮史の栞」, 『史林』 1-1・1-3~4・2-1~4, 1916~1917.

———, 「新羅史通說」, 京都帝國大學講義案, 1918.

———, 「朝鮮史概說(講演手記)」, 1919.

———, 「朝鮮の文化」, 懷德堂講演錄, 1920.

———, 「朝鮮古代史稿本」, 2冊, 朝鮮總督府, 1920.(친일반민족행위진상규명위원회, 『친일반민족
행위관계사료집』 V, 2008. 「조선반도사」 원고로 추정됨)

———, 「樂浪帶方に就て」, 『文敎の朝鮮』 41, 1929.

———, 『檀君考』(靑邱說叢 1卷), 近澤書店, 1929.

———, 「通俗百濟略史」, 平壤敎育會講演, 1930.

———, 「百濟史講話」, 『文敎の朝鮮』 59~68, 1931~1933.

———, 「支那の帝國主義が及ばせる日韓の關係」, 『朝鮮及滿洲』 9月號, 1932.

———, 『新羅史研究』, 近澤書店, 1933.(이부오・하시모토 시게루 역, 『신라사연구』, 서경문화사,
2008)

———, 『百濟史研究』, 近澤書店, 1934.

———, 『朝鮮史の栞』, 近澤書店, 1935.

———, 『朝鮮古史の研究』, 近澤書店, 1937.

2. 단행본

김종준, 『식민사학과 민족사학의 관학아카데미즘』, 소명출판, 2013.

도면회・윤해동 편, 『역사학의 세기-20세기 한국과 일본의 역사학』, 휴머니스트, 2009.

신주백, 『한국 역사학의 기원』, 휴머니스트, 2016.

윤해동 편, 『식민주의 역사학과 제국—탈식민주의 역사학을 위하여』, 책과함께, 2016.

임지현·이성시 편, 『국사의 신화를 넘어서』, 휴머니스트, 2004.

젊은역사학자모임, 『한국 고대사와 사이비역사학』, 역사비평사, 2017.

나가하라 게이지, 하종문 역, 『20세기 일본의 역사학』, 삼천리, 2011.

스테판 다나카, 박영재 역, 『일본 동양학의 구조』, 문학과지성사, 2004.

京城帝大史學會, 『京城帝國大學史學會會報』 第3號. 1933.

江上波夫編, 『東洋学の系譜』 第2集, 大修館書店, 1994.

伊藤猷典, 『鮮滿の興亞敎育』, 東京 : 目黑書店, 1942.

朝鮮史學會, 『朝鮮史大系』 1, 近澤書店, 1927.

朝鮮總督府 朝鮮史編修會, 『朝鮮史編修會事業槪要』, 1938.

Georg. G. Iggers·Edward Wang, *A Global History of Modern Historiography*, Routledge, 2008.

Hayden White, *Meta-history The Historical Imagination in Nineteenth-Century Europe*, The Johns Hopkins University Press, 1973.

_____, *The Content of the Form, Narrative Discourse and Historical Representation*, The Johns Hopkins University Press, 1987.

Michel Foucault, C. Gordon ed., *Power / Knowledge : Selected interviews and Other writings*, Pantheon Books, 1980.

Paul Veyne, *Comment on écrit l'histoire*, Les Editions du Seuil, 1978.(이상길·김현경 역, 『역사를 어떻게 쓰는가』, 새물결, 2004)

_____, *Les Grecs ont-ils cru à leurs mythes? Essai sur l'imagination cconstituante*, Les Editions du Seuil 1983.(김운비 역, 『그리스인은 신화를 믿었는가?』, 이학사, 2002)

3. 논문

김기봉, 「랑케의 'wie es eigentlich gewesen' 본래 의미와 독일 역사주의」, 『호서사학』 39, 호서사학회, 2004.

김백영·정준영, 「유럽 사회사 연구의 흐름」, 『사회사 / 역사사회학』, 다산출판사, 2016.

김정인, 「식민사관 비판론의 등장과 내재적 발전론의 형성」, 『사학연구』 125, 한국사학회, 2017.

김태웅, 「일제 강점 초기의 규장각도서 정리 작업」, 『규장각』 18, 서울대 규장각 한국학연구원, 1995,

朴性鳳, 「今西龍의 韓國 古史硏究와 그 功過」, 『韓國學』 12, 영신아카데미한국학연구소, 1976.

박찬흥, 「『조선사』(조선사편수회 편)의 편찬체제와 성격」, 『사학연구』 99, 한국사학회, 2010.

신주백, 「1930년대 초중반 조선학 학술장의 재구성과 관련된 시론적 탐색」, 『역사문제연구』 15-2, 역사문제연구소, 2011.

심희찬, 「근대역사학과 식민주의 역사학의 거리: 이마니시 류가 구축한 조선의 歷史像」, 『韓國史學
　　史學報』 28, 한국사학사학회, 2013.

이성주, 「제국주의시대 고고학과 그 잔영」, 『고문화』 47, 한국대학박물관협회, 1995.

이승일, 「조선총독부의 '조선도서 및 고문서'의 수집·분류활동」, 『기록학연구』 4, 한국기록학회,
　　2001.

장신, 「조선총독부의 조선반도사 편찬사업 연구」, 『동북아역사논총』 23, 동북아역사재단, 2009.

＿＿, 「경성제국대학 사학과의 자장(磁場)」, 『역사문제연구』 15-2, 역사문제연구소, 2012.

＿＿, 「1930년대 경성제국대학의 역사교과서 비판과 조선총독부의 대응」, 『동북아역사논총』 42,
　　동북아역사재단, 2013.

정병준, 「식민지 관제 역사학과 근대학문으로서의 한국 역사학의 태동－진단학회를 중심으로」,
　　『사회와 역사』 110, 한국사회사학회, 2016.

정상우, 「조선총독부의 『조선사』 편찬 사업」, 서울대 박사논문, 2011.

＿＿＿, 「『조선사』(조선사편수회 간행) 편찬사업 전후 일본인 연구자들의 갈등 양상과 새로운
　　연구자의 등장」, 『사학연구』 116, 한국사학회, 2014.

＿＿＿, 「일제하 일본인 학자들의 한국사에 대한 通史的 이해－1930년대 중반의 저작들을 중심으
　　로」, 『역사와 현실』 104, 한국역사연구회, 2017.

정인성, 「일제강점기의 낙랑고고학」, 『한국상고사학보』 71, 한국상고사학회, 2011.

정준영, 「식민사관의 차질(蹉跌)－조선사학회와 1920년대 식민사학의 제도화」, 『韓國史學史學
　　報』 34, 한국사학사학회, 2016.

최재석, 「今西龍의 韓國古代史論批判」, 『한국학보』 13-1, 일지사, 1987.

今西春秋, 「今西龍小傳」, 『(復刊本)朝鮮史の栞』, 國書刊行會, 1970.

金子光介, 「今西教授を憶ふ」, 『京城帝國大學史學會會報』 第3號, 京城帝國大學史學會, 1933.

大谷勝眞, 「今西さんの發病前後の私」, 『京城帝國大學史學會會報』 第3號, 京城帝國大學史學會,
　　1933.

藤塚鄰, 「故今西教授追悼の辭」, 『京城帝國大學史學會會報』 第3號, 京城帝國大學史學會, 1933.

李成市, 「コロニアリズムと近代歷史學－植民地統治下の朝鮮史編修と古蹟調査を中心に」, 『植民
　　地主義と歷史學』, 刀水書房, 2004.

林直樹, 「今西龍と朝鮮考古學」, 『靑丘學術論集』 14, 東京 : 韓國文化硏究振興財團, 1999.

箱石大, 「近代日本史料學と朝鮮總督府の朝鮮史編纂事業」, 『前近代の日本列島と朝鮮半島』, 山川
　　出版社, 2007.

小田省吾, 「故今西龍博士の學問と事業に就て」, 『京城帝國大學史學會會報』 第3號, 京城帝國大學
　　史學會, 1933.

永島廣紀, 「日本統治期の朝鮮における〈史學〉と〈史料〉の位相」, 『歷史學硏究』 795, 歷史學硏究
　　會, 2004.

鳥山喜一, 「今西さんと私」, 『京城帝國大學史學會會報』 第3號, 京城帝國大學史學會, 1933.

春秋子, 「城大敎授物語(四) : 今西敎授」, 『朝鮮及滿洲』, 1931.4.

Gabriele Lingelbach, MacIntyre · Maiguashca · Pók eds., "The Institutionalization and Professionalization of History in Europe and the United States", *The Oxford History of Historical Writing, Vol.4 : 1800-1945*, Oxford University Press, 2011.

Georg G. Iggers, "Historiography between Scholarship and Poetry : Reflections on Hayden White's Approach to Historiography", *Rethinking History 4-3*, 2000.

_____, Macintyre · Maiguashca · Pók eds., "The Intellectual Foundations of Nineteenth-Century 'Scientific' History : The German Model", *The Oxford History of Historical Writing, Vol.4 : 1800-1945*, Oxford University Press, 2011.

Marwick A, "Two Approaches to Historical Study : The Metaphysical(Including Post-modernism) and the Historical", *Journal of Contemporary History 30-1*, 1995.

R. T. Vann, "The Reception of Hayden White", *History and Theory 37-2*, 1998.

(괄호 안의 서지사항은 번역서)

필자 소개

윤해동(尹海東, Yun, Hae-Dong)
서울대학교에서 박사학위를 취득하고, 현재 한양대학교 비교역사문화연구소 교수로 재직 중이다. 동아시아사와 환경사 등에 주로 관심을 기울이고 있다. 저서로는『식민지의 회색지대』(역사비평사, 2003),『지배와 자치』(역사비평사, 2006),『근대역사학의 황혼』(책과함께, 2010),『탈식민주의 상상의 역사학으로』(푸른역사, 2014),『植民地がつくった近代』(三元社, 2017) 등이 있다. 공·편저로는『근대를 다시 읽는다』(역사비평사, 2006),『종교와 식민지근대』(책과함께, 2013),『식민주의 역사학과 제국』(책과함께, 2016),『트랜스내셔널 노동이주와 한국』(소명출판, 2017) 등이 있다.

장신(張信, Jang, Shin)
연세대학교 사학과와 성균관대학교 동아시아학과 박사과정을 수료했다. 현재 한국교원대학교 한국근대교육사연구센터 특별연구원이다. 「1930년대 경성제국대학의 역사 교과서 비판과 조선총독부의 대응」(『동북아역사논총』42, 2013), 「일제 말기 동근동조론의 대두와 내선일체론의 균열」(『인문과학』54, 2014), 「일제하 민족주의 역사학의 유통」(『정신문화연구』144, 2016) 등을 썼다.

박찬흥(朴贊興, Park, Chan-Heung)
고려대학교 사학과를 졸업하고, 동 대학원에서 문학박사를 받았다. 현재 국회도서관에서 자료조사관으로 재직 중이다. 공저로는『제국의 권력과 식민의 지식』(선인, 2015),『한국고대사』2-사회 운영과 국가 지배(푸른역사, 2016) 등이 있다. 논문으로는 「'만선사'에서의 고대 만주 역사에 대한 인식」(『韓國古代史硏究』76, 2014), 「滿鮮歷史地理調査部와 고대 '滿鮮歷史地理' 연구」(『역사와 담론』75, 2015) 등을 썼다.

심희찬(沈熙燦, Shim, Hee-Chan)
계명대학교 일본학과를 졸업하고, 리쓰메이칸대학교에서 문학박사를 받았다. 현재 리쓰메이칸대학교 비상근강사로 재직 중이다.『종교와 식민지 근대』(책과함께, 2013),『戰後史再考-「歷史の裂け目」をとえる』(平凡社, 2014),『식민주의 역사학과 제국』(책과함께, 2016) 등의 공저가 있다.

정상우(鄭尙雨, Jeong, Sang-Woo)
서울대학교 역사교육과를 졸업하고, 국사학과 대학원에서 문학석사·박사를 받았다. 현재 한림대학교 사학과 조교수로 재직중이다. 논문으로는 「일제강점 말기 관찬 지방사에서의 지방 구현－『大邱府史』(1943)를 중심으로」(『동북아역사논총』 43, 2014), 「일제하 일본 인 학자들의 한국사에 대한 通史的 이해－1930년대 중반의 저작들을 중심으로」(『역사와 현실』 104, 2017) 등을 썼다. 공저로는 『식민주의 역사학과 제국』(책과함께, 2016) 등이 있다.

정인성(鄭仁盛, Jung, In-Seung)
경북대학교 고고인류학과에서 학부와 대학원 석사과정을 마쳤다. 도쿄대학교 문학부 고고 학연구실에서 박사학위를 받았다. 현재 영남대학교 문화인류학과 교수로 재직 중이며 박 물관장을 역임하고 있다. 저서로 공저 『한국고고학강의』(한국고고학회, 2007), 『일본 소 재의 고구려유물』I(동북아역사재단, 2008), 『일본에 있는 낙랑유물』(학연문화사, 2008), 『낙랑고고학개론』(진인진, 2015) 등이 있고, 논문으로는 「관야정의 낙랑유적 조사연구 재 검토」(『호남고고학보』 24, 2006), 「와질토기 낙랑영향설의 검토」(『영남고고학』 47, 2008), 「일제강점기 경주고적보존회와 모로가 히데오」(『대구사학』 95, 2009) 등이 있다.

정준영(鄭駿永, Jung, Joon-Young)
서울대학교 사회학과를 졸업하고, 동 대학원에서 사회학박사를 받았다. 현재 서울대학교 규장각 한국학연구원 조교수로 재직중이다. 공저로는 『식민권력과 근대지식』－경성제국 대학 연구(서울대 출판문화원, 2011), 『한국 근현대 인문학의 제도화』(혜안, 2014), 『식 민주의 역사학과 제국』(책과함께, 2016) 등을 썼고, 논문으로는 「피의 인종주의와 식민지 의학」(『醫史學』 21-3, 2012), 「공업조선의 환상과 학문봉공의 현실」(『한국과학사학회 지』 37-1, 2015), 「군기(軍旗)와 과학」(『만주연구』 20, 2015) 등이 있다.